KB269135

21세기 중국

朴 貞 東 編著

韓國經濟新聞社

편저자의 말

21세기의 중국은 어떻게 변할 것인가? 덩 샤오핑(鄧小平) 이후 중국은 어디를 향해 갈 것인가? 중국의 고도성장이 세계의 이목을 집중시키고 있다.

12억의 인구를 가진 중국의 경제기적을 일컬어 떠오르는 슈퍼파워라고까지 극찬하는 사람이 있는가 하면, 그 배후에 숨겨져 있는 구조적 모순점 때문에 핵분열보다 더한 위험을 안고 있는 대륙이라고 이야기하는 사람도 있다.

덩 샤오핑 사후의 중국(China without Deng). 바다를 사이에 두고 국경을 접해 있는 우리로서는 결코 경시할 수 없는 중대사다. 왜냐 하면 낙관론이나 비관론 모두 우리를 포함한 아시아 지역의 발전에 크게 영향을 끼치기 때문이다.

비관론이 현실화되면 대량의 난민유출이라는 혼란과 진통을 겪어야만 하고, 낙관론 역시 중장기적으로 중국이 경제대국화될 경우 지역의 안정과 발전을 저해하는 군사대국으로 비화될 가능성이 크기 때문이다.

이 책에서는 중국이 우리에게 미치는 이러한 중요성에 입각하여 중국 정세를 충분히 검토하고, 덩 샤오핑 서거 후의 과도기 중

4

국을 가능한 한 정확히 예측하고자 했다. 즉 특정 시나리오에 대한 편견을 배제하고 종합적 분석이라는 관점에서 경제(제1장), 정치(제2장), 사회(제3장), 국방(제4장), 외교(제5장), 홍콩과 대만의 미래(제6장), 동아시아의 안전보장(제7장) 등 각 방면에서의 다각적인 분석을 시도했다. 아울러 부록에서는 〈미 국방부 보고서—가까운 장래의 중국(China in the near term)〉 전문을 소개하고, 덩 샤오핑식 개발전략의 핵이라 할 수 있는 경제특구에 대한 분석과 포스트 덩 샤오핑 시대를 전망한 대 중국 진출전략도 소개했다.

또한 중국의 최고 지도자로서 집권 18년째를 맞는 덩 샤오핑과 우리나라의 박정희(朴正熙) 전 대통령을 세기의 개발사라는 관점에서 비교분석해보았다. 아울러 독자들의 이해를 돕기 위해 집권 18년 동안 덩 샤오핑이 행한 주요 담화에 대한 연표도 첨부했다.

필자는 각국에서 활약 중인 제1선 중국 연구자들의 날카로운 통찰력이 독자들의 궁금증을 크게 해갈시켜주리라 기대한다. 아울러 중국의 변화에 대한 우리의 대응책, 즉 군사대국이 아닌 책임국가로서 중국의 안정적인 발전과 바람직한 한·중관계를 모색하는 데 이 책이 부족하나마 도움을 줄 수 있으리라고 생각한다.

외국 집필진들의 논문을 우리글로 옮기면서 가능한 한 원문에 충실했고, 불명확한 부분에 대해서는 집필진들에게 문의해 수정을 가했다.

그럼에도 불구하고 발생하는 문제점에 대해서는 그 책임이 모두 필자에게 있으므로 독자들의 정성 어린 질책을 바란다.

마지막으로 바쁘신데도 불구하고 논문을 집필해주신 동료 연구자 여러분과 원고 정리에 끝까지 수고를 해준 한영미 씨께도 깊은 고마움을 표하고 싶다. 그리고 이 책의 출판을 맡아준 한국경제신문사의 박용정 사장께 감사드린다.

1996. 6.

六·四사건 7주년을 돌아보며
천안문 광장에서
박 정 동

차　례

제 3 장 정치적 무관심과 무질서의 갈림길 / 80

제 4 장 당군과 국방군의 갈림길 / 104

제 5 장 협조외교와 패권외교의 갈림길 / 129

서 장

●

21세기 중국

　　1995년 3월18일 폐막된 제8기 전국인민대표대회(全人代)의 제3회 회의에서는 포스트 덩 샤오핑(鄧小平) 시대로의 과도기가 본격적으로 도래했다는 조짐이 나타났다. 덩 샤오핑의 이름은 의장단의 일원으로 올라 있었지만, 회의에는 전혀 모습을 나타내지 않았다. 정부활동 보고에서도, 회의 중 토론에서도 덩 샤오핑의 이름이나 그의 이론에 대한 인용 빈도가 대폭 줄어들었다. 1980년대부터 지금까지 중국의 정치, 경제, 사회, 외교 각 방면에 걸친 덩 샤오핑 1인 지배를 고려할 때, 최근의 이러한 변화는 덩 샤오핑 시대의 종말과 아울러 예측할 수 없는 폭풍전야의 스산함까지 느끼게 한다.

　　일부의 보도에 의하면 덩 샤오핑 부정의 징조가 이미 도처에서 나타나고 있는 듯하다. 천안문 사태의 재평가, 천 시동(陳希同)

＊ 필자는 朴貞東이며 KDI(한국개발연구원) 연구위원으로 재직 중이다.

14

북경시장의 실각, 저우 구완우(周冠五) 수도철강공사(首都鐵鋼
公司) 사장의 은퇴 등에서 드러나는 권력투쟁의 격화 등이 그러
한 것들이다.

문제는 이러한 변화의 소용돌이 속에서 중국이 어떤 방향으로
나아갈 것인가 하는 점이다. 앞날이 불투명한 것이 현실이다. 따
라서 이를 둘러싼 시나리오 역시 각양각색이다. 정치, 경제, 군
사, 외교, 국제환경 등 다양한 변수의 움직임에 따라 시나리오가
달라진다.

시나리오의 양 극단 가운데 하나는 쟝 쩌민(江澤民) 체제가 과
도기를 안정적으로 유지하면서, 중국이 21세기의 슈퍼 파워로 등
장한다는 것이다. 이 시나리오의 근거는 정치 면에서 쟝 쩌민 후
계체제가 이미 정착되어 있고, 경제나 사회 면에서도 중국이 이미
성장과 안정의 기반을 구축했다는 관점이다. 하지만 또 다른 한편
으로는 덩 샤오핑 사후 중국은, 그 배후에 숨겨져 있는 구조적 모
순 때문에 핵분열보다도 위험하고 혼란스러운 땅으로 변할 것이라
는 관측도 있다.

이 시나리오의 근거는, 첫째 쟝 쩌민에게는 덩 샤오핑과 같은
카리스마가 없을뿐더러 300만 명에 달하는 해방군의 동향도 불안
정하다는 것이다. 뿐만 아니라 불균형적인 경제발전은 빈부격차
를 확대시키고 있으며, 구조적인 인구과잉은 통제불능의 유민을
만들어내고, 법제의 혼란은 사회질서를 악화시키고 있다. 또한
소수민족의 분리운동은 더욱더 격화되고, 대만·홍콩·대륙의 3
자 사이에는 예측할 수 없는 위험한 불씨가 도사리고 있다. 이러
한 불확실성의 여러 가지 변수로 인해 사람들은 중국의 앞날에 대
해 적지 않은 의혹을 제기하고 있다. 즉 이러한 모순이 덩 샤오핑
사후 한꺼번에 폭발해 중국이 수습 불가능한 상태로 치닫지 않겠

느냐 하는 것이다.

「21세기의 초대국이냐, 아니면 대혼란·대유혈이냐.」이들 양 극단의 시나리오 모두 현실화될 가능성이 없는 것은 아니지만, 과도기의 현실은 이들 양 극단의 사이에 위치할 듯싶다. 즉 단기적으로는 중국이 많은 문제를 내포하고 있으면서도 쟝 쩌민 체제하에서 과도기를 넘길 것으로 보인다. 하지만 쟝 쩌민 체제나 지금의 경제발전이나 모두 지극히 빈약한 기반 위에서 이룩된 것이기 때문에, 만약 과도기에 지지기반을 확고히 굳히는 데 성공하지 못한다면 장기적으로 중국은 걷잡을 수 없는 소용돌이 속으로 빠져들 가능성이 있다. 쟝 쩌민이 정치, 경제, 군사, 사회, 외교 부문의 과제를 어떻게 처리할 것인지, 덩 샤오핑의 정책을 계승하면서도 후계자로서의 독자성을 어디까지 구축할 수 있을는지 또한 리펑(李鵬), 치아오스(喬石) 등의 정치지도자들이 쟝 쩌민을 어떻게 평가할 것인가 등이 쟝 쩌민 체제의 생명력을 점치는 중요한 기준이 될 것이다.

덩 샤오핑 사후 중국의 미래를 좌우할 몇 개의 변수에 대해 살펴보면 다음과 같다.

1) 정치적 변수

덩 샤오핑 사후 중국의 향방을 가늠할 정치적 변수는 역시 쟝 쩌민 체제의 견고성 여부다. 쟝 쩌민이 1989년의 천안문 사태 직후 한낱 지방지도자(상해시장, 당위서기)에서 덩 샤오핑의 후계자로 지목된 지도 벌써 7년의 세월이 흘렀다. 물론 쟝 쩌민의 7년간 집권은 덩 샤오핑이라는 후광이 있었기 때문에 가능한 것이었다. 이러한 이유로 인해 「덩 샤오핑과 쟝 쩌민」의 관계는 「마오 쩌둥(毛澤東)과 화 궈펑(華國鋒)」의 관계와 비교되는 일이 종종

있다. 쟝 쩌민과 화 귀펑은 후견인들에 의해 발탁되었다는 유사성
은 있지만, 화 귀펑이 1976년 9월 마오 쩌둥 사망과 함께 집권 초
기부터 덩 샤오핑의 도전을 받아왔던 것에 비해, 쟝 쩌민은 덩 샤
오핑의 강력한 지지에 힘입어 별다른 도전세력 없이 제도 또는 인
사개혁을 통한 자기세력 강화에 힘써왔다. 따라서 이 점에서 쟝
쩌민은 집권 2년 만에 실권을 박탈당한 화 귀펑과는 커다란 차이
가 있다고 생각한다. 현재 쟝 쩌민은 당(총서기), 국가(주석),
군(중앙군사위원회 주석)의 세 가지 권력을 독점하고 있다. 뿐만
아니라 6인의 최고 정책결정집단(당 중앙정치국 당무위원회)이
각각 권력을 분담하면서 쟝 쩌민 체제를 지탱하고 있다(쟝 쩌민
체제의 강화에 대해서는 정치·군사부문 참조).

문제는 이러한 쟝 쩌민 체제가 덩 샤오핑의 강력한 지지라는 전
제조건없이도 계속 안정을 유지할 것인가 하는 점이다. 아직은 많
은 불확실성을 내포하고 있다고 말할 수밖에 없다. 그 중 몇 가지
를 지적하면 다음과 같다.

① 최고정책결정집단인 6인의 권력기반 확충과 이로 인한 상호
  충돌
② 통합유지를 위한 카리스마의 부재
③ 부정부패에 물든 공산당 지배구조와 정치개혁의 한계

이러한 문제점들을 어떻게 해결할 것인가. 그 결과에 따라 중
국의 정치 운명도 결정될 것이다.

2) 경제적 변수

경제적인 면에서는 현재와 같은 국가통합이 유지된다는 전제하
에서 다음의 몇 가지 근거에 의해 경제발전을 이룩할 가능성이 높

다. ① 과거 16년 간의 9.4%라는 경이적인 성장기록, ② 시장경
제화의 확산, ③ 내수주도형의 성장 등이 그것이다.

중국 자체의 구상에 의하면 향후 연간 성장률 8.2%로, 2010년
에는 8조 6,000억 위안(元 : 이하 중국 화폐 단위)의 국내총생산
(GDP) 달성을 계획하고 있다. 그리고 2050년에는 16억 인구의
GDP가 6조 달러에 달해 미국 다음 가는 세계 제2위의 경제대국으
로 부상할 전망이다.

하지만 제2장에서도 지적하겠지만 이러한 장미빛 청사진이 현
실화되기 위해서는 많은 난관을 극복하지 않으면 안 된다. 그 가
운데 몇 가지를 지적하면 다음과 같다.
　① 고정자산의 투자팽창과 통화팽창, 그리고 이로 인한 극심한
　　 인플레이션으로 대표되는 거품경제의 후유증 극복
　② 행정수단에 의한 강제적 방법이 아닌, 제도적 장치(금융·
　　 재정제도 등)에 의한 효과적 경제운영
　③ 농업부진, 특히 식량생산의 정체 극복
　④ 국영기업의 개혁

중국이 중장기적인 경제발전을 실현하기 위해서는 제2장에서
지적할 거품경제의 후유증을 처리하고, 개혁을 더욱더 심화시키
면서 안정성장으로의 궤도수정을 하지 않으면 안 된다. 하지만 문
제는 그 어느 것도 실행에 옮기기에는 결코 용이하지 않으며, 많
은 부작용과 저항·반발을 내포하고 있다는 점이다.

3) 사회적 변수
사회 면에서는 지난 16년 간의 개혁·개방에 의해 「온포(溫
飽 : 기본적 생활)」가 이미 실현되었고, 국민 1인당 GDP의 네 배

증가를 눈앞에 두고 있다. 고속성장으로 「빈곤한 평등」은 탈피했지만 동시에 불평등 또한 크게 심화되었다. 지역 간, 업종 간, 한민족과 소수민족 간 불평등뿐만 아니라, 각각의 내부격차도 크게 심화되고 있다. 덩 샤오핑은 이를 「선부후부(先富後富 : 일부의 우선적 부유화와 나머지의 추격)」라는 말로 긍정적으로 평가해왔지만, 이로 인한 사회분화와 사회모순이 격화되면서 심한 양극화 현상을 노출시키고 있다. 이러한 양극화 현상은 노동자와 농민의 반정부 폭동과 연결되면서 사회치안을 크게 위협하고 있다. 또 한편으로는 고도성장의 결과 2,000만 명을 헤아리는 중간계층이 탄생했고, 이들 역시 점차 그들의 사회적 입지를 강화하기 위해 노력하고 있다. 민주화를 포함한 앞으로의 정치개혁과정에서 이러한 양극화 현상문제를 어떻게 처리할 것인가가 크게 주목된다.

4) 군사적 변수

힘의 정치를 구사하는 중국은 경제발전과 함께 인민해방군의 면모도 크게 일신시켰다. 100만 병력의 감축, 보병 중심의 야전군에서 각 병종의 합성집단화, 정년제 도입에 따른 노령군인들의 은퇴, 정규 군사교육을 받은 젊은 장교들로의 세대교체 등이 그러한 것들이다. 따라서 중국근대사나 문화혁명 때의 지방군벌의 할거와 같은 사태가 재현될 가능성은 극히 희박하다. 하지만 문제는 군비증강을 포함한 이러한 군의 현대화 작업이 주변 국가들의 안정에 적지 않은 위협요소로 작용하기 시작했다는 것이다.

최근 대만해협에서의 무력위협이나 남사제도(南沙諸島)의 영유권 확보를 둘러싼 군사행동의 강화 움직임이 이를 단적으로 말해주고 있다. 1994년 봄의 전인대(全人代)에서도 쟝 쩌민은 『국방력을 끊임없이 증강시키는 것이야말로 해양권익을 지키는 것이다」라고 지적했다.

특히 덩 샤오핑 사후 과도기에는 쟝 쩌민을 포함한 후계지도자들의 군 지지 획득경쟁이 격화될 것이다. 결국 군의 캐스팅 보트로서의 역할은 더욱더 강조될 수밖에 없다.

5) 외교적 변수

최근의 중국 외교에는 두 가지의 특징이 있다. 하나는 경제이익을 최우선시하는「전방위(全方位)외교」로서 국제사회와의 협조를 중시하는 것이다. 그리고 또 다른 하나는 전통적인 중화지상주의와 힘의 정치가 결합된「패권외교」로서 최대국인 미국이나 일본과의 대항을 상정하는 것이다.

「전방위」외교와「패권」외교 사이의 관계는,「전방위」의 최종적인 목표는「패권」의 수립으로,「전방위」는「패권」의 한 수단이라 볼 수 있다.

아시아에서 중국의 패권외교전략 가운데 관심을 집중시키고 있는 것은 세 개의「3각전략」이라는 것이다. 중국은 1990년대의 아시아·태평양 지역을 미국·일본·중국·러시아·ASEAN의「5극 상호제약관계」로 보고, 특히 대·중·소 세 가지「3각」관계에 초점을 맞추어 외교전략을 펴나간다는 계획이다. 첫째는 중국·대만·홍콩의「소 3각」관계, 둘째는 중국·아시아 신흥공업국(NIES)·동남아시아 국가연합(ASEAN)의「중 3각」관계, 셋째는 중국·미국·일본의「대 3각」이다. 중국이 생각하는 최선의 전략은「영고성쇠를 같이하는 소 3각에 의거해 경제발전에서 상호보완적이면서도 경쟁적인 중 3각을 획득해서, 마찰과 충돌이 발생하는 대 3각에 대항한다」는 것이다.

이상 정치, 경제, 사회, 군사, 외교 등 각 방면에 대한 동향을 살펴보았는데, 덩 샤오핑 사후 중국의 진로는 이들 변수와 변수 상호간의 결합에 의해 결정될 것이다. 이하 각 장에서는 이들 여러 가지 변수에 대한 향후 전망을 살펴보기로 한다.

제 1 장

●

중국 경제 어디로 갈 것인가

　덩 샤오핑 시대도 이제 서서히 그 막을 내리려고 하고 있다. 덩 샤오핑이 올해 92세로 접어든 이 시점에서 누구나 갖는 의문은 중국의 장래가 안정적으로 유지될 것인가 하는 점이다. 덩 샤오핑 사후 중국 경제의 향방을 그려보기 위해서는 개혁·개방 이후 중국 경제가 걸어온 길, 그리고 그것이 갖는 한계에 대해 먼저 살펴볼 필요가 있다.

고도성장의 발자취

　덩 샤오핑 시대를 상징하는 경제개혁·대외개방 노선은, 1978년 개최된 제11기 당중앙위원회 제3회 총회(11기 3중 총회)에서 채택되었다. 11기 3중 총회에서는 『프롤레타리아 독재하의 계속

＊ 필자는 朴貞東이며 현재 KDI (한국개발연구원) 연구위원으로 재직 중이다.

혁명이라는 잘못된 이론을 부정하고, 당의 활동중점과 전국 인민의 활력을 사회주의 현대화 건설로 이행시킨다』라고 선언했다. 이후 개혁·개방노선은 시행착오를 거듭하면서 지역적인 확대뿐만 아니라, 경제 각영역에의 적용, 이론적인 정비를 거치면서 계획경제에서 시장경제로의 전환을 추구해왔다. 이는 그 때까지 중국을 잠재워온 자들로서는 믿기 어려울 정도로 유연하면서도 대담한 전환이었다.

중국의 현실주의적 경제운영의 핵심은 국가의 권한을 하부로 이양해 이익을 하부에 전달하는 과정, 말하자면 「방권양리(放權讓利)」라고 표현할 수 있다. 이것은 덩 샤오핑의 심복인 자오 쯔양(趙紫陽 : 전(前) 총서기)과 완리(万里 : 전(前) 전국인민대표회의 상무위원장)가 당위원회 제1서기로 있었던 사천성(四川省), 안휘성(安徽省)에서 최초로 실시되었다. 농업부문에서는 개별농가에 생산을 위탁하는 가정생산청부제가 실시되었고, 공업부문에서는 기업의 내부유보 확대, 계획 외 생산·판매의 허가 등 기업의 자주권을 확대하는 여러 가지 조치가 취해졌다.

농업과 공업, 양 부문에 대해 기초경제단위에 좀더 많은 권한을 부여해 생산현장을 활성화시키자는 것이 이 개혁의 골자였다. 1979년에 시작된 개혁으로 인민들의 증산의욕이 불붙기 시작했고 노동생산성과 농업소득이 크게 증가했다. 1984년에는 사상 처음으로 식량생산이 4억t을 돌파했다. 노동생산성의 향상으로 발생한 잉여노동력과 소득수준의 향상으로 생겨난 농촌 잉여자금이 그 탈출구를 찾아 집중된 곳이 향진기업(鄕鎭企業)이다. 농촌개혁의 성공에 이어 1984년 10월 개최된 제12기 중앙위원회 제3회 총회(12기 3중 총회)에서는 경제개혁의 중점을 도시로 옮기는 「경제체제 개혁에 관한 결정」이 채택되면서, 개혁·개방 노선이 일부 지역·일부 영역에서의 시행에서 전국적으로 확산되었다. 「결정」의 주요 골자는 다음과 같다.

① 개혁전반의 청사진을 준비하고, 개혁의 속도를 가속화함과 아울러 도시를 중심으로 한 경제체제 개혁을 실시한다.

② 사회주의의 근본 임무는 사회생산력을 증진시키는 것이기 때문에 생산력의 발전을 저해하는 경제체제는 과감히 개혁한다.

③ 전국 재정수입의 80%를 차지하는 도시부의 국영기업 활성화를 위해 계획체계, 가격체계, 국가기구의 경제관리기능, 노동·임금제도 등을 포함한 각 방면의 개혁을 추진한다.

④ 행정기구와 기업 간의 직무를 분리시킨다.

⑤ 개인경제를 포함한 각 경제형태를 활성화시키고, 대외적인 경제기술 교류를 확대시킨다.

⑥ 세제개혁 정비·재정제도·금융체계도 개혁한다.

이러한 「결정」에 따라 중국 경제는 종래의 통제적 계획경제에서 탈피해 개혁이 농촌에서 도시로 지역적으로 확대되었을 뿐만 아니라, 경제의 각 영역에까지 파고들어 중국 경제의 발전에 커다란 기여를 했다. 대표적인 개혁안으로 국영기업 개혁(한 축은 국가와 기업 간의 이윤배분을 통해 기업을 활성화시키기 위한 이윤 청부제이고, 또 다른 한 축은 생산·원자재 조달·제품판매·투자·고용 등 전 분야에 걸친 기업의 자주권 확대), 각 성(省)·시(市)·자치구에 대한 재정 청부제도 실시, 중앙에 의한 공업생산지령 계획과 계획적 물자 배급제도의 폐지, 투자심사 비준권의 하부이양, 적극적인 외자도입, 지방정부·기업의 대폭적인 권한 획득, 통제가격의 폐지 등을 들 수 있다. 하지만 당시의 개혁들은 그 운영과정에서 많은 문제점을 내포하게 되었다. 경기과열, 부정부패(권력을 이용해 공정가격으로 상품을 구매해 시장가격으로 판매), 불균형 경제(에너지·운송 부문에 비해 지나치게 비대해진 경공업 부문) 등이 그것이다. 그 결과 1988년 중국의 물가상승률은 전 해의 같은 기간에 비해 18.5%를 기록하게 되었다. 이에 대해 정부는 극도의 경제적 혼란에 대한 당연한 귀결로서 긴축정책을 실시하지 않을 수 없었다. 그 결과 물가상승률은 1988년의 18.5%에서 1989년에는 17.6%, 1990년에는 2.1%로 급격히 진정되었다. 하지만 동시에 성장률도 1988년의 11.0%에서 1989년에는 4.0%, 1990년에는 5.2%로 크게 둔화되었다.

덩 샤오핑은 극도의 경제혼란으로 발발한 천안문 사태를 무력진압으로 수습하는 데는 성공했지만, 그로 인한 저성장노선에 대해서는 극히 불만족스러워했다. 덩 샤오핑의 입장에서 볼 때 당시의 정책은 사태수습을 위한 보수파들과의 일시적 타협에 지나지 않는 것이었다.

덩 샤오핑은 1991년 초부터 개혁·개방 노선으로의 재전환을 모색하기 시작했다. 즉 그 해 1~2월에 걸쳐 상해에 머물렀던 덩 샤오핑은 『포동(浦東) 개발의 영향력은 대단히 크다. 이것은 상해의 발전뿐만 아니라 상해를 기지로 이용하는 장강(長江) 삼각주를 포함한 장강 유역의 발전과 관계된다. 포동 개발에 대해 절대 동요해서는 안 된다』라고 개혁·개방의 깃발을 흔들기 시작했다.

또한 그 해 8월에는 중앙지도자들에게 『안정을 강조하는 것도 옳다. 하지만 지나치게 강조하게 되면 기회를 놓치고 만다. 현재 공업의 발전은 2항(桁 ; 두 자리)성장을 이룩하고 있다. 농업도 나쁘지는 않다. 우리의 경제발전 법칙도 파상형(波狀型)으로 전진한다고 보아야 마땅하지 않을까?』라며 당시의 안정중시 정책에 크게 불만을 나타냈다. 하지만 덩 샤오핑의 이러한 지시에도 불구하고 중앙정부는 좀처럼 움직이지 않았다.

그러나 덩 샤오핑의 성장중시 노선은 1992년이 되어 서서히 그 결실을 보기 시작했다. 그 계기가 된 것이 무한(武漢), 심천(深圳), 주해(珠海), 상해(上海) 등의 시찰여행에서 그가 행한 「남순강화(南巡講話)」다.

『개혁·개방하는 데 담을 크게 갖고 대담하게 시험해보아야지, 전족(纏足)한 여인처럼 걸어서는 안 된다. 바로 본 것은 대담하게 시험해보고 과감하게 밀고 나가야 한다.』

『사회주의를 견지하지 않고, 개혁과 개방을 하지 않으며, 경제를 발전시키지 않고, 인민생활을 개선시키지 않으면 죽음의 길밖에는 없다. 따라서 우리는 이러한 기본노선을 앞으로 100년 간은 견지해야 하며 절대로 동요시키는 일이 있어서는 안 된다.』

『자신들을 발전시키는 데 관건이 되는 일은 역시 경제발전이다. 지금 주변 국가나 지역의 경제발전은 우리보다 빠르다. 만약 우리가 발전하지 않거나 발전이 너무 느리게 되면 인민들이 비교해보고 문제가 있다는 것을 알게 된다. … 저속 전진은 정지한 것이나 마찬가지며 오히려 후퇴하는 것이다. 우리는 기회를 잡아야 하며, 지금이 바로 그 좋은 기회다.』 경제성장을 최우선 과제로 내건 덩 샤오핑의 이러한 지시에 의해 중국 경제는 또다시 고도성장기로 접어들게 된다.

천안문 사건 이후 침체의 늪에 빠졌던 중국 경제는 1991년에 GNP 증가율이 13%를 기록했다. 또한 공업생산은 27.5% 성장이라는 경이적인 기록을 달성했다. 세계은행을 비롯한 유수의 경제전문가들이 경제대국으로 도약하는 21세기의 중국에 대해 장미빛 청사진을 그리기 시작한 것도 이 때부터다.

1992년에 들어서자 경제성장은 더욱더 가속화되었다. 고정자산 투자는 전년 대비 50.6%(1조 1,829억 위안) 늘어났고, GNP도 전년 대비 13.4%나 성장했다. 뿐만 아니라 1992년 1년 간 유치된 외자도입도 과거 12년 간의 누계를 상회하는 580억 달러에 이르렀으며, 1993년에는 그 두 배인 1,200억 달러(계약기준)에 달했다.

고도성장의 요인

지난 10여 년 간 연평균 10% 이상의 고도성장을 가능하게 해준 성장의 견인차는 과연 무엇인가?

첫째, 전통적으로 중국인들이 지니고 있던 상업주의적이고 현실주의적인 문화전통이 혁명 후 40여 년이 지난 지금에도 각 최소(micro) 단위 속에 뿌리 깊게 존재하고 있는 점을 지적할 수 있다.

둘째, 중앙정부의 개혁·개방정책에 대한 끊임없는 정책적 배려가 앞에서 지적한 문화적 전통을 뒷받침해주었다는 점이다. 즉 경제체제 개혁의 진전은 중앙집권적 통제의 틀 속에 있던 최소 단위의 활성화에 크게 기인하는 것이라 볼 수 있다.

셋째, 집권적 통제의 틀을 완화시켰으며, 아울러 각각의 경제주체에게 노력에 상응하는 물질적 자극책을 실시하여 농민과 기업 및 지방의 현실주의적인 문화전통을 부활시키게 한 것 또한 고도성장의 견인차로서 빼놓을 수 없는 항목이다. 그 대표적인 사례로 「청부제(請負制)」를 들 수 있다. 「청부제」는 농민과 기업 및 지방이 중앙정부와의 사이에 각각 생산액·이윤·재정 등의 항목에 대해 청부액을 설정하고 그것을 초과하는 부분에 대해서는 재량권을 갖게 하는 제도인데, 말하자면 실리중시의 정책이라고 할 수 있다. 물론 중국이 처음부터 체제개혁을 위한 종합적인 청사진을 갖고 종래의 비효율적인 경제체제를 개혁한 것은 아니다. 경제개혁을 시작할 때는『국민경제의 균형을 조정하고, 과도하게 집중되어 있는 경제관리체제에 대한 신중한 개혁을 추진하고, 자력갱생을 기초로 한 세계 각국과의 경제협력을 적극적으로 발전시키고, 세계의 선진기술·선진설비를 도입하는 데 노력한다』라는 정도의 개혁이었다.

중국의 경제체제 개혁은 마오 쩌둥 시대의 비효율적인 경제운영과 더불어 과거 중국을 강하게 속박해왔던 통제의 틀을 단지 「풀어버린(放) 것」에 불과하다고 할 수 있다. 이러한 관점에서 보면 체제개혁이라는 단어는 좀 과장된 표현일지도 모른다. 하지만 이러한 「방」의 정책에 의해 중국은 앞에서 지적한 것과 같이 경이적인 경제성장을 이룩했다.

통제의 틀에서 풀려난 농민·기업·지방의 에너지가 일종의 무정부상태 속에서 일거에 폭발한 것이다. 예를 들면 개혁·개방과 함께 통제적 계획경제의 틀 밖에서 생성된 「향진기업」은 1980년 이후부터 폭발적인 속도로 그 수가 증가해 1993년 현재 이미 중국 농업 총생산액의 4.8배에 달하고 있으며, 전 농촌노동력의 37.1%를 흡수하는 하나의 중요한 경제주체로 부상했다. 「향진기업」이 이와 같이 급부상하게 된 것은 중국의 분산적인 농촌사회와 이를 배경으로 형성된 비교적 강한 지방주의적 전통이 있었기 때문이다.

덩 샤오핑의 개혁·개방정책은 명확한 청사진을 갖고 실시한 정책이라기보다는 다분히 경험주의적인 성격이 강하다. 즉 부분적인 실험을 통해 성공을 확인하고, 그 후 법·제도 면의 정비를 거쳐 전국에 확산시킨 것이다. 이는 급격한 개혁에 의해 정치적·경제적 혼란을 노출시키고 있는 러시아나 동구와는 크게 구별되는 점이라 볼 수 있다. 커다란 혼란은 피하고 개혁의 속도를 조절하면서 발전해온 이러한 방식은 덩 샤오핑 스타일의 전형이라고도 할 수 있다.

고도성장의 후유증과 과제

중국 경제는 〈표 1-1〉에서 보듯이 최근 눈부시게 발전하고 있다. 하지만 발전속도가 지나치게 빠르기 때문에 여러 가지 문제점을 내포하고 있는 것도 사실이다. ① 경기과열로 인한 심각한 인플레이션(1994년 21.7%)으로 중국 경제는 개혁·개방 이래 최대의 위기에 빠져 있다. ② 국영기업을 위시한 적자기업의 속출로 인한 도시실업자의 증가는 농촌에서 유입되는 노동자들과 함께 커다란 사회문제로 대두되고 있다. ③ 연해도시와 내륙지역의 경제격차가 확대되면서 중앙의 지휘, 명령이 지방에 반영되지 않고 있다. ④ 최근 정부의 일관성 없는 정책변경으로 많은 외국 투자가들이 대 중국 투자를 기피한다는 우려가 나오고 있다. 이들 각각의 문제점들을 좀더 구체적으로 살펴보면 다음과 같다.

1. 극심한 인플레이션

중국 경제는 1993년에 접어들면서 경기과열의 징후를 확실히 드러내기 시작했다. 물가가 계속적으로 상승해 1993년 소매물가 상승률이 10.3%로 치솟자 정부는 금융긴축정책을 위시한 인플레이션 억제책을 취했다. 하지만 물가는 진정되지 않았고 오히려

〈표 1-1〉 중국경제의 고도성장

연도	GNP와 인구			생 산			물 가		대 외 경 제			
	GNP 성장률	1인당	인구 증가율	공업	투자	소비	도매	소비자	무 역		외자 도입	
				공업 생산 증가율	고정자산투자 증가율	사회 소비품 소매 증가율	전국 소매 물가 상승률	도시 주민 생활비 지수	수출 증가율	수입 증가율	계약 기준	실행 기준
						(단위 : %)					(단위 : 10억 달러)	
1984	14.7	13.4	1.30	16.3	28.1	18.5	2.8	2.7	17.6	28.1	4.8	2.7
1985	12.8	11.4	1.42	21.4	38.8	27.5	8.8	11.9	4.6	54.1	9.8	4.6
1986	8.1	6.6	1.55	11.7	18.7	15.0	6.0	7.0	13.1	1.5	11.7	7.3
1987	10.9	9.2	1.66	17.7	20.6	17.6	7.3	8.8	27.5	0.7	12.1	8.4
1988	11.3	9.7	1.57	20.8	23.5	27.8	18.5	20.7	20.5	27.9	16.0	10.2
1989	4.4	2.9	1.50	8.5	△8.0	8.9	17.8	16.3	10.6	7.0	11.5	10.1
1990	4.1	2.7	1.43	7.8	7.5	2.5	2.1	1.3	18.2	9.8	12.1	10.3
1991	8.2	6.9	1.29	14.8	23.8	13.4	2.9	5.1	15.7	19.6	19.6	11.6
1992	13.0	11.8	1.16	27.5	42.6	16.8	5.4	8.6	18.3	26.4	69.4	19.2
1993	13.4	12.3	1.14	21.1	50.6	11.3	13.0	14.7	8.0	29.0	122.0	36.4
1994	11.6	10.2	1.12	26.1	31.4	30.5	24.1	2.5	31.9	11.3	93.8	43.2
평균	10.0	8.6	1.41	16.8	24.6	15.9	8.5	9.7	16.2	18.5	289.0	121.0

자료 : 1993년은 〈인민일보〉, 1994년 3월1일. 1984~93년은 〈중국통계연감〉, 중국통계출판사, 1993년 8월. 1994년은 〈중국통계연감〉, 중국통계출판사, 1995년 8월.

1994년에는 소매물가 상승률이 사상 최악인 21.7%까지 치솟게 되었다. 왜 중국에서는 정부의 인플레이션 억제정책이 효과를 거둘 수 없는가? 원인분석에 앞서 이번 회기의 경기과열을 1988~89년의 경기과열과 비교해볼 필요가 있다.

당시의 경기과열은 소비재의 수급불균형에 기인하는 초과수요형 인플레이션인 데 반해, 소비가 정체의 기미를 보임에 따라 소비재 공급에 여유가 있는 지금의 상황과는 그 성격이 다르다. 이번의 인플레이션은 투자수요가 크게 증가하면서 원자재, 에너지, 교통운수, 농업기반시설 등 경제 하부구조상의 병목현상과 함께 이들 부문에 투자되어야 할 자금이 증권시장이나 부동산시장 등으로 몰리는 데서 기인하는 것으로, 말하자면 거품경제 현상을 그 특징으로 들 수 있다. 정부의 인플레이션 억제정책이 효과를 거둘 수 없는 요인으로 다음과 같은 것들을 지적할 수 있다.

첫째, 긴축과 고용유지의 딜레마 : 강력한 금융긴축정책을 실시하게 되면 국영기업으로서는 자금순환이 더욱더 어렵게 되고 급격한 기업적자 증대로 직결된다. 이러한 현상은 결국 실업의 증가로 연결될 수 밖에 없는데, 고용유지라는 사회정치적 배려 때문에 긴축정책은 많은 제약을 받게 된다. 본래 채산성이 없는 기업들은 도산되어야 하지만 사회보장제도가 충분히 정비되어 있지 않은 중국에서 실업자의 대량증가 현상은 커다란 사회불안을 야기하기 때문이다. 또한 농업 및 공업부문의 한계노동생산성이 낮고, 인구가 과대한 데 따른 잠재적 실업인구과잉의 압력도 있다.

둘째, 금융정책의 불철저 : 금융당국의 노력에도 불구하고 통화량이 계속 증가하고 있다. 이는 주로 각 은행의 지방지점이 중앙은행의 지도를 무시하면서 규정 이상으로 융자를 확대한 결과다. 그 배경으로는 지방은행 지점장의 인사권이 지방정부에 있다는 것과 권력층을 통한 정실융자, 지방정부나 기업에 대한 온정주의적 적자보충 시스템 등을 지적할 수 있다. 이러한 지방의 저항은 1980년대 후반 이후 「방권양리」라고 하는 권한의 대폭적인 지방이양과 깊은 관계가 있다. 공개시장조작에 의한 인플레이션 진정책도 논의되고 있지만 현재의 국채발행 잔고가 GNP의 0.5%에 불과하므로 그 효과를 기대하기 힘들다. 또한 시장경제화가 진전되면서 향진기업, 외자기업 등 비국유 부문의 비중이 커진 결과 자금조달원이 다양해지면서 정부의 행정적 규제가 힘들게 되었다. 그리고 외국으로부터의 직접투자와 수출에 의한 외화 유입이 중앙은행에 의한 외화구매라는 형태로 시장에 대량의 인민위안(人民元)을 방출시키는 결과를 초래하게 됨에 따라 통화량을 증가시켰다. 따라서 통화정책에 의한 경기조절과 인플레이션 억제정책이 그 효과를 제대로 발휘할 수 없는 상황이다.

셋째, 경제정책을 둘러싼 정권 내부의 의견대립 : 주룽지(朱鎔基) 부총리와 같이 인플레이션을 경제발전과 경제개혁에 대한 중대한 장애요인으로 보고 적정한 범위 내에서 조정하려고 하는 안정파 세력과 다소의 인플레이션은 무시하면서 고도경제성장을 지속해야 한다는 덩 샤오핑을 위시한 성장파 사이에 의견이 팽팽히 맞섰는데 결국은 권력을 장악하고 있는 성장파의 뜻대로 움직여진다. 그 결과 인플레이션 억제정책은 극히 왜곡될 수밖에 없었다. 가격개혁에 대해서도 행정적 수단을 동원하여 물가를 강력히 통제해야 한다는 강경파(보수파)와 행정적 조치만으로는 자금이 필요한 부분으로 돌지 않기 때문에『거시적 조정으로 자금의 적정배치를 꾀해야 한다』라는 개혁파 사이에서 중국의 금융정책은 방황하고 있다.

2. 만성적 적자에 시달리는 국영기업

중국 경제가 시장경제화하는 가운데 지금까지 경제성장의 주요한 역할을 담당해왔던 국영기업은 공업생산액 기준으로 볼 때 전체 생산액의 50%를 넘어서지 못하고 있다. 1980년 공업총생산액의 75%를 차지했던 국영기업의 점유율이 1993년에는 43.1%로 떨어졌다. 그리고 전체 공업생산에서 차지하는 중심역할은 향진기업, 사영기업(私營企業), 외자계 기업 등 비국영부문으로 점차 옮겨가고 있다. 기술 생산성의 정체보다는 오히려 적자경영과 재정보조에 의존하는 국영기업의 체질이 더 문제라고 할 수 있다.

이것이 재정적자 또는 인플레이션 문제로까지 파급되기 때문에 국영기업의 문제는 중국 경제의 장애물(bottle neck)이라고도 이야기할 수 있다. 따라서 국영기업 개혁을 얼마나 대담하게 진행시켜나가느냐 하는 것이 중국 경제의 최우선 과제라 할 수 있다. 하지만 현재까지도 국영기업의 개혁은 총론에선 찬성, 각론에선 반대의 양상으로 여전히 실험적인 단계를 벗어나지 못하고 있다.

수십만 개에 달하는 국영기업의 적자규모를 보면, 전 국영기업의 적자는 1988년 74억 위안이었던 것이 1989년 160억 위안, 1990년 348억 위안, 1991년 430억 위안, 1992년 500억 위안으로 매년 크게 늘어나고 있다. 또한 최근에는 적자를 내는 국영기업들이 그 해소책으로「삼각채(三角債 : 국영기업의 적지 않은 부분이 적자 경영에 허덕이고 있는 상황하에서 판매회사는 제조회사에, 제조회사는 원재료회사에 부채를 떠넘기는 연쇄적인 체납현상)」를 발행하고 있는데, 최근의 발표에 의하면 그 규모가 9,000억 위안을 넘어서고 있다. 이는 국가 재정규모의 약 두 배에 가까운 액수다. 또한 적자기업의 숫자는 전체 국영기업의 3분의 2에 달한다는 것이다. 국영기업이 이와 같은 상태이니 국가 재정수입의 증가율도 당연히 둔화될 수밖에 없는 반면 국영기업에의 보조금은 계속 증가하고 있다.

1992년에 국가(중앙, 지방정부)가 적자 국영기업에 대해 실시한 보조금 총액은 약 500억 위안으로, 이는 재정지출의 10%를 차지하는 금액이며 국방비(1992년, 378억 위안)의 규모를 훨씬 상회하는 것이다. 1988년의 실질 재정적자는 349억 위안으로 세출에서 차지하는 적자의 비율은 12.9%였는데, 1992년에는 904억 위안으로 늘어나 세출에서 차지하는 비율이 20.4%로 증가했다.

물론 이러한 적자는 내외로부터의 차입으로 보전되고 있다. 1995년의 예산에도 193억 위안의 국영기업 보조금을 책정해놓고 있다.

당국은 『장기에 걸쳐 적자를 내는 기업은 법에 의거해 파산시키겠다』라는 방침을 밝히고 있지만, 이를 실천하기란 그렇게 용이하지 않다. 현재 국영기업에 종사하는 노동자 수는 도시노동자 전체의 67.9%(4,498만 명, 1993년 현재)로, 그 가운데 20~30%가 잉여노동력으로 추정되고 있다. 기업정리를 할 경우 수천만 명의 실업자가 생기게 되는데, 이들 실업자가 갈 곳이 없다는 것이 개혁의 가장 큰 장애요인으로 작용하고 있다. 규모의 다소는 논외로 치더라도 이들 실업자의 고용을 새롭게 창출한다는 것은 결코 쉬운 일이 아니다. 기업파산법이 제 역할을 하기 위해서는 실업자들을 받아들일 곳을 마련해야 한다. 새로운 고용창출의 돌파구로서 금융기관, 교육기관, 서비스 기구 등의 3차산업이 거론되고 있지만 이들 역시 그 흡수능력에는 한계가 있다. 국영기업의 파산과 3차산업의 육성이 동시에 이루어져야 하는데, 이를 위해서는 막대한 자금이 필요하기 때문이다.

국영기업의 개혁이 힘든 또 하나의 이유는, 현재의 대형 국영기업이 노동자들에게 직장만 제공하지 않고 주택, 자녀들의 학교, 병원, 오락 등의 시설까지도 제공하고 있다는 데 있다. 즉, 대형 국영기업의 경우 하나의 소사회를 형성하고 있다고 보아야 하기 때문에 부분적인 개혁으로 이들 소사회를 변화시킨다는 것은 결코 용이하지 않은 것이다.

국영기업의 적자 보조제도를 폐지하고, 자체 책임하의 국영기업을 육성하기 위해서는 주식화가 최적이라는 의견도 있다. 하지만 여기에서는 국가보유 주식의 비율을 몇 %로 하느냐 하는 문제가 중요한 관건이 된다. 국가보유 주식의 점유율은 사회주의의 근

<표 1-2> 중국의 주식제도

국가주 50%	법인주 35%	개인주 15%	
유통 안 됨		유통됨	
중국인 대상		중국인 대상	외국인 대상

간(공유제)을 좌우하는 문제라고 할 수 있다. 당국은 공유제를 유지하기 위해 국영기업의 국가보유 주식은 과반수를 확보한다는 지침을 마련해놓고 있지만, 감독관청은 『이제는 과반수의 국가보유 주식에 연연해할 시기가 아니다』라는 의사표시를 분명히 밝히고 있다. 군수산업과 기간산업 이외의 국영기업에 대해서는 유연하게 대처해야 한다는 것이다. 정부의 이와 같은 조치가 국영기업의 주식화를 가속화할 것으로 예상된다. 홍콩 시장을 비롯한 해외 증권시장에 대한 진출도 빠르게 진행되고 있는데 그 귀추가 주목된다(<표 1-2> 참조).

3. 불안한 농업의 장래

중국의 최고실력자 덩 샤오핑은 『만약 1990년대 경제에 어떤 문제가 발생한다면 그것은 농업문제다』라고 지적한 바 있다. 중국 경제발전의 숙명적 과제는 거대한 인구와 이들 인구증가에 걸맞은 공업과 농업의 발전에 있다. 농업의 기본적 과제는 매년 1,500만 명 이상 증가하는 인구를 위해 매년 1,000만t 이상의 식량을 증산하는 것이다. 하지만 1994년 공업생산증가율이 18%인데 반해, 농업은 3.5%의 성장에 그쳤다. 특히 식량생산은 전년보다 2.5%나 감소했다.

2000년까지 중국 농촌의 목표는 곡물생산 5억t, 그리고 1인당 평균수입 1,200위안이다. 하지만 이를 달성하기 위해서는 대대적인 농업정책의 개혁이 필요하다는 것이 학계의 일반적 견해다. 왜냐 하면 초기 농촌개혁의 효과는 이미 그 한계에 도달해 있기 때문이다. 중국 농업의 장래를 위협하는 몇 가지 문제점을 지적하면 다음과 같다.

1) 경지의 감소

1995년 2월8일자 〈인민일보(人民日報)〉는 1994년 한 해 동안 약 40만 ha, 1990~93년까지 약 100만 ha의 경지가 감소했다고 전하고 있다. 또한 개발 붐에 따라 농지가 공장·주택·도로 등으로 전용되고, 곡물생산 대신 양식·목축·상품작물의 재배가 성행하고 있으며, 농민들의 도시이주로 인해 경지방치 현상이 늘고 있다고 지적했다. 정부의 공식통계에 의하면 과거 30년 간 약 1,500만 ha의 경지가 전용되었다는 것이다. 그 밖에 사막화, 염해화(鹽害化), 비력저하(肥力低下), 토양오염 등 생태환경 면에서의 토양침식도 현저하다. 곡물의 전국 경작 면적도 1990년의 9,080만 ha였던 것이 1994년에는 8,740만 ha로, 연간 1%(85만 ha)씩 감소하고 있다. 경지가 줄어드는 속도만큼 토지생산성이 높아지리라는 기대는 금물이다. 또한 국토의 대부분이 건조한 불모지이기 때문에 개발가능 농지도 거의 기대하기 힘든 것이 중국의 실정이다.

2) 농촌인구의 도시이주

개혁·개방정책의 진전과 아울러 약 8,000여만 명의 중국인(이 중 약 절반은 유동인구)이 농촌에서 도시로 이주했다. 이러한 농촌인구의 도시유입은 경지반납·경지방치·경작면적 감소로 이어지면서 농업부진을 초래하고 있다. 인구의 도시유입을 불러일으키는 가장 중요한 요인 가운데 하나로 도시와 농촌 간의 격차를 들 수 있다. 1989~91년까지 3년 간 농가수입은 0.7%밖에 상승하지 않았다. 따라서 도시주민과의 수입격차도 크게 벌어져 1985년에는 1 : 1.7이었던 가구당 수입이 1992년에는 1 : 2.5로 확대되었다(도시 : 1,826위안, 농민 : 784위안). 또한 최근 중국 인민은행의 통계를 보더라도 9억 명에 달하는 농민 1인당 평균저축액은 겨우 295위안에 불과한 데 반해, 전 인구의 3%에 불과한 개인상공업자의 1인당 평균저축액은 5,400위안으로 약 18배에 달하고 있다. 그 밖에도 도시 노동력의 수요 증대, 농촌의 과잉노동력, 도시정책과 농촌정책 간의 차이, 지방정부에 의한 과도한 부담금 징수, 「백조자(白條子 : 곡물대금 대신 농민에게 건네주는 증서. 1994년의 경우 30억 위안 가까이 현금화되지 못함)」, 「녹조자(綠條子 : 도시로 돈 벌러 간 농민들이 고향에 부친 우편환이 현금화되지 않는 현상)」 등 농민들의 불안을 고조시켜 농촌인구의 도시유입을 부추기는 요인들은 산재해 있다.

3) 자급자족형 농업생산의 한계

1980년대 초반의 농업개혁은 농민들의 「온포」를 해결하는 수준에 그쳤다. 인민공사제도에 의해 억제되었던 농민들의 생산의욕이 되살아나면서 농민들은 본연의 모습을 되찾았지만 노동력 중심의 저생산성 농업으로부터 탈피하지는 못했다. 1980년대 후반에 들어서자 화학비료·농약·종자 등 농업투입재의 가격은 급격히 상승한 반면 농산물 수매가격은 오히려 하락했다. 또한 1984년 이후 농업생산 중시책이 경시되면서 농업 기본건설 자금도 감축되었다. 국가예산에서 농업이 차지하는 비율도 1984년까지는 10%선을 유지했지만, 1985년 이후에는 3~6%의 수준에 머물러 있다.

이러한 여러 가지 요소가 복합적으로 작용하면서 농민들의 생산의
욕은 급격히 감퇴되었다. 1984년까지 연평균 7.3%의 증가율을
기록했던 농업생산성은 1985년 이후 연평균 4~5% 수준을 맴돌
고 있다.

4. 중앙과 지방의 갈등

중앙과 지방 사이의 이해관계 조정도 현재 중국이 안고 있는 난
제 중 하나다. 이는 경기과열로 인한 인플레이션, 확대일로에 있
는 지역간의 경제적 격차 등이 빚어낸 문제다. 1993년 13%의 GDP
신장률이 가능했던 것은 각지에서 앞다투어 실시한 고정자산투자
덕분이라고 할 수 있다(전년대비 50.6% 증가). 통계에 의하면
1994년 국유단위(국유기업 또는 국유기업과의 합영기업)의 부동
산투자는 전년 대비 41.3%나 증가했다. 더욱이 각 지역에 산재
해 있는 금융부문의 자금공급이 풀려 물가가 20% 이상 상승하게
된 것이다.

이와 같은 고(高)인플레이션에 대해 정부는 강력한 긴축정책을
실시했는데, 이 정책은 지방과 자금부족에 허덕이는 국영기업으
로부터 강한 반발을 사게 되었다. 지방정부는 중앙정부의 지시를
무시하고 은행의 지방지점에 압력을 가해 융자를 확대하도록 종용
했다. 지역 간의 경제적 격차가 지방정부로 하여금 중국 전체의
거시경제적 균형보다는 스스로의 이익을 우선시키는 방향으로 나
아가게 한 것이다. 이와 같은 지방주도형의 고성장은 선택된 지역
과 그렇지 못한 지역간의 경제적 격차를 더욱 확대시키는 결과를
낳고 있다. 1994년 상반기의 동부(연해지역), 중부, 서부(내륙지
역) 도시주민의 1인당 평균수입은 각 316.3위안, 202.4위안,
211.1위안으로 전년 같은 기간에 비해 각 36.8%, 33.6%, 28.7%

가 증가했다. 하지만 지역 간의 격차는 1 : 0.66 : 0.71에서 1 : 0.64 : 0.67로 확대되었다. 동부 연해지역의 생활수준은 ASEAN이나 NIES수준에 근접해 있는 데 반해, 7,000만 명의 인민들은 여전히 의식주도 제대로 해결하지 못하는 빈곤상태에 빠져 있다. 격차의 확대는 낙후된 지역과 농촌의 불만을 증대시키면서 각종 사회문제를 야기시키고 있다. 최근 심심찮게 발생하고 있는 농민이나 소수민족 지구의 폭동은 이러한 불만과 결코 무관하지 않은 것으로 알려졌다.

뿐만 아니라「제후경제(諸侯經濟)」의 분립 경쟁은 다음과 같은 몇 가지 측면에서 국민경제에 심각한 병폐를 초래하고 있다.

첫째, 각 지역경제의 분립화는 국가의 거시적(macro) 통제를 저해하면서 그 조절기능을 저하시키고 있다. 예를 들면 1981년 재정총수입에서 57.6%를 차지했던 중앙의 수입은 38.6%까지 하락했다. 따라서 재정수입이 넉넉해진 일부지역에서는 중앙의 지시를 무시하고 개발을 더욱 촉진하게 되었다. 둘째, 분립화는 국민적인 통일시장의 형성을 방해하면서 결과적으로 국민경제의 변동을 더욱 증폭시키고 있다. 셋째, 명분이야 어떻든 지역경제의 분립화는 경쟁력 없는 기업과 상품들을 보호하게 되고, 따라서 산업구조와 제품구성의 조정에 극히 불리한 요인으로 작용하게 된다. 넷째, 산업배치의 불합리 요인으로 작용했던「대이전, 소이전(大而全 小而全 : big and all, small and all)」을 더욱 심화시키고 있다. 다섯째, 지방행정과 지방기업들 간의 유대관계를 더욱 강화시킴으로써「정경(政經) 분리」를 추구하는 체제개혁에 역행하는 결과를 초래하고 있다.

지방독주의 방지와 지역격차의 확대 시정이 앞으로의 중요한 과제 가운데 하나다. 현재 그 대책으로서 중앙세와 지방세의 분리

징수, 중앙재원의 우위확보 등이 단계적으로 실시되고 있다. 하지만 이러한 대책 역시 지방의 저항 때문에 전면적으로 실시하는 데 많은 어려움을 겪고 있다.

5. 외자정책의 이변

최근 중국의 대외 경제개방정책에 변화가 보이고 있다. 그 배경으로는 경기과열과 이를 억제하기 위한 거시경제 조절기능의 마비 등을 들 수 있다. 앞에서 지적한 것과 같이 중국의 최근 통계에 의하면 평균 25%의 인플레이션이 횡행하고 있으며, 도시지역만을 놓고 볼 때는 30%선을 넘었다는 것이다. 이러한 사정을 반영이라도 하듯 중국은 최근 합작투자시 자금구조와 이익배당, 합작사업 동결시 자산배분 등에 일대 수정을 가하려고 하고 있다.

구체적으로 보면 3자(三資 : 합자·합작·독자)기업 가운데에서도 독자기업(100% 외자)을 환영했던 종래의 방침에 변화가 생긴 것이다. 즉 합자기업이 아니면 안 된다든지 합자기업이라 하더라도 그 출자비율의 51% 이상을 중국측이 갖지 않으면 안 된다는 것 등이 그 예다. 그 밖에 인플레이션에 대한 우려 때문에 금융·부동산·경공업 부문에 대한 외자에 대해서도 규제를 가하기 시작했다. 「무엇이라도 환영한다, 많으면 많을수록 좋다」라는 시대는 이제 지나간 것이다. 뿐만 아니라 중국은 1995년 1월1일부터 외자계 기업들에 대해 노동조합의 결성을 의무화하고 있다. 이로 인해 적지 않은 외자기업에서 임금인상을 둘러싼 파업 사태가 발생하고 있다〔예 : 캐논 주해(Canon 珠海)의 경우 한꺼번에 50%의 임금인상 요구〕. 이와 같은 중국의 움직임은 외자기업들의 「중국 열광(fever)」 현상에 적지 않은 악영향을 끼치고 있다. 현실적으로도 소규모 자본의 중국 철수가 계속되고 있다.

선별유치라는 기본정책에는 동의하지만, 중국이 장려하는 농업·비료·신소재·첨단 전자부품·정밀기계·민간항공기·바이오 기술산업, 자동차산업 등의 분야에 외자가 계속 유입될 것인가 하는 점이 문제의 핵심이다. 이를 위해서는 좀더 안정적인 법률제도 등이 필요하다. 조령모개, 정부기관의 횡포 등 현재의 상태를 놓고 볼 때 선별도입이 오히려 외자유치 노력에 찬물을 끼얹지나 않을까 우려된다.

중국 경제 어디로 갈 것인가

고도성장의 그림자로서 경제성장에 제동을 걸고 있는 몇 가지 문제점에 대해서 살펴보았다. 이러한 문제점들은 앞으로 중국이 지속적인 경제성장을 하는 데 심각한 장애요인으로 작용할 것이다. 하지만 일부에서 주장하고 있는 것처럼 과연 이러한 것들이 덩 샤오핑 사후 한꺼번에 폭발할 것인가? 최근 자주 거론되는 덩 샤오핑 이후의 중국에 관한 시나리오 가운데에는 덩 샤오핑이 살아 있기 때문에 중국의 문제가 아직 폭발하지 않고 어떤 형태로든 균형을 취하고 있다는 주장이 있다. 즉 덩 샤오핑이 사망하면 중국 경제가 큰 혼란에 빠지게 되고, 반대세력이 일거에 쟝 쩌민 정권을 타도하여 중국은 분열로 치닫게 된다는 것이다.

이러한 주장은 독자들의 흥미를 돋우는 하나의 시나리오일지는 모르지만 결코 현실적이라고는 할 수 없다. 왜냐 하면 마오 쩌둥 시대와는 달리 지금은 덩 샤오핑이 이미 권좌에서 물러난 상태이고, 더욱이 중국 경제는 이미 한 개인의 독단적인 판단에 의해 움직여지고 있다기보다는 나름대로의 전문가 집단에 의해 운영되고 있기 때문이다.

앞에서도 지적한 것과 같이 지금의 중국이 안고 있는 경제 문제는 한 개인의 판단착오로 생겨나기보다는 각 부문에 걸친 복합적인 경제구조가 서로 맞물려 생겨나는 문제다. 그리고 이들 문제는 덩 샤오핑의 생사와 관계 없이 이미 존재하는 것이고, 향후 상당히 오랜 기간에 걸쳐 해결해야 할 과제다. 물론 덩 샤오핑이 사라지게 되면 문제해결에 적지 않은 혼란이 수반될 것이다. 하지만 덩 샤오핑이 살아 있다고 해서 이러한 문제들이 해결되는 것도 아니다. 왜냐 하면 지금 중국이 안고 있는 문제는 시장경제화하는 과정에서 발생되는 것으로서, 덩 샤오핑 자신도 결코 경험해보지 못한 사안이기 때문이다. 따라서 필자는 지금의 중국이 안고 있는 경제문제와 덩 샤오핑의 부재로 인해 발생하는 문제는 별개로 생각해야 한다고 본다.

또한 일부에서는 개혁·개방정책 자체에 의구심을 갖기도 하는데, 중국은 이미 개혁·개방노선을 도저히 역행시킬 수 없는 상태에까지 와 있다. 많은 모순과 문제점을 안고 있지만 시장경제화의 파도는 이미 사회의 구석구석까지 침투되어 있다. 가격구조 하나만 보더라도 1993년 말 현재 중앙정부가 직접 가격을 결정하는 품목은 농산물 6종, 경공업제품 7종, 중공업제품 33종에 지나지 않는다. 또한 이 공정가격 제품도 80% 이상이 시장가격으로 거래되고 있는 실정이다. 심화되는 빈부의 격차는 실망과 불만을 안겨주었지만, 다른 한편으로는 강력한 에너지도 생성시키고 있다.

「선부론(先富論)」에 따라 상대적으로 풍부한 생활을 영위하고 있는 이들을 보아온 국민들은 앞다투어 부를 추구하고 있다. 만약 지금 다시 과거의 계획경제로 돌아간다면 그에 따른 국민들의 불만을 도저히 감당할 수 없을 것이다. 뿐만 아니라 정권을 장악하고 있는 사람들 가운데 보수파라고 불리는 사람들조차도 개혁·개방정책 자체를 반대하고 있지는 않다. 단지 그 속도와 격차에 의견 차이가 있을 뿐이다. 만약 덩 샤오핑에게 어떤 문제가 발생한다 하더라도 개혁·개방노선 자체에는 별 문제가 없다고 보는 것이 타당하지 않을까 생각한다.

마지막으로 중국 경제가 현 상태에서 점진적인 개혁을 추진할 경우, 과연 어떠한 상황으로 전개될 것인가에 대해 살펴보기로 하자. 1995년 3월18일 폐막된 중국 제8기 전국인민대표대회의 폐막 연설에도 나타나 있듯이 기본적으로 개방의 적극파건 소극파건 간에, 현재의 경제현상에 대한 인식은 거의 일치한다고 볼 수 있다. 즉 경기과열, 농업의 정체, 경제적 격차 확대, 적자 국영기업 등의 문제가 심각한 지경에 도달했다는 판단이다. 따라서 단기적인 안목으로 볼 때 이러한 문제점들을 해결하기 위해 중국은 거시통제 강화, 통일시장 강조, 지방분권화 억제 등의 방향으로 경제정책을 전환할 것이다. 따라서 당분간은 경제적으로 저성장시기로 돌입할 가능성이 높다. 하지만 이러한 경기침체 역시 계속 방치해둘 수만은 없을 것이다. 왜냐 하면 대량의 고용창출이라는 중국 특유의 과제를 안고 있기 때문이다. 마오 쩌둥 시대 핵전쟁의 위협으로 파생된 제2차 베이비 붐 세대가 이미 노동 적령기에 도달했기 때문에 이들의 대량실업은 엄청난 정치적 불안을 초래할 수 있다. 따라서 약간의 인플레이션을 감수하더라도 중국은 다시 성장노선을 지속시킬 것이다.

중국은 새로운 경기부양책으로 원자재·에너지·운송부문에 대한 투자확대를 실시함으로써 경제 하부구조의 병목현상을 극복하고자 할 것이다. 동시에 국영기업에 대해서도 주식회사화를 포함한 대대적인 개혁을 실시할 것이다. 왜냐 하면 현재 중국 경제가 안고 있는, 쇠사슬같이 얽혀 있는 문제의 출발점이 다름 아닌 국

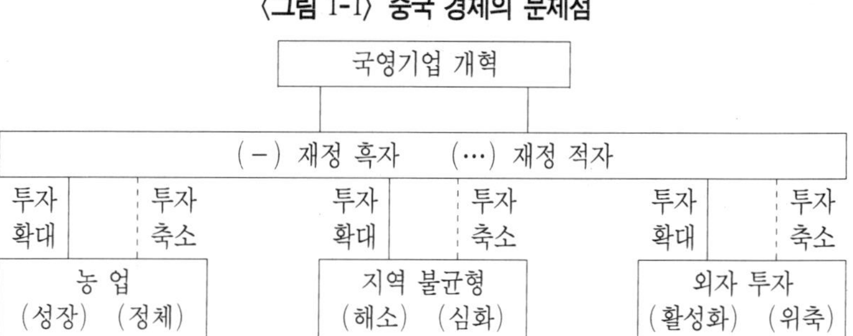

〈그림 1-1〉 중국 경제의 문제점

영기업의 적자문제가 심각하기 때문이다.

만약 국영기업 개혁이 성공리에 추진된다면 현재 중국이 안고 있는 경제적 문제점의 상당부분은 해결될 것으로 보인다. 물론 개혁의 실패는 중국 경제를 걷잡을 수 없는 소용돌이 속으로 빠져들게 할 수도 있다는 것을 우리는 명심해야 한다. 하지만 앞에서도 지적한 것과 같이 국영기업의 개혁은 그렇게 용이한 것이 아니다. 무엇보다 가장 중요한 것은 대규모 실업문제를 해결하기 위한 3차산업의 개발, 실업보험 등의 사회보장조치, 유능한 경영층 확보 등의 문제일 것이다. 그러나 여기에는 막대한 자금이 소요된다. 심각한 재정적자와 외채에 시달리는 현재의 상황에서 유일하게 기대할 수 있는 것은 외국자본이다. 이러한 관점에서 볼 때 1997년 홍콩의 중국 반환은 앞으로의 중국 경제를 진단하는 데 중요한 갈림길이 될 것이다. 왜냐 하면 중국이 어떻게 대처하느냐에 따라 외자의 향방을 둘러싼 명암이 갈릴 것이기 때문이다. 그리고 일본 카드와 대만 카드, 한국 재벌 카드 등도 중국에 대한 외자의 향방을 가늠하는 중요한 요소라고 할 수 있다.

덩 샤오핑 사후 중국 경제가 연착륙할 수 있을까? 지금으로서는 그 전망이 매우 불투명한 것이 사실이다. 미래를 낙관하기에는 산적해 있는 과제가 너무나 많기 때문이다. 1999년은 중국이 중화인민공화국을 설립한 지 정확히 50년이 되는 해이기도 하다. 아마 이 시기가 되면 시장경제의 도입이라는 중국의 개혁·개방정책의 성패가 가려지지 않을까 생각한다.

제 2 장

●

인치와 법치의 갈림길

포스트 덩 샤오핑 시대의 정치과제

포스트 덩 샤오핑 시대의 정치적 위기 발생 가능성이 내외에서 지적되고 있다. 이러한 위기는 중국 사회가 정치적으로나 경제적으로, 또는 사회적으로 커다란 전환기를 맞이하고 있음에도 불구하고, 장기적으로 안정을 가져다 주는 유효한 정치기구나 체제가 확립될 것이라는 전망이 불투명하다는 데 기초하고 있다.

이러한 이야기는 무책임한 언론인들 사이에서 회자되는 것과 같이 《삼국지》적인 권력투쟁이 중국 사회에 만연되어 있다는 데 근거를 둔 것은 아니다.

따라서 포스트 덩 샤오핑 시대의 정치동향을 예측하기 위해서는 후계체제로서 옹립된 쟝 쩌민 체제의 권력기반을 분석하는 데

---

* 필자는 타카이 기요시(高井潔司)이며 현재 일본 요미우리(讀賣)신문사 북경 특파원으로 근무하고 있다.

그치지 않고, 정권의 안정성을 찾아 중국이 어떤 정치체제를 지향하고 있는가, 또는 어떤 정치체제를 지향할 수밖에 없는가 등을 검토할 필요가 있다. 나아가 이 체제의 확립을 둘러싸고 다양한 정치권력이나 요인들이 어떻게 결합되어 있는가를 분석해야 할 것이다.

경제와 마찬가지로 정치의 장래에 대해서도 덩 샤오핑 시대의 궤적을 먼저 살펴보고자 한다. 왜냐 하면 덩 샤오핑 시대의 정치개혁에는 경제 이상으로 많은 과제가 산적해 있기 때문이다. 이러한 과제의 극복이야말로 안정된 정치체제라 할 수 있을 것이다.

너무 빨랐던「북경의 봄」

주지하는 바와 같이 덩 샤오핑 시대는 마오 쩌둥 시대의「계급투쟁」,「혁명주의」를 포기하고「경제건설」을 가장 중요하고 시급한 국책으로 삼아 국가건설을 추진해온 것이다. 그리고 이를 위해 정치개혁을 유보하고 경제분야에 한정시켜 개혁을 추진해왔다. 즉 정치적으로는 ① 공산당의 지도, ② 사회주의의 길, ③ 인민민주주의 독재, ④ 마르크스ㆍ레닌ㆍ마오 쩌둥 사상의 네 가지를 견지하는, 이른바「네 개의 견지」를 기본원칙(이후「네 개의 기본원칙」)으로 해온 것이다. 이러한 경제개혁과 정치자세의 견지는 나중에「하나의 중심, 두 개의 기본점」이라는 형태로 결합되어, 덩 샤오핑 노선의 기본적인 자세가 된다. 다시 말하면「개혁ㆍ개방」과「네 개의 기본원칙」이라는 두 개의 기본점을 근간으로「경제건설」이라는 목표를 달성한다는 사고방식이다.

이「하나의 중심, 두 개의 기본점」이라는 사고는 경제개혁의 추진을 위해서는 안정된 정치환경과 사회환경이 필요하다는 인식에서 비롯된 것이라 볼 수 있다. 1978년 말 개혁·개방노선을 도입할 당시 덩 샤오핑의 적극적인 개혁의지에 따라 지식인이나 민중들 사이에서는 정치개혁에 대한 기대도 확산되어갔다.

1978년 11월 제1차 천안문 사건〔1978년 4월 저우 언라이(周恩來) 총리의 추도와 장칭(江靑) 등 4인방을 비판하기 위해 천안문 광장에 모인 대중이 반혁명죄로 연루되어 다수 체포된 사건〕 체포자의 명예회복이 실행된 것을 계기로 민주화와 법제화를 요구하는 목소리가 갑자기 고양되어, 북경시 서단(西單)에 설치된 「민주의 벽」에 각 시민들의 주장을 적은 대자보(大字報) 등을 게재함으로써 「북경의 봄」이라 불리는 민주화운동이 소생했다. 〈탐색(探索)〉 〈4·5논단(四五論壇)〉 등 등사판 인쇄물 잡지도 발행되었고, 민주화운동 지도자들은 당시의 국책이었던 「공업, 농업, 국방, 과학기술」이라는 「4개 현대화」에 더해 「다섯 번째의 현대화」로 「정치의 현대화」를 요구했다. 그들의 주장 가운데에는 공산당 해체, 복수정당제 도입 등 당시로서는 과격한 발언도 눈에 띄었다.

이러한 자유화 분위기에 편승하여 당내 주도권을 잡은 덩 샤오핑은, 지나친 자유화에 대해서는 단호한 조치를 취했다. 1979년 3월 〈탐색〉의 편집장인 웨이 징성(魏京生)을 체포하여 같은 해 가을 국가반역죄로 징역 15년의 실형을 선고했다. 그 후 인민의 권리로 인정했던 헌법을 개정해 대자보를 금지함으로써 「민주의 벽」은 완전히 자취를 감추게 되었다. 너무나도 짧았고 빨랐던 「북경의 봄」이었다.

앞에서 소개한 「네 개의 기본원칙」은 웨이 징성을 체포한 1979년 3월 말 발표된 것이다. 민주화의 목소리에 편승하여 또다시 정치무대에 복귀한 덩 샤오핑은 왜 민주파를 탄압하고 「4개의 기본원칙」을 천명했을까?

우선 무엇보다도 문화대혁명은 종결되었지만, 마오 쩌둥 노선의 계승을 정권기반으로 한 화 궈펑 주석 등이 커다란 세력을 과시하고 있었다는 점을 지적할 수 있다. 덩 샤오핑으로서는 이제 겨우 개혁·개방노선에 편승했을 뿐인데, 내부의 마찰을 불러일으킬 것이 뻔한 정치개혁이라는 문제는 일단 유보해두고 싶은 의도도 있었으리라.

그러나 이러한 전술적인 문제만이 아니라, 덩 샤오핑 본인이 지향한 개혁 자체가 위로부터의 개혁이었으므로 이를 실행하는 데 「공산당의 지도」가 필수불가결하리라는 생각도 했을 것이다. 「네 개의 기본원칙」을 천명한 연설에서 덩 샤오핑은 『중국 공산당의 지도를 떠나서 누가 사회주의 경제·정치·군사·문화를 조직할 것인가. 누가 중국의 4개 현대화를 조직할 것인가』라고 언급하고 있다. 중국 공산당이 유일한 정치세력으로 군림하고 있는 이상, 공산당을 통한 「위로부터의 지도」에 의해 개혁을 추진하는 방법 이외에 다른 길은 없다는 인식이 덩 샤오핑의 발상이었다. 덩 샤오핑은 계속해서 『당의 지도라고 허점이 없을 리가 없고, 당이 어떻게 대중과 밀접하게 연계하여 정확하고 유효한 지도를 실시해나갈 것인가 역시 신중히 고려하여 해결하지 않으면 안 되는 문제다. 하지만 그렇다고 해서 당의 지도를 취소하라는 것은 이유가 되지 않는다. 우리 당은 몇 번이나 실수를 반복해왔지만, 우리는 그 때마다 당에 의거해 당으로부터 이탈하지 않고 스스로 잘못을 수정해 왔다』라고 언급하고 있다.

따라서 덩 샤오핑은 『민주를 발양한다』라고 이야기하고 있지만, 그가 주장하는 민주는 민주집중제다. 덩 샤오핑은 『이것은 민주의 기초 위에 존재하고 있는 집중과, 집중지도 아래에 있는 민주와의 결합이다』라고 강조했다. 그의 말에 따르면 집중지도라는 것은 공산당의 지도이기 때문에 공산당의 지도와 민주는 상하 관계로서, 결국은「위로부터의 지도」라는 의미다.

당의 지도에 대한 덩 샤오핑의 이와 같은 확신이 1980년대의 여러 가지 정치적 위기에서 중국을 구해냈다고 할 수도 있다. 반면에 이로 인해 당 이외에는 잘못을 바로잡는 세력이 성장하지 못했다는 점, 정확히 말해 성장할 수 없었다는 점이 —— 나중에 살펴보겠지만 —— 중국 정치의 탄력성을 저해하면서 앞으로의 커다란 불안정 요인으로 작용하고 있다는 것이다.

덩 샤오핑의 정치개혁에 대한 자세에서 또 하나 지적하지 않을 수 없는 것은, 생리적이라고도 할 수 있는 강렬한 안정지향과 대중운동 기피증세라고 말할 수 있다. 문화대혁명의 혼란이 뼈 속 깊이 사무쳤기 때문인 것 같다. 1980년대 덩 샤오핑의 시정방침을 나타내는「당면한 정세와 임무(1980년 1월)」에서「4개 현대화」를 실현하기 위한 전제로「확고한 정치노선의 관철」과 함께「안정 · 단결된 정치적 국면」의 필요성을 지적하고 있다.

『안정 · 단결된 정치적 국면이 없으면 민심을 안정시켜 건설에 몰두할 수가 없다. 과거 20여 년 동안의 경험이 이를 애기해주고 있으며, 작년 1년 간의 경험도 이를 증명하고 있다.』

『예를 들면 작년「서단의 벽(민주의 벽)」과 같은 일련의 사건을 활성화라고 말할 수 있을까? 만약 이를 무제한 방치했더라면 어떤 사태가 발생했을까? 그렇게 해도 폭동이 일어나지 않는다고 안심해서는 안 된다. 소수의 힘만으로도 우리의 대사업을 파괴할 수 있다. 그러므로 만약 활성화와 안정 · 단결 사이에 모순이 발생하면 안정 · 단결을 방해하지 않는다는 조건하에 활성화를 실현해야 한다. 문화대혁명의 경험이 이미 증명하고 있는 것과 같이 폭동은 전진을 가져다 주는 것이 아니라 후퇴만 시킬 뿐이다. 질서가 있고 나서야 전진할 수 있는 것이다.』

이러한 덩 샤오핑의 안정지향은 1989년 천안문 사건 때도 유감 없이 발휘되었는데, 이는 그의 일관된 정치자세라고 말할 수 있다. 원래 중국에서는 「자유」라는 말의 의미가 「자기 멋대로」라는 개념으로서 이에 따르는 「책임」이나 「의무」는 수반되지 않는다. 이러한 이유로 「자유화」라는 개념은 마오 쩌둥 시대부터 줄곧 비판의 대상이 되어왔다.

덩 샤오핑 체제 확립을 위한 지도체제 개혁

덩 샤오핑은 이러한 「위로부터의 지도」라는 발상으로 정치 면에 대한 개혁도 추진하긴 했지만, 이는 어디까지나 「네 개의 기본원칙」 차원에서의 개혁이고, 「당과 국가의 지도체제 개혁」이라는 한정된 개혁이었다. 1980년 8월에 당 정치국의 동의를 얻은 「당과 국가의 지도체제 개혁」은 ① 과도한 권력집중의 개선, ② 겸직과 부직의 소멸, ③ 당·정 분리, ④ 후계체제의 해결이라는 네 가지 항목으로 구성되어 있다. 이러한 개혁의 목적은 행정효율의 상승과 안정화에 있을 뿐, 정치의 민주화나 자유화라는 발상은 거의 찾아볼 수 없다.

당시 덩 샤오핑의 정책입안 담당자였던 중앙서기처 정책연구실의 리아오 가이룽(廖蓋隆) 연구원이 내부보고한 「경신(庚申) 개혁」이라는 개혁안이 있었다. 이 안에는 ① 전국인민대표대회를 개조하여 2원제로 하고, 심의기능을 강화하여 감시와 균형기능을 강화한다. ② 사법의 독립을 보장한다. ③ 당무와 행정을 분리한다. ④ 노동조합의 자주권을 보장한다. ⑤ 신문의 자유를 확립한다. ⑥ 당중앙위원회, 규율위원회, 고문위원회를 설치해 감시와 균형기능을 강화하며 그 각각에 상무위원회를 두고 정치국은 폐지한다는 내용이 포함되어 있었다.

그러나 상당한 민주화의 내용을 담고 있는 이 안은 일부만이 채택되고 결국 사장되고 말았다. 전술한 당내 사정이나 덩 샤오핑의 발상을 감안할 때 전면적인 채용은 무리였다고 볼 수 있다. 관점에 따라서는 권력집중의 개편이나 당·정 분리의 의미를 중요시하는 경향도 있지만, 그것이 위로부터의 지도에 의해 이루어지고 때로는 민주화운동이 힘으로 탄압되는 상황을 볼 때 덩 샤오핑의 개혁은 당에 대한 대중의 불신감만 배가시키는 효과밖에 없었던 것이 아닐까?

그 후 「지도체제 개혁」에 따라 화 궈펑의 당 주석과 총리 겸임이 폐지되고 대신 자오 쯔양이 총리로 취임했다. 또한 리 셴넨(李先念), 천 윈(陣雲), 쉬 샹치엔(徐向前), 왕 젼(王震), 덩 샤오핑, 왕 렌중(王任重)의 부총리 겸임을 폐지했으며, 천 용구이(陳永貴) 부총리의 경질이 이루어졌다. 이는 「개혁」이라기보다는 마오 쩌둥 노선에 충실한 화 궈펑과 그 일파의 추방, 아울러 덩 샤오핑과 그 후계자인 후 야오방(胡耀邦)·자오 쯔양에게 거북한 존재였던 장로들의 퇴진을 촉진시켰을 뿐이라는 인상을 주는 데 그쳤다. 제1장에서 언급한 바와 같이 1980년대의 중국은 경제 면으로 농촌에서 도시로의 전면적인 개혁이 추진된 데 반해, 정치 면에서는 정부기관의 통폐합 등 기구개혁이 추진된 정도였다.

민주화에 대한 열망

1980년대 개혁·개방 노선의 추진은 경제체제의 개혁만이 아니라 대중들의 의식을 변화시켰고, 나아가서는 사회계층의 분화,

지역간 격차를 심화시켰다. 개방정책에 따라 대중은 TV와 같은 대중매체나 수입상품 등을 통해 외국문화, 자본주의의 풍요함, 자유주의·민주주의 등과 접하게 되었다. 「사회주의 우위」의 신화가 붕괴된 것은 말할 나위도 없다. 시장경제를 추진하는 과정에서 마르크스·레닌·마오 쩌둥 사상에 반하는 사상들이 소생하기 시작했다. 사회계층의 분화라는 면에서는 노동에 의한 분배라는 명분 아래 수입격차가 용인되고, 더 나아가 사영기업이 인정되면서 기업가와 노동자라는 계층 차이까지도 생겨났다. 한편 제1장에서 지적한 것과 같이 경제성장과 더불어 계획경제와 시장경제라는 상이한 경제체제의 빈틈을 노리고 물자의 횡령이나 투기와 같은, 권력을 이용한 부정·부패가 만연하게 되었다.

이러한 변화는 내부에서부터 네 개의 기본원칙을 붕괴시키기 시작했다. 동시에 계층의 분화를 조정하는 기능이나 권력의 오직 및 부패에 대한 감시기능을 요구하는 목소리도 높아갔다. 경제다원화의 진행이 「정치의 다원화＝정치개혁」의 필요성을 가져온 것이다.

다른 한편으로는 당국의 비판을 받으면서도 일부 작가나 지식인들이 권력의 부패를 고발하는 작품이나 민주주의와 인도주의를 갈망하는 평론 등을 발표했고, 대중 사이에서도 큰 반응을 불러일으켰다. 그 대표적인 인물들은 류 빈얀(劉賓雁 : 작가), 팡 리지(方勵之 : 과학기술대학교수, 물리학자), 왕 루어왕(王若望 : 평론가), 왕 루어수이(王若水 : 〈인민일보〉 부편집장), 바이화(白樺 : 작가) 등이다. 이러한 시민의 소리나 지식인들의 행동은 사회정세의 변화에 따라 나타난 것으로 오히려 건전한 반응이었다. 하지만 이런 활동들을 억압하고 권력을 방패로 한 부정이나 뇌물 및 금전만능주의가 만연, 법률은 경시되어 결국 정치에 대한 불신은 더욱 확산되었다.

1986년 가을부터 겨울에 걸쳐 민주화를 갈망하는 폴란드 자치 노조「연대」운동이나 소련의 페레스트로이카 등 다른 사회주의 국가들의 민주화운동에 자극받아 민주화를 외치는 학생 데모가 전국으로 확산되면서 민주화를 갈망하는 당 내외의 목소리도 일거에 표면화되었다. 당국의 경고에도 불구하고 학생들이 가두로 진출해 데모를 한 것은「인민중국」으로서는 획기적인 일이었다. 그러나 아직 조직적인 행동을 취할 수 있는 조직이나 통신수단과 선전 수단이 없는 실정이었고, 동정의 목소리는 있었지만 당 내부로부터의 적극적인 지지 움직임도 없었다. 1986년 말『깃발을 선명하게 해서 부르주아의 자유화에 반대하자』라는 덩 샤오핑의 지시가 나오면서 곧바로 운동은 잠잠해져 버렸다. 덩 샤오핑을 중심으로 하는 장로들의 위력은 건재한 반면, 학생을 위시한 민주세력의 힘은 아직도 미약했다. 학생운동의 진압에 소극적이었던 후 야오방 당 총서기가 가차 없이 해임되었고 후임으로 자오 쯔양 총리가 취임했다.

필자는 당시 상해에서 학생 데모를 취재했는데, 학생 데모라고는 하지만 일본과 같이 법률에 권리로 명시된 것도 아니었고 조직도 자금도 없었다. 따라서 확성기는 물론 등사판조차도 마련하지 못해 노트를 찢어 몇 자 적어 뿌리는 정도였고, 데모는 오로지 자신들의 요구를 외치며 행진하는 것뿐이었다. 당시의 학생운동은 발전의 방향성도 불투명했을뿐더러 이 운동을 시민들 사이로 확산시킬 계책도 없었다. 또한 대학의 통일배분 방식에 따라 학생들의 취직이 결정되었기 때문에 대학당국의 설득활동도 큰 효과를 거둬 학생운동은 무력해졌다. 경제개혁이 추진되면서 나타나는 사회변화에 힘입어 민주화운동이 발생할 여지는 있었지만, 이 운동이 발전할 여지는 극히 미미했다고 말할 수 밖에 없다. 개혁 추진으로 기득권을 향유하는 층이 아직은 개혁을 갈구하는 층의 세력을 압도했다고 말할 수 있다.

정치체제 개혁을 모색하는 내부의 움직임

후 야오방 총서기의 실각과 함께 그와 가까운 소장 지도자들의 경질, 그리고 신문이나 잡지에 의한 「반부르주아 자유화투쟁」의 전개 등으로 인해 중국 정국은 일시적으로 보수적 분위기에 휩싸였다. 그러나 자오 쯔양 총서기 대행은 「투쟁」을 당내의 사상과 문화분야에 국한시키고 경제분야에서의 개혁·개방 노선을 더욱 더 발전시킨다는 입장을 취했다. 일시적으로 불었던 보수화 바람은 경제 붐을 불러일으키면서 1987년 가을 제13회 당대회에서 종식되었다. 한편 1986년 가을부터 자오 쯔양 체제 아래 천 이지(陳一諮) 경제체제개혁연구소 소장(제2차 천안문 사건 이후 출국) 등 젊은 개혁파 학자에 의해 발족된 정치체제 개혁연구그룹이 「정치체제개혁 총체구상」 안의 작성에 착수했다.

천 이지의 회상록 《중국 10년의 개혁과 1989년의 민주화운동(中國十年改革歟八九民運)》에 의하면, 그는 1984년 말부터 1985년 초에 걸쳐서 후 야오방 총서기 및 자오 쯔양 총리와 함께 정치개혁에 대해 계속해서 토론했다고 술회하고 있다. 『제1선에 있는 후 야오방, 자오 쯔양은 만약 중국 사회가 민주정치로 발전하지 않으면 경제개혁도 커다란 장애에 부딪치게 될 것이라고 깊이 인식하고 있었다. 그래서 후 야오방은 1985~86년에 걸쳐 계속해서 언론의 자유, 신문의 자유, 창작의 자유에 대한 문제를 언급했고, 자오 쯔양은 몇 번이나 정치개혁이 진전되지 않으면 경제개혁의 추진도 어려움에 직면하게 된다고 했다』라고 밝혔다.

그래서 1986년 9월 자오 쯔양은 덩 샤오핑에게 정치체제 개혁의 속도를 빨리할 필요가 있다고 보고하고 그의 승인을 얻어 자오 쯔양, 후 치리(胡啓立) 서기, 톈 지윈(田紀雲) 부총리, 보이보(薄一波) 당중앙고문위 부주임, 펑 충(彭沖) 전인대 상무부위원장 등 5인으로 구성된「정치체제개혁소조」를 설치했다. 이 소조에서 천 이지 등이 개혁청사진을 연구했던 것이다. 연구 결과 정치개혁의 정의와 목적, 그 범위 등을 토론한 끝에『현재의 지도체제는 전쟁시대 · 계급투쟁 · 대중운동에 적합한 제도이며, 평화시 · 건설시의 필요성에 적합한 제도는 아니다. 정치체제 개혁이란 당과 국가 지도체제의 폐해를 해결하고, 당이나 전인대 및 정부가 각각의 직권에 따라 활동하며, 이들 기관의 관계를 점차적으로 제도화하는 것이다. 당과 정부의 기능이 분리되어 있지 않고 당이 정부를 대행하며, 당조직이 다른 조직보다 높은 위치를 점유해 당원이 일반대중보다 높다는 상황을 극복해야 한다』라는 합의사항을 도출, 덩 샤오핑에게 보고하여 동의를 얻었다.

이 청사진은 ① 당 · 정의 분리, ② 당조직과 당내 민주화, ③ 권력의 이양과 분산, ④ 기구 개혁, ⑤ 인사제도 개혁, ⑥ 사회주의 민주의 강화, ⑦ 사회주의 법제도의 강화 등 7개 분야로 나누어 검토되었다. 때에 따라서는 연구와 토론에 400명 이상이 참가했으며 연방제 도입까지도 논의된 것으로 알려졌다.

이 논의에서 알아두어야 할 점이 두 가지 있다. 첫번째는 당 중앙에 정치개혁 움직임이 명확히 존재하긴 했지만 일련의 검토가 모두 비공개적이었고 대중에 대한 홍보도 전혀 없었다는 사실이다. 이처럼 정치개혁 움직임은 당 내에서의 개혁논의에 대한 장로나 보수파의 반발을 불러일으켜 외부와 엄격히 차단되었다. 또한 민주화를 갈망하는 학생들의 개혁논의를 활성화하기는커녕, 오히려 봉쇄해버려 이 운동은 결국 중단되고 말았다. 두번째는 덩 샤오핑이 논의에 동의했음에도 불구하고, 변함없이 「위로부터의 지도」와 점진적인 개혁이라는 입장을 견지했다는 것이다.

덩 샤오핑은 1986년 11월 나카소네 일본 수상과의 회담에서 『정치체제개혁의 제일목표(간부의 혁명화·소장화·지식화·전문화의 방침)는 4~5년 이내에 달성할 수 있는 것이 아니다. 15년 내에 달성한다면 다행이다. 내년 13회 당대회에서 일보 전진하겠지만, 내년 대회에서 이 임무를 달성한다는 것은 아직 무리다. 14회 대회에서 일보 더 전진하고, 15회 대회에서 이 임무를 달성하고자 한다』라고 장기적인 계획을 표명했다. 그 후 경제개혁과 정치개혁의 속도 불균형은 이후 중국의 정치에 여러 차례 위기를 가져오게 된다. 그래도 자오 쯔양의 고군분투에 힘입어 정치체제 개혁 논의는 제13회 당대회에서 활발히 전개되었다 (〈표 2-1〉참조).

정치체제 개혁을 표출한 제13회 당대회

1987년 10월에 열린 제13회 당대회는 공산당 결성 이래 가장 민주적인 분위기 속에서 시작되었다. 이전과 마찬가지로 총서기의 대회보고에서 「사회주의 초급단계론」이 표출되었고, 중국의 현상을 겸허하게 분석하고 앞으로의 과제를 제시했다. 특히 이 보고의 제1장에서는 정치체제 개혁의 방침을 명확히 하고 있다. 또 중앙위원 선거에서는 처음으로 낙선자가 탄생하는 형태의 선거가 실시되었고, 대회 전에는 유력한 정치국원 후보로 하마평이 나돌던 덩 리췬(鄧力群) 전(前) 당 중앙선전부장이 낙선하여 보수파의 이데

〈표 2-1〉 제13기 당중앙정치국 구성원(1987년)

연령은 선출 당시

당직	성명	연령	주요 겸직	파벌
정치국상무위원	자오 쯔양	68	총서기, 군사위 부주석	개혁
	리 펑	59	총리	보수
	치아오스	63	규율검사위 서기	중간 또는 개혁
	후 치리	58	이데올로기 담당서기	개혁
	야오 이린	70	부총리, 계획위 주임	보수
정치국위원	완 리	71	전인대 상무위원장	개혁
	톈 지민	58	부총리(농업 담당)	개혁
	쟝 쩌민	60	상해시 당위 서기	중간 또는 개혁
	리 티에잉	51	경제체제개혁위 주임	중간
	리 루이후완	53	천진시 당위 서기	개혁
	양루다이	60	사천성 당위 서기	보수
	양상쿤	80	국가주석	보수
	우 쉐첸	66	부총리(외교 담당)	개혁
	송 핑	70	당 조직부장	중간 또는 보수
	후 야오방	71	(1989년 사망)	개혁
	친 지웨이	73	국방장관	개혁

올로기에 억눌려 있던 개혁파 대표들을 흥분시켰다.

자오 쯔양이 보고한「정치체제 개혁」에는 천 이지 등의 연구보고서의 내용이 거의 반영되었다. 이 보고서는 경제체제 개혁보다 정치체제 개혁에 많은 부분을 할애하고 있으며, 정열적인 의욕과 함께 다음과 같이 서두부터 정치개혁의 필요성을 역설하고 있다.

『경제체제 개혁의 전개와 심화에 걸맞은 정치체제 개혁이 지금 절실히 요구되고 있다. 사회주의 상품경제의 발전과정은 동시에 사회주의 민주정치의 건설과정이 되지 않으면 안 된다. 정치체제의 개혁을 하지 않으면 최종적으로는 경제체제의 개혁도 성공하지 못할 것이다. 당 중앙은 정치체제의 개혁을 전당의 의사일정에 포함시킬 시기에 이미 도달했다고 본다.』

이 보고서는 나아가 개혁대상은『구체적인 지도제도·조직형태·활동방식 면에서 나타나고 있는 일부 중대한 결함, 과도한 권력집중과 심각한 관료주의, 그리고 아직도 불식되지 않고 있는 봉건제의 영향 등이 주요한 것들이다』라고 지적했다.

구체적인 개혁조치로는 ① 당·정분리의 실시, 당조직과 인민대표대회, 정부·사법기관·대중단체 및 사회조직의 관계조정, ② 더욱 대폭적인 권력이양, ③ 정부집무기구의 개혁과 행정소송법 등 행정입법의 강화, ④ 국가공무원제도의 확립 등 간부인사제도의 개혁, ⑤ 사회의 협의대화제 확립, ⑥ 사회주의 민주정치의 일부 제도정비, ⑦ 사회주의 법체계 건설의 강화 등을 들고 있다.

물론 다당제나 삼권분립, 직접선거 등 서방제국의 민주주의는 거론하지 않았지만, ⑥항의 일부 제도정비 확립에서 노동조합과 공산주의 청년단 및 부녀연합회 등 대중단체가『각자의 특성에 맞게 자주적으로 활동하고 전국 인민의 총체적 이익을 유지하는 한편, 각자가 대표하는 대중의 구체적 이익을 좀더 효율적으로 주장하여 옹호할 수 있도록 해야 한다』라고 언급하고, 일당독재의 완화를 꾀하고 감독기능을 강화하는 조치로서 대중단체의 활동을 강조하고 있다. 또『보도·출판, 결사, 집회·행진 등에 관한 법률 제정에 힘을 기울여 인민의 제소(提訴)제도를 확립하여 헌법에 규정된 공민의 권리와 자유를 보장함과 동시에 권리와 자유를 남용하는 행위를 법으로 규제해야 한다』라고 언급했다. 1980년 덩샤오핑이 발표한「당과 국가지도제도의 개혁」으로부터 정치개혁으로 한 걸음 전진한 것이다. 덩 샤오핑의 개혁이 경제는 개혁하지만 정치는 사회주의 기본원리를 견지한다는, 또 하나의 기본 입장을 취하고 있는 것에 비해, 13회 당대회의 방침은 정치도 개혁을 추진한다는 점에서 덩 샤오핑의 개혁보다 한 발 앞서는 목표를 지향했다고 할 수 있다.

그러나 전면적으로 정치개혁을 추진하기 위해서는 이를 반대하는 보수세력도 강했고 아직은 개혁세력이나 경제, 사회의 성숙도도 낮았다고 하지 않을 수 없다. 자오 쯔양의 보고에서도『개혁의 장기목표는 고도로 민주적이고 법체계를 완비한, 효율적이고 활력이 충만한 사회주의 정치체제를 확립하는 것이다. 이 목표를 달성하기 위해서는 장기에 걸친 노력이 필요하다』라고 점진적인 개혁을 표명하고 있다.

개혁파의 실각과 천안문 사건

대대적인 선전으로 시작된 정치체제 개혁이었지만, 제1장에서 서술했듯이 1988년 들어 가격개혁의 전면적인 도입에 따른 인플레이션이 진행되어 긴축정책을 실시하지 않을 수 없었고, 자오 쯔양의 당 중앙에서의 지도력도 크게 흔들렸다. 그 여파가 정치체제

개혁에까지 오는 것이 아닌가 하는 우려가 개혁파 사이에 만연했다. 천 이지는 1989년 4월에 열린 「개혁10년 — 중청년(中靑年) 이론과 실천 심포지엄」에서의 분위기를 다음과 같이 회상하고 있다.

『전국에서 500명 이상이 토론회에 참석했고, 토론은 격렬했다. 경제개혁이 정체되고 정치개혁이 진전되지 않았으며, 사회적인 모순이 분출하여 중앙의 결정은 계속 보류만 되는 등 사회모순이 격화되는 상황에 대해 참석자들은 커다란 불만을 나타냈다. 당시 많은 사람들이 자오 쯔양은 개혁을 추진할 수 없다고 불만을 표명했고, 한편 자오 쯔양의 어려움에 대해 동정하는 사람도 있었다.』

그 해 4월15일 후 야오방 전 총서기(당시 정치국원)가 세상을 떠나자 학생들은 그의 추도를 빌미로 천안문에서 다시 대규모 집회를 가졌다. 이 과정에 대해서는 여기에서 자세히 언급하지 않기로 한다.

이번의 집회는 이미 1986년 민주화운동을 통해 얻은 경험을 활용, 학생들의 움직임은 상당히 조직적이었다. 학생들은 추도를 전면에 내세우며 정부와의 대화나 보도의 자유를 요구했다. 자오 쯔양이나 정치개혁을 추진한 지식인들이 개입해 어느 정도 대화가 이루어질 것이라는 예상도 했었지만, 단식투쟁을 하는 학생이 속출하고 많은 학생이 지방에서 속속 상경함에 따라 당·정부와 학생들은 전면대결의 양상을 띠기 시작했다. 그러나 자오 쯔양 총서기를 비롯한 당내 개혁파가 실각되면서 계엄령의 발포와 군의 출동으로 민주화운동은 진압되었다.

개혁 자체가 후퇴기로 접어들었다는 생각에서 보더라도 민주화운동이 당이나 정부를 전복시킬 가능성이란 생각할 수도 없었다.

그럼에도 불구하고 전면적인 대립으로 치달았다는 점이 커다란 비극을 가져온 원인이라 할 수 있다.

당시 학생 지도자 가운데 한 사람인 션통(沈彤)이 미국으로 출국하여 쓴 《혁명촌전(革命寸前)》에서 『학생들 사이에 광장의 지휘권을 둘러싼 싸움이 일어났다. 단식투쟁단 지도부의 진용을 듣고 나는 걱정이 되기 시작했다. 이 학생운동은 민주개혁을 주장하는 것이었지만 광장에 있는 학생들의 대다수는 자신들이 요구하는 방향(비전)을 잃어버릴 정도로 산만, 이 때문에 목표달성이 점점 어려워졌다』라고 회상하고 있듯이 당시는 혼란기였다.

앞에서 1970년대 후반의 「북경의 봄」 사건을 소개할 때 덩 샤오핑이 문화대혁명 때의 쓰라린 기억 때문에 대중운동을 싫어한다고 지적했지만, 션통은 당시 데모가 한창 진행 중일 때 『사람들은 단순히 감정에 좌우되어 움직이고 있다』라고 염려하면서 『이 운동이 문화대혁명과 같은 운동이 되어버리는 것이 아닐까 하는 —— 학생 지도자 가운데 한 사람의 —— 생각이 맞아떨어질까 봐 불안도 느꼈다』라고 솔직히 고백하고 있다. 학생 지도자조차도 문화대혁명 당시의 혼란을 염려했을 정도의 상황에 처했다는 것은, 일의 옳고 그름을 떠나 군을 동원해서라도 안정상황을 이루려고 했던 덩 샤오핑의 종래의 입장을 생각해볼 때 너무나 당연한 결과라 할 수 있다.

힘에 의한 「인치」로의 회귀

군을 동원해서 천안문 사건을 해결하려고 한 덩 샤오핑이지만, 무엇을 믿고 「정치개혁이 절실히 요구되는」 객관적인 정세를 무시한 채 「안정」을 꾀하고자 한 것일까.

이는 나중에 덩 샤오핑이 『당신들이 있어서 타파할 수 있었다』라고 호언했듯이 장로와 군의 힘이 뒷받침 되었기 때문이었다. 이는 자오 쯔양의 보고에서 추구한 민주화, 법제화에 의한 「법치(法治)」가 아닌, 힘에 의한 「인치(人治)」로의 회귀였다.

그리고 덩 샤오핑은 자오 쯔양을 대신하여 총서기에 발탁한 쟝 쩌민에게 항시 개혁·개방노선의 견지와 부패 적발을 강조했는데, 이것이야말로 사람들에게 지지를 얻을 수 있는 중요한 관건이라고 말하곤 했다. 중국의 경제 활성화에 불을 당긴 「남순강화」에서도 덩 샤오핑은 이렇게 말하고 있다.

『왜 6·4사건 (천안문 사건) 이후에도 우리나라가 안정될 수 있었을까? 이는 우리가 개혁·개방을 하고 경제발전을 촉진하여 인민의 생활이 개선되었기 때문이다.』

그러나 자오 쯔양의 보고에서 공산당 자신이 인정하고 있듯이 『정치체제를 개혁하지 않으면 종국에는 경제체제의 개혁도 성공하지 못한다』라는 것이 객관적인 정세다. 「인치」가 법이나 제도에 의한 감시기능을 잃고 부패와 불신을 야기하여 국영기업이나 농업개혁을 뒤처지게 하고 있는 것은 사실이다.

시민의 불만을 억누르고 있는 것이 무력이라면, 이는 단기적으로는 효과를 발휘할지 몰라도 장기적으로는 많은 문제점을 발생시킬 것이다. 더군다나 그 힘의 상징인 덩 샤오핑의 사망은 눈앞에 다가와 있다. 포스트 덩 샤오핑의 위기설이 나오고 있는 것도 당연한 일이 아닐까?

또 하나의 안정요인인 경제발전에도 먹구름이 보이기 시작했다면 더욱 그러하다. 덩 샤오핑이 부패를 적발하여 인민의 지지를 얻으려고 아무리 지시한들 「인치」 자체가 구조적인 부패의 근원이다 보니 「인치」가 건재할 때에는 그 누구도 본격적으로 부패를

적발할 용기가 없는 것이다. 다음에서 지적하듯이 덩 샤오핑이 완
전히 은퇴하거나 사망한 뒤에야 비로소 부패 적발이 시작될 것이
다. 이러한 한 발 늦은 대응이 「인치」의 특징이다. 최고지도자에
게 「인치」를 담당할 지도력과 카리스마성이 없으면 안정성은 쉽
사리 사라지게 마련이다.

쟝 쩌민의 선택

　백전노장 덩 샤오핑이 손을 놓고 죽음을 기다리고 있는 것은 아
니다.
　평상시에 덩 샤오핑은 『세계 많은 나라가, 내가 언제 병으로
쓰러질 것인지, 또는 언제 죽을 것인지 촉각을 곤두세우면서 그
시점을 대 중국 정책의 전환점으로 삼고 있다. 오랜 세월 나는 이
러한 문제에 대해 생각해왔다. 나라의 운명이 한두 사람의 개인적
운명으로 이루어진다는 것은 건전하지 못할 뿐만 아니라 매우 위
험한 일이다』라고 말하곤 했다. 그는 1978년 말 지도권을 장악한
이후 『오랜 동안 후계문제를 생각해왔다』라고 술회했다. 그후 덩
샤오핑은 『후 야오방과 자오 쯔양이라는 두 사람의 후계자는 모두
무너졌지만, 당시로서는 투쟁의 경험과 활동의 성과, 정치사상의
수준 때문에 그러한 선택을 할 수밖에 없었다(「제3세대 지도집단
의 절박한 임무」 1989년 6월16일)』라고 회고하고 있다.
　세번째 후계자로 지명되어 상해시 당위원회 서기에서 중앙의
당총서기로 발탁된 쟝 쩌민은 앞의 두 후계자와 비교하여 경험이
나 실적이 전혀 없는 인물이었다. 덩 샤오핑이 반할 만한 인물도
아니었을 것이다. 쟝 쩌민을 총서기로 선택한 당일 덩 샤오핑은
유력후보로 알려진 리 펑 총리와 야오 이린(姚依林) 부총리 두 사

<표 2-2> 천안문 사건 후 개편된 정치국상무위원회

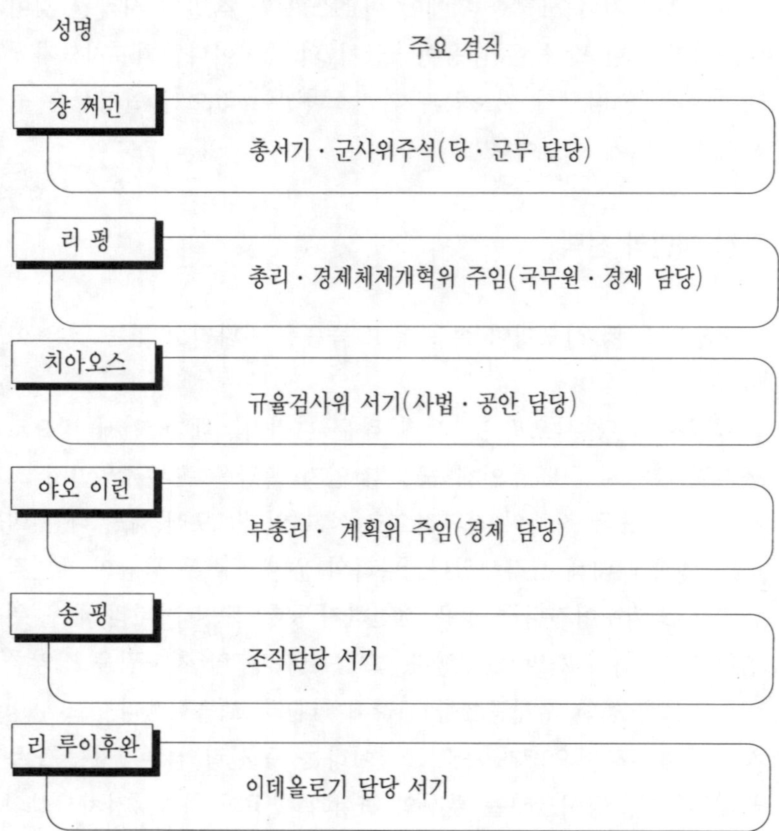

람만을 불러 장 쩌민을 선택한 배경에 대해 다음과 같이 설명했다.

『새로운 중앙지도기구(<표 2-2> 참조)는, 인민들이 내심 놀랄 만한 새로운 사람으로 바꾸었다. 인민들에게 확실한 개혁단행의 희망을 가지고 있는 지도부라는 인상을 주지 않으면 안 된다. 이것이 가장 중요한 조건 가운데 하나다. 말하자면 인민들 앞에서 마치 연극처럼 허세를 부려본 것이다. 이렇게 한 이유는 인민들이 현실을 직시하고 있기 때문이다. 혹시 인민들 눈에 우리가 경직된 보수로 보이거나 평범해서 중국의 앞날을 맡길 수 없는 지도부로 보인다면 앞으로 소요가 빈번해질 것이고, 이렇게 되면 하루도 안심할 수 없는 사회가 될 것이다.』

덩 샤오핑이 정곡을 찌른 바와 같이 리 펑 총리 등을 후계집단의 중핵에 앉히면 인민들에게 「경직된 보수적 지도부로서 인식」되어 더할 나위 없는 위험에 처할 가능성이 높다. 중국 최대의 경제도시인 상해의 지도자 쟝 쩌민이라면 인민들에게 허세를 부리기에 적당하다고 여긴 것일까? 하지만 당시 정치국 일원 가운데 물색해봐도 쟝 쩌민 정도의 사람밖에는 적당한 인물이 없었다는 것이 사실에 가깝지 않을까?

리 펑 총리 등에게 쟝 쩌민을 발탁한 이유를 설명하고 난 후 덩 샤오핑은 다음과 같이 지시한다.

『몇 가지 문제에 대해 솔직히 언급하자면, 부패근절에 대한 우리의 자세가 진실한 것이며 결코 허장성세가 아니라는 것을 보여주어야 한다. 원래 우리는 부패에 반대한다. 부패문제는 약간만 관심을 기울이면 중대한 사건을 적발할 수 있음에도 불구하고, 우리는 해결하고자 하는 용기가 없었다. 이러한 태도로는 인민들로부터 거리가 떨어지게 되며 부패를 숨기고 있다는 나쁜 인상을 심어주게 된다.』

1994년 9월 제14기 당 4중 총회에서 덩 샤오핑은 『제2세대 집단지도체제에서 (덩 샤오핑을 중핵으로 하는) 제3세대 집단지도체제로의 (쟝 쩌민을 중핵으로 하는) 인계를 완료했다』라고 선언하고 완전히 일선에서 은퇴했다. 그후 덩 샤오핑과 가까운 사이이며 덩 샤오핑 개혁의 중핵으로 경영청부제의 성공작으로 불리는 수도철강공사의 저우 구완우(周冠五) 회장이 사임을 요구받고 그의 아들인 저우 페이방(周北方)이 경제사범으로 체포되었다. 또한 북경에서 간부를 둘러싼 오직사건이 적발되어 천 시동 시당위원회 서기를 시작으로 한 시 간부들이 전원 해임되었다. 이러한 움직임을 「덩 샤오핑 대 쟝 쩌민」, 「상해 그룹 대 북경 그룹」이라는 권력투쟁으로 보는 관점이 대부분이다. 그러나 이와는 반대로 부패적발을 통해 인민의 신뢰를 얻고자 한 덩 샤오핑의 지시에 따른 결과로 보는 것이 쟝 쩌민 정권의 성격을 더 잘 이해할 수 있지 않을까 생각한다. 허약한 쟝 쩌민 정권은 덩 샤오핑의 지시에 따라 부패적발을 통해 정권의 뿌리내리기, 다시 말해 중앙권위의 확립을 꾀하고자 한 것이다.

하지만 『만에 하나 하늘이 무너져도 후 야오방과 자오 쯔양이 지원해주므로 안심할 수 있다(1984년 3월, 나카소네와의 회담에서)』라고 평가한 앞선 두 후계자의 경우와는 달리, 덩 샤오핑은 점점 죽음이 임박한 시점에서 불확실한 쟝 쩌민 체제의 안정을 어떻게 꾀하려고 했던 것일까? 이는 덩 샤오핑 자신이 사후의 위기를 어떻게 생각하고 있는가라는 문제로부터 설명할 수 있다.

덩 샤오핑의 유서라고도 할 수 있는 《덩 샤오핑 문선(鄧小平文選) 제3권》에는 이러한 내용이 자세히 수록되어 있다.

덩 샤오핑의 유언 ― 위기의 시나리오

덩 샤오핑이 가장 강하게 언급한 것은 당 중앙의 권위확립이다.

『최근에 나는 당 중앙의 권위를 강화하지 않으면 안 된다고 자주 지적해왔다. 천 윈 동지는 여러 방면의 제후가 너무 많아 토의를 해도 아무것도 결정하지 못하고 결정을 해도 실행하지 않으며

〈표 2-3〉 제14기 당중앙정치국 구성원(1992년)

(연령은 선출당시)

정치국 상무위원

성명	연령	주요 겸직
쟝 쩌민	66	총서기, 군사위 주석, 국가 주석
리펑	64	총리
치아오스	68	전인대 상무위원장
리 루이후완	58	정치협상회의 주석
쥬 룽지	64	부총리(경제 담당)
류 후아칭	76	군사위 부주석(군무 담당)
후지엔타오	49	상무서기

정치국 위원

성명	연령	주요 겸직
딩구완군	63	당 서기, 군사위 주석, 국가주석
텐지윈	63	전인대 상무부위원장
리 란청	60	부총리
리 티에잉	56	경제체제개혁위 주임
양 바이빙	72	
우방구어	51	상해시 당위 서기(1995년 3월부터 부총리)
죠우지아화	66	부총리
첸시동	62	북경시 당위 서기(1995년 4월 겸직 사임)
장춘윈	62	산동성 당위 서기(1995년 3월부터 부총리)
첸 치첸	64	부총리, 외무장관
웨이진엔싱	61	규율검사위 서기(1995년 4월 북경 당위 서기 겸임)
시에페이	60	광동성 당위 서기
탄 샤오웬	63	천진시 당위 서기(1993년 3월 사망)
후황주	54	상해시 당위 서기(1994년 9월 정치국원 승진)

각기 멋대로 행동하고 있다고 한다. 이 비판은 정확하다. 중앙이나 국무원이 말하는 것을 듣지 않는다는 사실은 유감이다. 어쨌든 어려울 때는 중앙이나 국무원이라는 권위가 없으면 문제를 해결할 수 없다. 권위만 있으면 어려운 때에도 중요한 일을 할 수 있다. 권위를 부정해서는 안 되며 집중해야 할 때에는 집중해야 한다. 그렇지 않으면 시간낭비에 지나지 않는다.』

여기에서는 과도한 권력집중의 폐해를 경계한 과거의「지도제도의 개혁」이나「정치체제 개혁」의 도입시기에 보여준 발상을 전혀 찾아볼 수 없다.「제후가 너무 많다」,「집중해야 할 때」라는 형태로 포스트 덩 샤오핑 시대의 혼란이나 위기상황을 예고하고 있다. 이 결과 쟝 쩌민 총서기에게 중앙군사위원회 주석, 국가 주석이라는 당·군·국가의 최고 지위를 집중시키게 된 것이라 볼 수 있다(〈표 2-3〉 참조). 포스트 덩 샤오핑의 비상시에는「당·정 분리」라는 원칙도 적용되지 않는다는 것이다.

그리고 총리·전인대 상무위원장·정치협상회의 주석·군사위원회 상무부주석이라는 가장 중요한 자리도 모두 당의 최고기관인 정치국상무위원회 위원이 겸임하도록 되어 있다. 천안문 사건이 발발했을 때 정치국 상무위원회에서 대응 방침을 결정했지만, 이러한 최종 결정에도 불구하고 전인대에서 반대하는 주장이 있었다. 나아가 정치국원에 불과했던 완리(万里) —— 당시 미국 방문 중—— 전인대 상무위원장의 태도에 당지도부가 가슴졸이던 쓰라린 기억이 있었다. 따라서 상무위원회에 모든 권력을 집중시키면 긴급시에 모든 문제를 속전속결로 처리할 수 있다는 생각에서 내려진 결정일 것이다.

「남순강화」에서는 이렇게 말하고 있다.

『중국에 문제가 발생한다면 역시 공산당 내부에서 발생할 것이다. 』

『요점은 우리 공산당 내부를 확실히 관리하여 문제가 발생하지 않도록 하는 것이다. 이렇게 하면 편히 잠잘 수 있다. 』

그러나 권력집중만으로 편히 잠들 수 있을까?

당 중앙의 권위확립에 이어 덩 샤오핑의 유언은 두번째로 군의 역할을 거론하고 있다.

『제국주의는 평화연변(平和演變 : 평화적 전복) 면에서 우리 이후의 세대에 희망을 걸고 있다. 쟝 쩌민 동지의 세대는 제3세대라 할 수 있다. 또한 제4세대, 제5세대가 있다. 우리와 같은 구세대의 존재 자체만으로도 적대세력을 견제할 수 있다. 그러나 우리 구세대가 죽은 후에는 누가 보증할 것인가? 그러므로 우리의 군대를 확실히 교육하고, 우리의 당기구를 확실히 교육하고, 공산당원을 확실히 교육하고, 인민과 청년을 확실히 교육하지 않으면 안 된다. 』

교육이 중요하다며 그 첫번째 대상으로 군대를 거론한 것은 현실주의자인 덩 샤오핑다운 발상이다. 덩 샤오핑은 쟝 쩌민이 총서기에 취임한 이후 기회 있을 때마다 군은 당의 지시에 따라 파벌을 만들어서는 안 된다고 강조해왔다. 쟝 쩌민에게 군사위원회 주석을 이양할 때에도 중앙의 지도자들에게 다음과 같이 강조했다.

『우리의 전통은, 군대가 당의 이야기를 듣고 소그룹이나 파벌을 형성해서는 안 되며, 권력을 몇 사람의 손에 집중해서는 안 된다는 것이다. 어떤 경우에도 군대는 중앙과 당의 말을 경청해야 한다. 사람을 발탁할 때에도 당의 지시를 잘 듣는 사람을 선택해야 한다. 군대는 독자적인 깃발을 들어서는 안 된다. 나는 쟝 쩌

〈그림 2-1〉 중국의 국가기구 - 당·정부·군

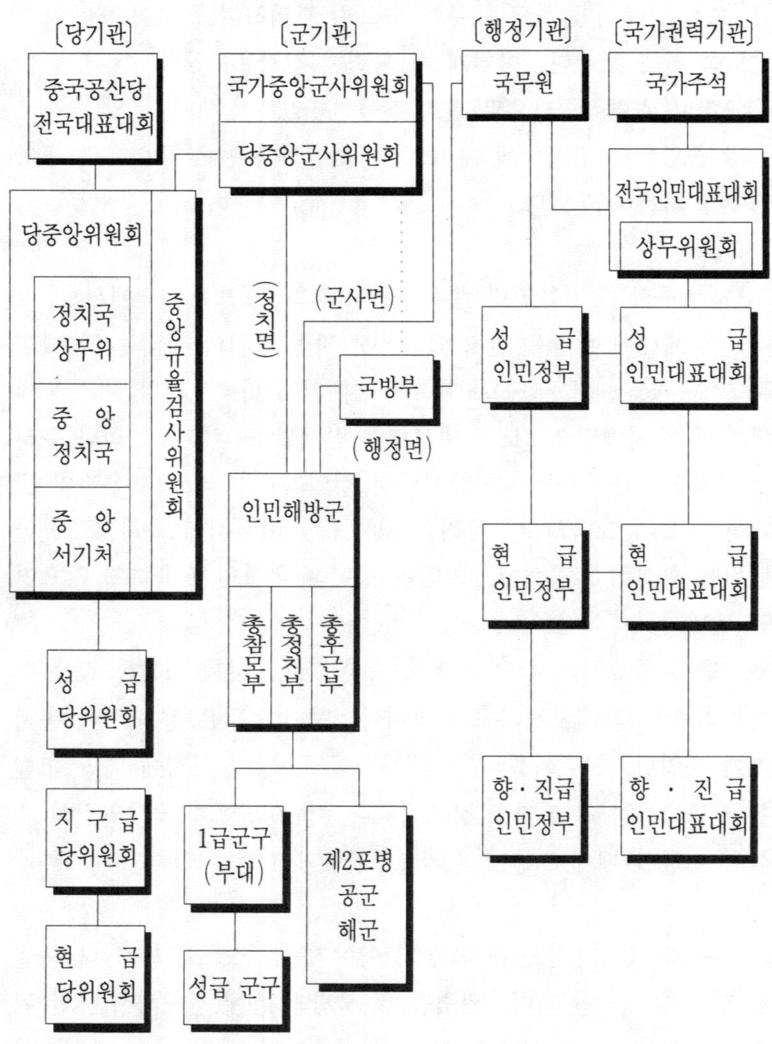

＊ 중국의 국가기구에는 삼권분립의 원칙이 적용되지 않고, 당권이 우위에 있다. 여기에서는 사법기관을 생략했음.

자료 : 미쓰비시종합연구소, 『중국정보 핸드북』.

민 동지가 군사위원회 주석을 담당하도록 제안한다.』

『마오 쩌둥 주석이「문화대혁명」후기에 8대군구(八大軍區)의 사령원을 서로 교체한 것(덩 샤오핑이 제안)은 군대를 통솔하는 기술을 잘 알고 있었기 때문이다. 즉 어떤 군대의 간부라 할지라도 집단을 만들거나 세력범위를 갖는 것을 허용하지 않겠다는 의지였다. 전쟁시대에는 군대에도 파벌이 형성되지만, 우리는 마르크스주의적 자각과 공산당원으로서의 조직성·규율성에 기초하여 어떠한 파벌도 형성하지 않았다. 그래도 파벌주의의 위험이 있으므로 줄기차게 파벌주의를 비판해왔다. 지방에도 이러한 문제가 있으므로 오래 근무한 간부는 이동시키는 것이 좋다(1989년 9월의「개혁·개방정책이 안정되면 중국은 커다란 희망을 가질 수 있다」).』

덩 샤오핑은 1989년 11월 지금까지 후 야오방과 자오 쯔양에게는 양도하지 않았던 군사위 주석 자리를 군 경력이 전혀 없는데다가 아직 총서기에 취임한 지 반 년도 안 된 쟝 쩌민에게 이양했다. 만년에 들어 그 단계에서 양도하지 않으면 당의 지도자가 군을 지도할 수 없는 사태에 직면할지도 모른다는 판단에서였을 것이다.

취임 후 쟝 쩌민은 만사를 제쳐두면서 지방 군구(軍區)의 시찰에 나서 군에 얼굴을 내밀었고 가끔씩 군 기관지인 〈해방군보(解放軍報)〉의 1면을 장식하기도 했다. 또한 걸프 전에서 미국의 첨단병기가 압도적인 힘을 발휘하는 것을 보고 군의 시찰 등을 통해「과학기술이야말로 제1의 생산력」이라는 견해를 발표하고 병기와 장비의 현대화를 주장하며 군 내에서의 발언권 확보에 노력했다.

덩 샤오핑은 1992년 가을 제14회 당대회에서 지금까지 군사위원회 상무부주석과 비서장을 지내며 군부를 마음대로 조정해온 양 상쿤(楊尙昆), 양 바이빙(楊白氷) 형제를 군에서 축출했다. 두 사람이 쟝 쩌민의 군부 장악에 장애가 되었고『군에 파벌을 만들지 마라』라는 덩 샤오핑의 지시를 무시할 가능성이 가장 큰 실력자라고 판단했기 때문이다. 눈엣가시를 제거한 쟝 쩌민은 그후 류 후아칭(劉華淸), 장 전(張震) 두 부주석의 도움을 받아 장군직을 대거 발탁하는 등 군지도자의 인사이동을 단행하여 군부 내의 입지를 서서히 강화시켜나갔다. 군지도부의 문제에 대해서는 제4장에서 서술하겠지만, 쟝 쩌민이 어디까지 군부를 장악할 것인가 하는 점이 포스트 덩 샤오핑 시대의 안정성을 크게 좌우할 것이다.

이 밖에도 덩 샤오핑의 유언은 이미 소개한 「개혁·개방노선의 견지」, 「부패의 적발」을 안정요인으로 거론하고 있다. 개혁·개방노선에 대해서는 제1장에서 지적했듯이 많은 어려움과 과제에 직면에 있다. 그러나 덩 샤오핑은 「사회주의 시장경제」라는 이론을 어느 정도 확립하여 시장경제의 메커니즘── 거시조정에 의한 연착륙의 방향── 을 명시하고 있다. 또 대외적으로는 협조외교를, 특히 여러 가지 문제에서 마찰을 빚고 있는 미국과는 냉정·침착 외교를 지시했다. 이 점에 관해서도 제5장에서 상술할 것이므로 여기에서는 덩 샤오핑의 발언 가운데 대외관계에서 중국측의 본심을 감지할 수 있는 발언만을 소개한다.

『모든 정예의 민주투사들이 권력을 쥐고 있으면 곧 내분이 발생한다. 일단 내전이 발생하면 국토는 피로 물들고 「인권」 등은 도저히 찾아볼 수 없게 된다. 각 지역이 할거하고 산업은 쇠퇴하며 교통은 차단되어 난민이 수백, 수천만, 아니 억 단위로 발생하여 해외로 도피하게 될 것이다. 이러한 영향을 가장 직접적으로 받는 곳이 현재 세계에서 가장 기대를 모으고 있는 아시아·태평양 지역이다. 이는 세계적인 재난이 될 것이다.

따라서 중국은 절대 스스로 혼란을 자초해서는 안 된다. 물론 이는 중국이 스스로 책임을 지는 것임과 동시에 전세계, 전인류에게 책임을 지는 것이기도 하다. 외국의 책임 있는 정치가들도 중국이 혼란상태에 빠질 것이라고는 보고 있지 않다. 이것이 인권이고 저것이 민주라고 이야기하기 시작하면 끝이 없다. 유일한 활로는 서로 다른 사회제도를 가진 국가가 평화공존 5원칙을 근거로 평화공존과 상호협조를 통해 타국의 내정에 간섭하지 않고 타국의 내란을 선동하지 않는 것이다.』

단기 시나리오―경제성장노선의 지지

앞에서 「덩 샤오핑의 유언」을 많이 인용했는데, 이는 포스트 덩 샤오핑 시대에 예측되는 위기의 시나리오 대부분을 덩 샤오핑 자신이 직접 지적하여 그 처방전을 내리고 있기 때문이다. 다시 한번 그가 상정하고 있는 위기의 가능성을 정리해보면 ① 당내의 분열, ② 군의 군벌화, ③ 지방의 할거, ④ 경제의 혼란, ⑤ 부정의 범람과 당에 대한 불신, ⑥ 외국의 간섭, ⑦ 민주파의 소란 등이다.

덩 샤오핑이 이미 이에 대한 대책을 지시했고, 현재의 쟝 쩌민 체제가 포스트 덩 샤오핑으로 옮겨져 곧 위기를 맞을 가능성은 적을 것이다.

포스트 덩 샤오핑 시대를 예측할 때 우리가 곧바로 떠올리는 것은 마오 쩌둥 이후 노선의 대전환과 권력투쟁이다. 그러나 이번의 경우와 문화대혁명 후의 마오 쩌둥-화 궈펑-덩 샤오핑으로의 이동과는 그 상황이 크게 다르다. 당시 마오 쩌둥의 혁명노선은 완전히 「구조피로(構造疲勞)」를 보여주고 있었다. 혁명노선의 파탄은 이미 예견된 것이나 다름없었다. 단지 마오 쩌둥이라는 「신」과 같은 존재가 가까스로 체제유지를 지탱해온 것이라고 볼 수 있다. 이는 1970년대 초 일단 추락한 덩 샤오핑까지 부활시켜 실무적인 처리를 맡긴 것에서도 잘 알 수 있다.

뒤에서 지적하겠지만 덩 샤오핑 노선도 정치개혁에 대한 자세가 결여되어 있으며, 경제성장 노선에 커다란 문제점을 내포하고 있는 것 또한 사실이다. 그러나 국민 사이에 경제성장 노선에 대한 지지가 아직 강력하고, 우선은 안정된 정치환경하에서 경제를 연착륙시켜야 한다는 점에서 각 층의 이익이 일치하고 있다고 이야기할 수 있다. 경제성장 노선이 완전히 무너지지 않는 한, 당분간은 경제노선을 부정하고 쟝 쩌민 정권을 무너뜨릴 지도자가 부상할 가능성은 거의 없다.

또한 마오 쩌둥은 후계체제의 준비를 게을리했다. 명확히 후계체제를 옹립해두지 않았기 때문에 장칭(江青)을 비롯한 4인방과 화 궈펑의 대립이 있었고, 예 젠잉(葉劍英) 등의 군인그룹과 덩 샤오핑 그룹이 얽혀 4인방 체포라는 내부 쿠데타와 같은 형태로 화 궈펑 체제가 탄생된 것이다. 덩 샤오핑은 이 때의 혼란을 교훈 삼아 일찍부터 후계문제를 해결하고자 한 것이다.

또한 덩 샤오핑은 쟝 쩌민 체제의 허약함을 충분히 인식하고 그에 따른 위기 시나리오를 상정하여 이를 예방하기 위한 수순을 준비했다. 마오 쩌둥 노선에 충실한 화 궈펑 정권을 밀어내는 데도 5년 이상의 세월이 걸렸다. 따라서 덩 샤오핑과 쟝 쩌민의 경제성장노선을 곧바로 뒤엎을 대의명분은 좀처럼 찾기 힘들 것이다.

물론 경제가 연착륙한다는 보증도 없고 장기적으로 보았을 때 정치에도 반드시 변화가 찾아오는 것은 사실이다. 그에 따라 방향을 제대로 잡지 못하면 당연히 여러 가지 문제가 분출하게 되고 중국 사회가 혼란에 빠질 우려는 충분히 존재한다. 이 단기 시나리오가 전기를 맞게 되는 것은 1997년에 열릴 제15회 당대회 전후일 것이다. 리 펑 총리를 비롯한 정부수뇌 중에 3기째를 맞는 지도자는 규정에 따라 재임할 수 없다. 따라서 이 지도자들의 처우를 결정하는 제15회 당대회에서 세대교체를 추진하여 쟝 쩌민 등의 제3세대 집단체제가 제4세대로 이행될 것인지, 쟝 쩌민은 남고 리펑 총리와 과거 보수파로 분류되어왔던 지도자만을 은퇴시킬 것인지, 논의가 분분한 것은 당연하다. 이 논의 여하에 따라 정세는 유동적이며, 다음에서 검토하는 장기 시나리오의 단계로 이행하게 될 것이다.

장기 시나리오 — 연착륙의 모색

천안문 사건 후 덩 샤오핑을 중심으로 하는 장로의 지배와 이를 이어가는 쟝 쩌민 체제 중 어느 쪽도 정치체제 개혁에 대한 의지는 전혀 없이 강권으로 정치적 위기와 공백을 타개하고자 했다고 볼 수 있다. 이러한 의미에서 볼 때 원래는 단기적 시나리오밖에 존재하지 않았다고 말할 수 있다. 경제개혁과 대외개방을 추진하는 한 사회구조가 다원화되는 것은 객관적인 사실이며, 이를 조정하는 정치체제의 확립이 필요하다는 것도 지금까지 알려진 바와 같이 객관적 사실이다. 제13회 당대회에서 자오 쯔양의 보고는 공산당 자신이 이 사실을 기본적으로 인식하고 있다는 점을 명시하고 있다.

따라서 장기 시나리오를 구상하는 경우, 우선 정치체제 개혁의 실현을 좌표축에 놓고 이것이 어떤 경로를 통해 실현될 것인가, 또는 실현되지 않을 것인가? 실현된다면 어떤 형식의 정치체제 개혁이 될 것인가, 실현되지 않는다면 정치체제 개혁을 대신하는 통치가 어떤 방식을 취할 것인가 등에 대한 검토가 하나의 방법이

〈그림 2-2〉 체제개혁 실현을 좌표축으로 한 시나리오

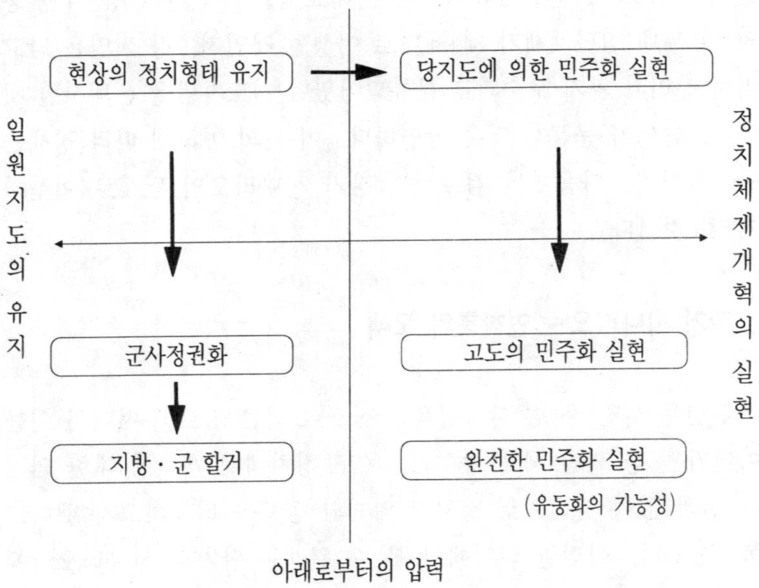

라고 생각한다(〈그림 2-2〉 참조).

1. 정치체제개혁이 실현되는 경우

이 경우에는 의회대표의 직접선거제도나 보도의 자유를 실현함으로써 정부의 감시기능이 강화될 뿐만 아니라, 사법독립·지방권한의 확대, 경우에 따라서는 연방제의 실현도 가능하다. 대외적으로도 전반적인 협조가 가능하고 대외적인 긴장이나 대립은 대폭 해소될 것이다. 그러나 공산당에 대항할 수 있는 정당이 어떻게 형성될 것인가에 따라 이 경우에는 세 가지 시나리오를 생각할 수 있다.

1) 공산당 지도에 의한 일당지배 체제가 유지되는 경우

이는 제13회 당대회에서 자오 쯔양이 그린 시나리오라 할 수 있다. 경제 면에서는 이미 자오 쯔양 없는 자오 쯔양 노선이라고 불리듯이 제13회 당대회의 방침이 추진되고 있으며, 언젠가는 정치면에서도 그 방침이 부활함으로써 이 시나리오가 실현될 가능성은 있다. 이 경우 경제개혁·개방노선이 순조로이 전개되고 당의 기본노선이 옳다는 것이 증명되어 민주화나 자유화에 의해서도 당에 대한 지지를 획득할 수 있다는 확신이 당 지도층에 생성되어야 한다는 것이 전제조건이다.

그러나 이 경우에도「네 개의 기본원칙」, 특히「공산당의 지도」라는 원칙을 벗어나기 위해서는 당 내의 상당한 민주화와 이를 결단할 수 있는 지각 있는 지도자가 나오지 않으면 안 된다. 또 현실적으로 공산당에 대항할 수 있는 정치세력을 어떻게 육성할 것인가 하는 문제도 남는다. 공산당의 지도 아래서는 현재 활동을 인정받고 있는 노동조합, 부인단체, 청년조직을 정치세력으로 전개시켜나가는 형태가 될 것이다. 사실 자오 쯔양 시대의 노조인「중화전국총공회(中華全國總工會)」상무부주석에 후 야오방의 심복으로 실각한 주 호우쯔(朱厚澤 : 전 당중앙선전부장)을 임명하여 이런 방향으로 지도하려는 시도도 있었으나 천안문 사건으로 좌절되고 말았다.

이 시나리오는 민주화라는 방향으로 볼 때 가장 가능성이 높다고 말할 수 있지만 이미 좌절로 끝나고 말았고, 반대로 다당제를 요구하면서 민주화를 더욱 촉진시키려는 움직임도 대두될 것이기 때문에 안정된 정치환경을 유지하는 데 상당한 어려움을 안고 있다.

2) 공산당 지도하에 다당제로 이전하는 경우

이 경우에는 우선 1)의 시나리오가 순조롭게 추진되어 당에 대한 신뢰가 높고 당 내의 민주화가 진전되고, 나아가 당 외에서 공산당에 필적할 만한 정당이 육성되어야 한다는 전제조건이 필요하다. 매우 가능성이 낮고 설사 실현된다 해도 상당한 시일이 필요할 것이다.

3) 밑에서의 압력으로 정치체제가 변경되는 경우

이론적으로는 가장 확실한 시나리오지만, 천안문 사건 때도 민주화 세력이 사분오열했고 그 후에도 정립된 정치세력이 출현하지 않았기 때문에, 순수하게 밑에서부터의 힘에 의해 공산당 지배체제가 전복될 가능성은 매우 희박하다고 할 수 있다. 공산당 자체가 분열하여 그 일부와 민주화 세력이 연대하는 형태라면 전복될 가능성이 있지만, 상당한 혼란을 각오하지 않으면 안 될 것이다. 또한 이러한 정권의 유지도 매우 곤란하고 더욱 유동적인 사태도 예상된다.

2. 정치체제 개혁이 실현되지 않는 경우

이 때는 개혁에 대한 요구를 충족시켜줄 만한 안정요인을 다른 힘으로 보완하지 않으면 안 된다. 또 개혁을 요구하는 국내 세력의 저항이나 국외의 압력이 높아지고 긴장과 대립이 심화되어 불안정한 정치상황이 계속될 것이다.

1) 당의 일원지배 강화에 의존하는 경우

덩 샤오핑-쟝 쩌민 체제가 포스트 덩 샤오핑의 공백기를 이겨내기 위해 상정한 시나리오에 해당하는 것으로, 경제건설이 진행되면 진행될수록 개혁을 요구하는 목소리도 높아질 것이다. 또 중앙의 일원지배에 대한 지방의 반발도 커질 것이다. 오히려 경제운영이 실패로 끝나면 일시적인 반발을 불러일으킬 가능성도 있다. 그러나 이 난관을 극복하고 일원지배를 유지하기 위해서는 덩 샤오핑에 버금 가는 권위와 실적을 가진 지도자가 필요하다.

2) 당의 일원지배를 유지하기 위해 군이 전면에 나서는 경우

경제가 혼란스럽고 정치적으로도 당의 일원지배가 위험에 처할 경우, 군부가 전면에 나설 가능성이 가장 크다. 그러나 군 전체를 통솔할 수 있는 군 지도자도 없을뿐더러 대외적으로는 커다란 긴장을 가져온다. 이러한 정권을 장기적으로 유지한다는 것은 상당한 어려움이 따른다.

3) 일원지배에 실패하고 지방과 군의 할거상태가 되는 경우

최악의 형태다. 문화대혁명 중이라면 몰라도, 개혁·개방노선이 이만큼 성과를 올리고 연착륙의 가능성이 예상되는 가운데 내외의 지도자가 이러한 최악의 시나리오로 중국을 몰아넣을 가능성은 거의 없다고 보아도 좋을 것이다.

제3장

•

정치적 무관심과 무질서의 갈림길

「빈곤한 평등」의 안심사회에서 「부 우선」의 경쟁사회로

덩 샤오핑이 주도한 개혁·개방정책은 많은 의미에서 중국 사회에 커다란 변화를 가져오고 있다.

첫째, 개혁·개방에 따른 계획경제의 축소와 시장경제의 도입은 경제사회의 활성화를 가져오는 데 성공했다. 최근 10여 년 사이의 급속한 경제성장에 힘입어 농촌과 도시를 불문하고 주민의 생활수준이 크게 향상되었다. 상점에 나도는 상품을 살펴보면 양적으로나 질적으로 크게 개선되었음을 알 수 있다. 특히 눈부신 성장을 이룩하고 있는 연해 지역의 대도시에서는 대다수 주민의 생활에 여유가 생기고 소비사회라고 일컬을 정도의 상황이 나타나고 있다.

＊ 필자는 다까하라 아끼오(高原明生)이며 현재 立敎大學 법학부 교수로 재직하고 있다.

둘째, 경제권력의 분권화와 시장화에 따라 경제활동이 다양화, 또는 다원화되어 각종 소득격차를 초래하고 있다. 이러한 상황은 문화대혁명이 끝난 후「노동에 따른 분배」원칙의 부활과 능력이 있는 지역이나 사람은 남보다 먼저 부자가 되어도 좋다는「선부론(先富論)」을 공식적으로 인정함으로써 나타난 결과이다. 문화혁명기의 악(惡)평등주의를 부정하고 경쟁을 장려한 조치는 생산성 향상에 커다란 효과를 발휘했다. 그러나 한편으로는 지역 간, 업종 간, 기업 간, 그리고 기업 내에서도 각종 소득격차와 이해대립을 초래했다. 최근에는 경영상황이 악화된 기업에서 자금 회전이 어려워져 해고나 일시적 해고(layoff)를 단행하는 사례도 증가하고 있으며, 원래 사회주의에는 존재하지 않는다고 인식되어왔던 실업자의 증가도 현실적인 문제로 대두하고 있다. 한편 악평등주의가 불식된 것이 아니라, 무리를 해서라도 다른 기업과 동일수준 또는 그 이상의 대우를 해주려고 하는「반비(攀比 : 키재기) 현상」도 여전히 없어지지 않아 기업의 수익을 악화시키는 원인이 되고 있다.

셋째, 시장경제화가 진전됨에 따라 인구의 유동화가 진행된 것이다. 다시 말하면 국가의 규제완화와 경제성장에 따라 지역차가 발생함으로써 지역 간의 노동력이동이 진행되고, 다른 한편으로는 향진기업의 이전과 농촌으로부터의 노동자 유입으로 도시화가 진행되고 있다. 더구나 인구의 지리적 —— 즉 수평적 —— 이동만이 아니라 사회계층 간의 수직적인 이동도 활발해지고 있다. 개혁·개방 이전의 특권계층이었던 당간부 대신 이들과 결탁해 시장경제에서 성공한 농민이나 기업경영자, 개인 영업자들의 경제적인 지위가 향상되었다.

넷째, 사회의 탈이데올로기화가 진행됨에 따라 이에 관련한 여

<그림 3-1> 주민의 소비 수준

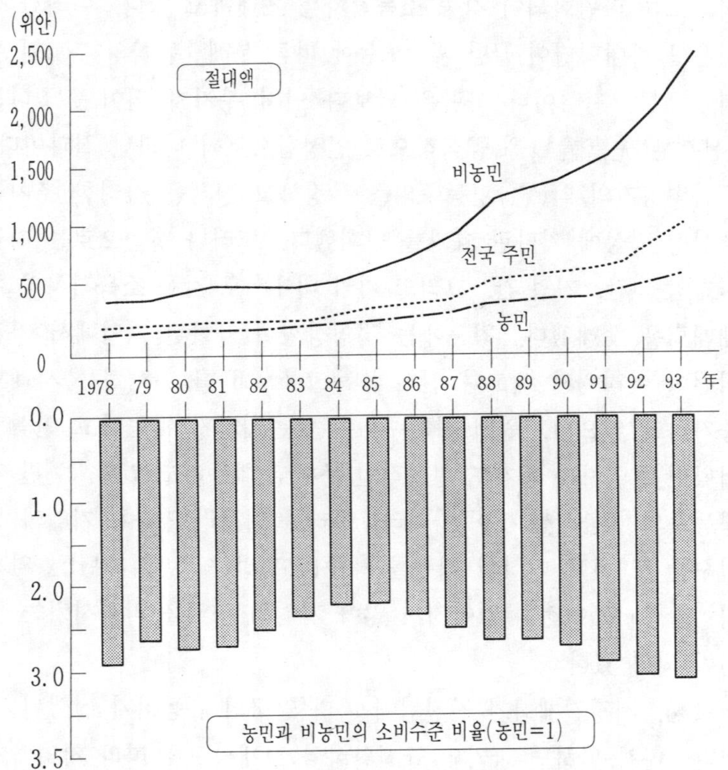

자료 : 국가통계국 편, <중국통계연감>, 1994년.

러 가지 문제가 발생하고 있다. 인민을 위해 봉사한다는 공산주의
적 도덕은 사라지고 배금주의가 만연하여 선의에서 베푸는 무상의
행위를 존경하는 가치의식이 희박해졌다. 사회도덕의 저하와 이
기주의의 대두는 부정·부패의 만연과 치안 악화를 가져올 뿐만
아니라, 노인이나 병약자와 같은 약자를 보살피는 사회적인 연대
정신을 퇴색시키고 있다. 특히 일부 농촌에서는 전통적인 종족의

연대의식이 강화되어 미신이 부활하고 있다. 그래서 당국에서는
애국주의를 빌미로 사회의 통합을 꾀하고 있다.

　이번 장의 주요한 과제는 덩 샤오핑 사후에 발생할 사회의 안정
요인과 불안정요인을 검토하는 것이다. 이하에서는 현재 진행되
고 있는 다양한 변화 가운데 대표적인 사례를 들어 안정과 불안정
이라는 관점에서 중국 사회의 미래를 전망하고자 한다.

대중의 생활수준 향상

　개혁·개방이 중국 사회에 가져온 거대한 영향 가운데 첫번째
로 들 수 있는 것은 역시 생활수준의 향상일 것이다. 거의 전국적
으로, 특히 연해 지역 도시 주민의 실질소득과 소비수준은 급속도
로 향상되었다. 1976년과 1993년의 1인당 연간 소비수준을 비교
하면, 농민은 132원에서 5.9배인 774원으로, 비농민(호적상 농민
이외로 분류되고 있는 도시주민)은 383원에서 6.9배인 2,480원으
로 급증했음을 알 수 있다(〈그림 3-1〉 참조).

　중국인은 식생활을 중시하는 것으로 알려져 있다. 지난 1956년
돼지고기의 공급이 부족할 때 계획경제의 책임자였던 천 윈은『공
산당에 중요한 정치문제가 발생했다』라고 심각하게 받아들일 정
도였다. 그러나 개혁·개방 후 식생활 개선에 현저한 변화가 나타
났다. 주요 식품의 1978년과 1992년의 1인당 연간 소비량을 비교
하면, 돼지고기가 7.67kg에서 18.22kg으로 증가했고, 곡물은
195.46kg에서 235.91kg으로, 식용식물유는 1.60kg에서 6.29kg으
로, 계란은 0.44kg에서 2.31kg으로, 수산물은 3.50kg에서 7.29kg
으로 증가했다. 또한 기호품의 소비를 살펴보면 담배가 30.82갑
에서 70.02갑으로, 술이 2.57kg에서 12.94kg로 대폭 증가했다

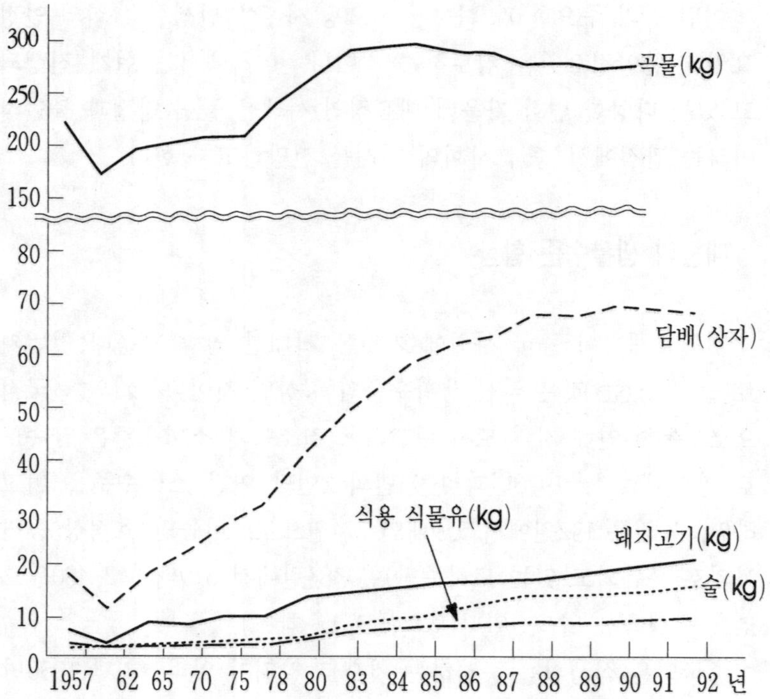

〈그림 3-2〉 식품 · 기호품의 1인당 소비량

＊ ( ) 안은 단위.

자료 : 국가통계국 편, 〈중국통계연감〉, 1994년,

(〈그림 3-2〉 참조).

한편 식품가격이 현저히 상승하여 급격한 소득 증가에도 불구하고 엥겔계수(가계지출에서 차지하는 식료품비의 비율)는 조금밖에 낮아지지 않았다(1993년에도 여전히 50%를 넘었다. 도시에서 조사한 것을 보면, 1994년에는 49.3%로 낮아졌다). 그러나 식생활의 내용은 해마다 풍요해져서 문자 그대로 개혁 · 개방이 가

져다 준 달콤한 과실을 맛보고 있다.

가전제품의 보급률도 급속히 상승하고 있다. 1994년 도시가정의 컬러TV 보급률은 80% 이상, 냉장고는 60% 이상, 그리고 세탁기는 기본적으로 모든 가정에 보급되기에 이르렀다. 이전에는 가정에 전화를 놓는 것은 고급 간부만의 특권이었지만 1994년 말에는 도시 가정의 15%가 전화를 보유하고 있는 것으로 나타났다. 농촌에서는 엥겔계수가 여전히 57%를 넘고 있지만, 식생활의 다양화가 진전되고 있다. 또 1993년 농가의 컬러TV 보급률은 10.9%, 냉장고는 3.1%, 세탁기는 13.8%로, 도시에 비해 상대적으로 낮다. 도시에서의 1인당 주거면적은 1978년의 3.6㎡에서 1993년에는 7.5㎡로 증가한 데 반해, 농촌에서는 8.1㎡에서 20.7㎡로 대폭 확대되고 있다.

이와 같은 물질생활의 향상과 동시에 정보와 오락의 다양화 현상도 일어나고 있다. 원칙적으로 1993년부터 가정에서의 위성방송 수신을 금하고 있지만, 실제적으로 이를 엄격히 제한하는 것은 불가능하다고 생각한다. 1992년 북경에서 시작된 케이블TV 방송은 현재 전국적으로 600개 이상의 케이블 방송국이 설립되어 3,000만 이상의 가정에 방송되고 있다. TV나 영화를 통해 해외의 생활양식이 널리 전파되고 있으며, 연해 도시에서는 맥도널드 햄버거나 켄터키프라이드 치킨 등 패스트푸드 점이 인기를 끌고 있다. 예능분야에도 국제적인 물결이 일어 홍콩과 대만의 가수나 배우가 큰 인기를 끌고 있고 일본의 예능 프로덕션도 진출해 있다. 그리고 가라오케의 보급률은 「가라오케 선진국」 수준에 육박하고 있다.

발전이 빠른 연해 지역은 소비욕구의 다양화에 대응하여 상점이 점차 다양화하는, 이른바 소비사회의 양상을 띠고 있다. 특히 최근 몇 년 전부터 젊음과 미용을 유지하고 장수를 누리는 데에 사람들의 관심이 쏠리기 시작했고, 광고나 선전의 대부분을 화장품, 살빼는 차, 건강음료의 선전 등이 차지하고 있다. 소비사회의 일례를 들면, 이전에는 상점에서 중국 노인에게 인기 있는 옷을 찾아보기 힘들었지만, 최근에는 노인들의 수요를 충족시키는 제품이 많이 공급되고 있다. 환갑 정도의 어떤 여성은 『일생에서 지금만큼 삶을 중요하게 생각한 적은 없다』라고 말했다. 여러 가지 문제를 발생시키고는 있지만 개혁·개방에 힘입어 많은 사람들이 화려한 꽃과 달콤한 열매가 있는 생활의 실현에 희망을 갖게 된 것이다.

대중의 생활수준이 전반적으로 상승한 것은 사회의 중요한 안정요인임에 틀림없다. 바꾸어 생각하면 문화혁명기 말인 1970년대 중반에는 임금수준의 정체로 많은 노동자들이 불만을 품었다. 덩 샤오핑은 1992년 초의 「남순강화」에서 교묘하게도 다음과 같이 지적하고 있다.

『…문화대혁명은 이른바 내란이었다. 「6·4 사건(1989년의 천안문 사건)」 이후 우리나라는 왜 안정이 되었는가? 이는 우리가 개혁·개방을 통해 경제발전을 촉진시켜 인민의 생활개선을 이룩할 수 있었기 때문이다.』

이 말에 많은 진실이 포함되어 있다고 생각해도 좋을 것이다. 말하자면 1990~91년의 개혁·개방 정체를 타파한 「남순강화」는 6·4 사건 후의 정치적 무관심을 연장시키는 데 중요한 역할을 담당했다고도 할 수 있다.

도시와 농촌 간의 소득격차 확대

개혁·개방 이전의 중국 사회에도 소득과 생활수준의 격차가 존재했던 것은 사실이다. 무엇보다도 도시와 농촌 사이의 소득격차는 심했다. 중화인민공화국 건국 이래 앞세대로부터 물려받은 도시와 농촌 간의 격차 시정은 언제나 공산당의 중요한 과제 가운데 하나였다. 그러나 경제 후진국이라는 중국의 현실은 격차 시정이라는 구호와는 정반대로 공업화를 위해 농촌의 희생을 강요했다.

오랜 세월 동안 농촌과 도시 간의 인구 이동은 매우 한정되었다. 농민과 비농민의 호적이 엄격히 구별되어 호적소재지를 떠나기 위해서는 특별한 허가를 받아야 했다. 천진(天津)에 사는 주민이 북경으로 가기 위해서도 허가를 받지 않으면 안 되었다. 당시 대부분의 중국인에게 「중국은 일본보다 좁은 곳」이었고, 특히 당국은 허용능력을 초과하여 농민이 도시로 유입되는 것을 두려워했다. 1950년대 말 대약진 시대에 통제가 느슨해진 적이 있었지만, 그 후 당국은 폭동발발과 계엄령의 발포까지 각오하면서 도시로 이주해온 사람들을 강제로 농촌으로 되돌려 보냈다. 그 결과 국영기업의 노동자 수를 1960년의 5,300만 명에서 1963년에는 3,300만 명으로 줄이는 데 성공했다.

도시에서는 취업연령에 이른 도시주민의 자녀를 취업시키기에 정신이 없어서 그 이상의 고용기회를 만들어낼 여유가 없었다. 문화혁명기에는 농민에게 배우기 위해 중학교, 고등학교, 대학교의 졸업생들이 농촌에 정주하는 「상산하향(上山下鄕)」이라고 불리는 운동이 추진되기도 했지만, 이는 반대로 도시에서 농촌으로의 여유노동력 이동이라는 의미를 갖고 있었다.

그러던 것이 농촌을 중시한 초기의 개혁정책에 의해 1970년대 말부터 1980년대 중반에 걸쳐 도시·농촌 간의 격차는 축소되는 경향을 보였다. 1978년 당시 1인당 연간 소비수준은 농민의 132위안에 비해 비농민은 383위안으로 그 격차가 2.9배였다. 이것이 1979년 농산물 매입가격의 인상과 농업용 공업제품 가격의 인하, 그리고 1980년대 초 보급된 농가생산청부제의 효과 등으로 인해 농민의 소비수준은 비농민에 비해 2배 이상의 속도로 상승하여, 1985년에는 농민의 324위안에 비해 비농민은 727위안으로 격차가 2.2배까지 축소되었다.

그러나 1986년 이후 농·공산물의 가격차가 커지는 바람에 도시·농촌의 격차는 확대일로를 걸어, 1993년에는 1인당 소비수준으로 측정한 격차가 3.2배에 달했다. 지금은 화학비료나 농약 등 생산재의 비용상승으로 농업의 이윤율이 은행의 예금이자를 밑도는 사태가 발생하고 있다. 최근에는 수지가 맞지 않아 전답을 포기하는 현상이 증가하고 있고, 어떤 통계에 따르면 1994년 곡물파종 면적이 1993년에 비해 80만 ha 감소한 것으로 나타났다.

여기에서 첫번째로 유의해야 할 점은 농촌에서 도시로의 이동과 농민의 이주를 일컫는 「민공조(民工潮)」가 증가하고 있다는 것이다. 그 기본적인 원인으로는 도시·농촌의 격차 확대, 거기에 연해지역과 내륙지역의 격차가 가중된 이중적인 의미에서의 소득격차 확대를 들 수 있다. 다른 이유로는 인민공사의 해체와 더불어 농민의 관리가 더욱 어려워졌다는 점, 도시경제화와 도시의 식량사정 개선으로 식량배급표—— 호적이 없으면 발급해주지 않는다—— 없이도 도시에서 식사를 하는 데 어려움이 없다는 점, 그리고 호적관리가 약간 완화되었다는 점 등을 들 수 있다. 1984

년 당 중앙은 호적정책을 변경하여 식량을 배급에 의존하지 않고 스스로 조달할 수 있는 사람은 호적을 옮겨 도시에 정주하도록 허가하겠다고 발표한 바 있다. 그러나 이 정책은 집행되지 않아 아직도 농민호적을 유지한 채 도시에서 살고 있는 사람이 많다.

농촌에서 도시로 이주한 경우를 보면 주로 중서부의 노동력이 동남부의 경제선진지역으로 유입되고 있다. 이주하는 농민의 수는 정확히 파악할 수는 없지만, 일반적으로 매년 5,000~6,000만 명 정도로 알려졌다. 어느 조사에 따르면 1993년 한 해 동안 도시에서 일한 농촌노동력은 전국에 걸쳐 약 3,900만 명으로 나타났다. 광동(廣東)성에 유입되는 수는 600만 명, 북경과 상해와 광주는 각각 100만 명 이상이다. 사천(四川)성에서 성 외로 나가 일하는 노동력은 1994년 중반 550만 명 이상에 달했다는 것이다. 이러한 「민공조」야말로 아직도 도시와 농촌의 분리를 어렵게 하고 있는 중요한 원인 가운데 하나라고 할 수 있다.

두번째로 주목해야 할 점은 향진기업의 발전이 도시·농촌 사이의 관계에 주는 영향이다. 1978년 당시 인민공사나 그 하부조직인 생산대대가 경영하는 사대(社隊)기업의 수는 대략 150만 개 정도였고, 종업원 총수는 약 2,800만 명, 생산액은 491억 위안이었다. 사대기업은 인민공사의 해체와 더불어 1984년에 향진기업으로 이름을 바꾸었다. 1993년 향진기업의 총생산액은 2조 9,000억 위안으로 늘어났고, 이 가운데 공업생산액은 약 2조 3,500억 위안으로, 공업부문 전체의 44%를 차지하기에 이르렀다. 이제 향진기업은 부진한 국유기업을 대신하여 국민경제의 성장을 좌우하는 매우 중요한 존재가 되었다. 또 1993년 농민수입의 증가 가운데 60% 이상이 향진기업에서 벌어들인 소득이었으며, 종업원 수도 1억 2,000만 명으로 국영기업을 상회하는 규모로 성장했다.

향진기업의 발전은 도시·농촌 간의 물자 유통에 한정되지 않고 인재나 기술, 정보 교류도 촉진시켰다. 처음에는 도시에서 「일요 엔지니어」나 정년퇴직한 기술자를 초빙하여 지도를 했지만, 현재 일부 향진기업은 높은 임금으로 도시의 기술자나 경영자를 고용하고 있다. 또한 향진기업의 발전과 함께 도시문화가 농촌으로 유입되고 있으며 향진기업은 경제 면에서도 문화 면에서도 도시·농촌의 이중구조를 붕괴시키는 역할을 담당하고 있다고 할 수 있다.

그러나 현재 향진기업은 자금부족과 세금 증가로 곤란을 겪고 있는데, 1994년 상반기에 결손이 발생한 기업이 전체의 16%에 달한다. 또한 고용흡수능력도 대폭 감소하고 있다. 게다가 1993~94년에 걸쳐 중부지구에서는 도시 교외의 「개발구」 토지(정확히 말하면 토지사용권)를 사들여 향진기업이 도시로 이전하는 예가 증가하고 있다. 그 의도는 발전기회를 확대함과 동시에 농촌간부의 과도한 간섭을 피해보자는 것이었지만, 많은 농민이 도시로 유입되어 도시화가 진행되는 결과를 낳았다.

이와 같이 농촌에서 도시로의 이주나 향진기업의 이전을 통해 도시로 유입되는 농민이 증가함으로써 도시와 농촌이 격리되었던 이전의 상황은 커다란 변화를 가져오고 있다. 그러나 농민의 유입으로 도시·농촌 간의 모순이 도시 내부로 침투하게 되는 측면도 무시할 수 없다.

도시 내에 생성된 고소득층과 이익의 대립

1950년대 말부터 약 20년 간 도시노동자의 임금은 「합리적 저임금제」라는 명분아래 낮게 책정되었다. 그 목적은 도시·농촌

간의 격차를 확대하지 않으면서 사회안정의 가장 중요한 조건인 「노농(勞農)동맹」을 유지하고, 늘어나는 도시의 노동인구에게 직장을 분배해주기 위한 것이었다. 원래 1956년 소련식 임금제도가 전면적으로 도입되었을 때는 「노동에 따른 분배」원칙을 관철하기 위해 중공업과 같은 핵심산업 종사자나 기술보유자에게는 비교적 높은 임금이 주어지고 연공(年功)은 거의 무시되었다. 그러나 평등주의에 익숙한 현장에서는 임금차등제 도입에 강한 반발을 드러내, 많은 직장에서 계획에 반하는 저임금의 인상을 통해 모순을 해결하고자 했다. 또한 1957년 반우파투쟁 이후 「노동에 따른 분배」 원칙에 반대하는 좌파가 유력한 정치세력으로 등장하면서 직장의 악평등주의가 더욱 강화되었다.

여기에 재정수입과 농업생산성 정체와 같은 요인이 겹쳐 기본급상승이나 승급이 거의 없는, 「빈곤한 평등」이라 할 수 있는 분배상황이 계속되었다. 단지 국영기업과 집단소유제기업 사이에, 그리고 국영기업 중에서도 정규노동자와 임시공 · 계약공 간에는 임금과 복리후생 면에서 커다란 격차가 존속했다.

그러던 것이 문화혁명 종료 후에는 「노동에 따른 분배」원칙이 부활하고, 개혁에 따른 기업자주권의 확대와 시장경제 도입이 진행되었다. 이러한 소득격차의 인정과 분권화에 따라 이익이 다원화되었고 그 사이에서 알력이 생기게 되었다. 예를 들면 기업 간에 가격체계의 왜곡이나, 입지 및 기술수준과 같은 경영조건의 차이에서 이윤이나 상여금액의 불합리한 격차가 발생함으로써 유리한 기업과 불리한 기업 사이에 알력이 표출된 것이다. 소액의 상여금이 지급되는 국가기관이나 비영리 사업단체가 분개한 것은 말할 것도 없다. 특히 벼락부자가 된 개인경영자의 과시적인 소비풍조는 많은 사람의 반감을 사기에 충분했다.

92

한 기업 안에서도 수입의 많고 적음, 해고를 위한 인선(人選), 복리후생비의 분배 등을 둘러싸고 경영자·일반 종업원 간, 직원·공원 간, 고학력·무학력 종업원 간, 행정직원·기술직원 간, 숙련공·미숙련공 간, 고령·젊은 종업원 간, 남성·여성 종업원 간에 이해대립이 심해졌다. 인플레이션의 확대와 더불어 불화가 심해지고, 사회적 약자에게 모순이 떠넘겨지는 경향이 나타나게 되었다.

국가계획위원회의 조사에 의하면, 현재 고수입층은 14개 계층의 사람들로 구성되었다는 것이다. 즉 ① 주식·증권업에 종사하는 고소득자, ② 일부 고소득 개인 영업주, ③ 일부 사영 기업주, ④ 높은 출연료를 받는 가수, 배우, 댄서, ⑤ 일부 신규 설립 회사의 책임자, ⑥ 일부 기업경영자나 경영청부자, ⑦ 일부 외자계 기업의 중국측 경영자, ⑧ 시장경제에 필요하지만 인재가 부족한 전문직 종사자, ⑨ 과학기술개발을 청부받는 과학기술자, ⑩ 택시 운전사, ⑪ 일부 은행종업원, ⑫ 경영상황이 양호한 기업의 종업원, ⑬ 일부 제2직업(부업)에 종사하는 사람, ⑭ 재취직한 일부 정년퇴직자 등이다.

이들의 소득수준을 정확히 파악할 수 있는 방법은 없지만, 예를 들어 전국 도시의 1,116만 명에 달하는 개인 영업주와 사영 기업주의 1993년도 저축액은 평균 3만 7,000위안에 달하는 것으로 알려졌다.

이와는 대조적으로 농촌에는 여전히 약 8,000만 명의 빈곤농민이 있으며, 도시에도 1994년 상반기에 1인당 월수입이 103위안 이하인 저수입층이 2,000만 명(도시인구의 약 6%)에 달한다(5개 대도시를 대상으로 한 별도의 조사에 따르면 「빈곤식 소비자」로 불리는, 소비수준이 낮은 사람들이 인구의 약 9%를 차지하고 있다). 이들 대부분은 경영상황이 열악한 국유기업과 집단소유기업의 종업원·정년퇴직자와 그 가족, 그리고 친척이 없는 노인 등인데, 이러한 도시빈곤 계층은 확대되고 있는 추세다.

1993년 420만 명이었던 실업자가(이 중 실업보험 혜택을 받는 직원·노동자의 수는 103만 명) 1994년에는 500만 명에 이르렀고, 실업률은 3%를 기록했다. 그러나 이 밖에도 생산을 중지했거나 거의 중지한 도시기업의 종업원이 580만 명으로, 이 가운데 314만 명의 임금이 감액되었다. 특히 서부와 중부 일부 지역에서는 국가기관 간부에게 지급하는 임금조차도 체불되고 있다. 특히 물가상승으로 어려움을 겪고 있는 사람은 연금생활자들인데, 어떤 통계에 따르면 1994년 9월 말 연금지급이 체불되고 있는 연금생활자가 49만 명(총수의 1.8%)이나 된다는 것이다.

낙후된 사회보장제도의 정비

현재 중국이 직면해 있는 과제 가운데 하나는 계속 증가하는 저소득층에 대한 사회보장제도의 정비다. 종래의 사회보장은 기본적으로 기업을 단위로 하여 도시에서만 실시되어왔다. 즉 국가기관에 근무하는 간부는 물론 국유·집단소유기업에 근무하는 많은 도시노동자들이 깨지지 않는 철밥통으로 커다란 가마솥 밥을 평등하게 나누어 먹었으며, 거의 전액보장의 의료보험은 물론 기본임금의 60~100%를 연금으로 받을 수가 있었다.

그러나 지금의 기업은 이 부담을 감내할 수 없다. 산동(山東)성의 110개 국유 공업기업을 대상으로 실시한 설문조사에 의하면 만일 감원할 수 있는 충분한 권한이 부여된다면 59.1%의 기업이 10% 이하의 종업원을 감축하고, 35.5%의 기업은 30% 이상의 종업원을 감축하겠다고 대답했다. 그리고 55.1%의 기업경영자는 인사권을 행사할 수 있는 사회보장제도의 정비를 요구하고 있다. 현실적으로 파산이나 해고, 임금 미지급이나 의료비 미지불 사태가 발생하고 있는데, 사회가 주체로 되어 있는 보험제도가 정비되지 않는 한 대담한 합리화가 이루어질 수 없는 것이 현실이다.

사회보장 개혁은 1980년대 후반부터 서서히 진행되어 현재는 신·구제도의 전환기에 놓여 있다. 1994년 과거의 방법으로 연금을 받는 도시의 연금생활자는 약 74%에 이르고 있으며, 그 밖에 국가기관, 사업단위 및 국유·집단소유기업의 의료제도 개혁에는 여전히 손이 미치지 못하고 있다. 그래도 1994년 말 사회연금에 참가한 종업원이 8,600만 명(도시 직원노동자의 반 이상), 연금생활자는 2,000만 명에 달하고 있다. 또 도시에서 90% 이상의 국유·집단소유기업의 종업원이 실업보험에 가입했고 103만 명의 실업자가 보험금을 수령하고 있다.

그러나 과제는 아직도 많다. 첫째, 국가기관이나 국유기업, 그리고 일부 집단소유기업의 정규종업원을 제외한 기타 소유제기업의 종업원이나 임시공에게는 사회보험이 미치지 못하고 있다. 둘째, 앞에서 밝혔듯이 실업보험 수급자의 수가 실업자나 잠재실업자의 수를 훨씬 밑돌고 있다는 것이다. 셋째, 지금의 양로보험제도로는 인구의 노령화에 대응할 수 없다. 넷째, 현재 농촌의 잉여노동력은 2억 명 이상으로 추정되며, 여기에 중국 최대의 사회문제가 존재한다고 볼 수 있는데, 불완전하나마 농촌에서 사회보장을 받을 수 있는 인구는 전체의 8.5%에 지나지 않는다. 어느 조사에 의하면 농촌에서 병에 걸린 사람 가운데 20%는 의사의 진단을 받을 수 없는 형편이며, 16%는 의료비를 지불할 수 없어 치료를 중단할 수 밖에 없으며, 30%는 질병 때문에 빈곤해진 것으로 밝혀졌다.

노동쟁의 증가와 자주노조의 출현

일부 노동자의 빈곤화, 경영자와 일반 종업원과의 모순 확대는 노동쟁의의 증가를 초래하고 있다. 전국의 노동중재위원회는 1993년에 약 1만 2,400여 건을 해결했는데, 이는 건수로 전년 대비 52%, 종업원 수로는 거의 100%가 증가한 수치다. 이 같은 증가 추세는 1994년 들어서도 줄어들지 않았다(예를 들어 북경에서 상반기에 해결된 안건은 지난 해 같은 기간의 5.7배에 달한다).

노동쟁의가 증가하는 상황하에서는 지금까지 당이나 정부의 조정에 의존해온 노동조합의 존재의의를 되묻지 않을 수 없다. 현재 조합 내부에서는 당의 지시를 노동자에게 전달하는 전통적인 중간자 역할을 잊어서는 안 된다는 의견과 당국으로부터 독립해서 노동자의 이익을 대변하는 진실한 대표자가 되어야 한다는 목소리가 팽팽히 맞서고 있다. 그러나 현실적으로 조합은 아직 노동자의 신뢰를 얻지 못하는 경우가 많다. 예를 들면 1994년 강소성(江蘇省)에서 이루어진 조사에 따르면, 노동쟁의가 발생했을 때 행정관서를 방문하는 사람이 48%, 연줄을 이용하여 해결하고자 하는 사람이 18%, 당위원회를 방문하는 사람이 13%, 노동조합을 방문하는 사람은 12%에 지나지 않았다. 조합이 노동자의 입장에 서고자 노력해도 경영자측에서 일축하는 경우가 허다하다. 산동성 치박시(淄博市)에서는 1993년 말부터 1994년 6월까지 반 년 동안 200개 이상의 기업이 내부개혁 때 노동조합을 철폐한 것으로 나타났다.

기존의 조합을 단념하고 자주노조를 결성하는 경우도 증가하고 있다. 자주노조의 결성을 허용하는 발상은 공산당 상층부에도 자리잡고 있어서, 1989년 천안문 사건 때 출현한「공인(工人)자치연합회」를 당시 자오 쯔양 총서기가 인정했던 것은 기억에 새롭다. 그러나 현재까지도 폴란드의「연대(連帶)」와 같은 반정부 조직의 출현을 우려하는 금지론이 주류를 이루고 있다.

하지만 임금 삭감과 체불로 어려움을 겪고 있는 국유기업 노동자를 중심으로 지금까지 동북과 화중·화남·서남 등 적어도 14개 성에서 자주조직이 결성된 것으로 알려지고 있다.

또 데모나 청원, 파업과 같은「돌발성 사건」도 증가하고 있다. 호남성의 노동조합 통계에 의하면 1993년 호남성에서 발생한 사건이 54건에 이르며, 1994년 초 몇 개월에 걸쳐 발생한 수십 건 가운데 2건은 5,000명 이상이 참가했다는 것이다. 산동성 노동조합 보고에 따르면 돌발성 사건이 1994년 상반기에만 전년 같은 기간보다 약 2.5배 증가했다. 한편 북경에서는 1995년 1월1일부터 집단으로 상급부문에 직소하는 것을 금지시켰다.

치안악화와 부패의 만연

개혁·개방의 부정적 성과로서는 악화된 치안과 간부의 부패를 들 수 있다. 절도·강도·유괴·마약 밀매·조직 매춘에서부터 철도나 거리의 여객을 습격하는 비적행위에 이르기까지, 중국에는 있을 수 있는 온갖 종류의 범죄가 출현하고 있다. 강력사건도 날로 증가해 1994년 1~9월의 살인사건은 지난 해 같은 시기에 비해 5.5%가 증가했으며, 강력 강도사건은 17.1%, 자동차 절도사건은 51.2%, 총에 의한 살인·강도·강간사건은 27.8%, 중대 절도사건은 17.7%가 증가해 주민들의 불안감을 심화시키고 있다. 비밀폭력조직은 대형화·국제화하고 있으며, 그 숫자도 수만 명에 이른다는 것이다. 「흑사회(黑社會)」라고 불리는 중국의 비밀폭력 조직은 공안·사법관계자를 포섭하여 보호자로 삼는 경우가 허다하다. 정치적인 색채를 띤 흑사회도 많은데, 이미 검거된 「중국흑수당(黑手黨)」과 「매화그룹」은 토지를 쟁탈하고 정권을 탈취한다는 행동강령을 내걸고 있다.

특히 전반적인 치안악화 속에서 농촌의 형사사건은 최근 몇 년 사이에 눈에 띄게 증가하고 있다. 일부 농촌에서는 깡패집단이 창궐하여 철도, 도로, 수운의 여객의 금품이나 화물을 훔치고 있으며 강도집단이 국가의 수리·수상 운수·통신·군사시설이나 공장, 광산 등의 물자를 훔치는 사례가 빈발하고 있다. 곳에 따라서는 절도와 강도가 부의 지름길이라고 인식하여 당 또는 국가간부가 농민과 함께 국가 자재를 훔치는 경우도 있다. 또한 농촌에서도 주민들은 집을 비울 수 없으며, 노상에서 강도를 만날까 두려워 안심하고 살 수 없다는 보고가 접수되기도 한다. 또 도시에서는 유입된 농민에 의한 범죄가 증가하고 있다. 예컨대, 1994년 9월의 보도에 따르면 북경에서는 외래인구에 의한 범죄 건수가 전체의 43%로(상해는 53%), 이 가운데 70%는 농민에 의한 범죄라는 것이다.

한편 당이나 국가간부의 부패는 말로 표현할 수 없을 정도로 극에 달하고 있다. 쟝 쩌민 정권은 1989년 천안문 사건의 발생배경 가운데 하나인 부패에 대한 국민의 강한 불만 때문에 간부의 부정행위를 일소하고자 노력했지만 실패로 끝나고 말았다. 1995년 3월 전인대에서 최고인민검찰원이 보고한 내용을 살펴보면, 1994년 검찰기관이 입안해서 수사한 부패와 뇌물수수 사건은 3만 6,471건으로 전년보다 18% 증가했고 공금횡령 및 입수 경로가 불확실한 거액 재산취득도 1만 3,617건으로 전년과 거의 같은 수준이었다.

인민법원에 제소된 당·정부기관 직원은 3만 9,802명으로 전년보다 53.9% 증가했다. 수뢰로 처벌된 현장(縣長)·처장급 간부는 1,827명, 사장·국장급 간부는 88명에 달했다. 부정을 저지른 사법·공안직원은 4,007명으로 전년에 비해 50.8%나 증가했고, 이 가운데 110명이 지도적인 지위에 있는 간부로서 사상 최고를 기록했다. 1995년 들어서는 2월에 수도강철공사 홍콩 자회사의 회장(본사 회장의 아들)이 경제범죄로 체포된 데 이어, 북경시 재정금융담당 부시장이 부패사건으로 수사받던 도중 자살하여 천 시동 북경시 당위원회 서기가 사건의 책임을 지고 사임한 사건도 발생했다.

사회통합원리의 상실과 무질서화

이러한 사회문제가 다양해지고 만연하게 된 배경으로는 화폐경제의 침투와 사회주의 이데올로기의 후퇴에 따른 사회통합 원리의 상실을 들 수 있다. 멸사봉공의 정신으로 인민을 위해 복무한 1960년대 인민해방군의 레이펑(雷鋒)을 배우자는 운동은 매년 광범위하게 실시되고 있지만, 거의 형식화되어 국민들의 비웃음만 사고 있다.

당원 자신의 사상성 약화와 당조직의 규율이 해이해지고 있다. 1994년 9월 제14기 당중앙위원회 제4회 총회에서는 「제후경제」와 지방보호주의의 대두라는 현실을 직시해 중앙의 권위를 회복하고, 심각한 활동정체 상태에 있는 당의 농촌 기층조직 재건이 급선무라고 지적했다. 이러한 사태는 어떤 의미에서 보면 경제건설을 최우선시하는 덩 샤오핑 기본노선의 당연한 귀결이라고도 할 수 있다. 간부의 임용기준으로 사회주의와 당에 대한 충성을 주된 내용으로 하는 「덕(德)」과, 교육수준이나 행정능력을 의미하는 「재(才)」 가운데 어느 쪽을 중시할 것인가 하는 전통적인 논쟁이 있지만, 현재의 기본노선이 채용되면서부터는 기본적으로 「재」를 중시해왔다.

통합원리와 사회규범이 상실된 상황에서 배금주의나 이기주의, 연고주의가 팽배해 있다. 시장에는 가짜 상품·가짜 약품·물먹인 상품이 범람하고 있다. 노인은 경제적 약자로 전락했으며, 경로정신이 사라지고 있는 현상도 눈에 띈다. 일부 농촌에서는 당조직의 약체화와 동시에 전통적인 종족 활동이 활발하게 일어나고 있다. 많은 종족이 족보를 편집하고 사당을 세우는 데 거액을 들이는 등 족장이나 종족위원회가 일족의 생사여탈권을 쥐고, 종족의 규율이 법률에 우선하는 상황이 출현하고 있다. 또 일부 지방에서는 향진기업의 간부임명 때 종족관계가 중요한 역할을 하고 있다. 예를 들면 호북(湖北), 산동, 하남(河南) 등 5개 성의 160개 향진기업을 대상으로 1991년 실시한 조사에 따르면 기업지도자 가운데 85%가 혈연관계이며 종업원의 65%가 가까운 친척관계로 나타났다. 또한 흉기를 사용한 종족 사이의 난투사건도 빈번히 일어나고 있다. 또한 호남(湖南)성에서는 1978~90년 사이에 100명 이상이 연루된 종족 간 난투사건이 1,000건에 이르며, 6,000명 이상의 사상자를 내고 있다.

도시에서는 경제가 발전한 곳일수록 종교가 성행하고 있다. 그 이유는 치열한 경쟁과 위험부담의 증가로 인해 사람들의 심리적 균형이 무너지고 스트레스가 많아, 종교를 통해 위안과 안정을 얻고자 하는 심리가 발생하기 때문이다. 특히 동남부의 연해지역과 경제특구에서 이러한 현상이 현저하다. 절강(浙江)성을 예로 들면 온주(溫州)나 소산(簫山) 등 경제가 가장 발전된 지역에서 종교가 매우 성행하고 있다. 당국은 개혁·개방의 새로운 시대가 종교의 신사고와 신이론의 출현을 불러왔다고 보고 금기시해왔던 종교이론 연구를 발전시켜야 한다는 주장도 나오고 있는 실정이다. 즉 종교가 사회를 안정시키는 수단으로 작용하기를 기대하는 경향이 확산되고 있다.

종교는 기본적으로 사회주의의 원리와 어울리지 않을 뿐 아니라, 민족 사이의 관습 차이나 이해관계 등 복잡한 문제를 내포하고 있다. 1992년에는 하남성에서 회족(回族 : 이슬람교도)과 그들의 풍속·관습을 존중하지 않는 한족 사이에 심각한 유혈사건이 일어났다. 1993년에는 티베트족이 물가상승을 이유로 티베트의 라사에서 대규모 군중집회를 가졌다. 사천에서는 이슬람교도를 모욕하는 출판물이 계속 나돌자 이에 항의하는 데모와 농성사태가 감숙(甘肅), 청해(靑海), 영하(寧夏)에서 발생했는데, 수만 명에 달하는 군중이 운집한 것으로 알려졌다. 또한 신강(新疆)의 카시칼에서는 폭탄테러와 함께 분리독립을 요구하는 대자보가 내걸린 사건이 발생했다. 당국은 민족관계의 안정을 해치는 원인 가운데 하나는 동부 연해지역과 서부 내륙지역 간의 경제적인 격차 확대에 있다고 판단하고 있다. 시장경제화의 진전에 따라 민족 간의 여러 가지 모순이 축소되는 것이 아니라, 오히려 확대되고 있는 것이 오늘날 중국의 상황이라고 말할 수 있다.

새로운 통합원리의 구축과 시장경제체제하의 도덕윤리의 형성이 앞으로의 과제로 남아 있다. 사회규범이 동요하고 사람들의 행위와 욕구에 대한 규제가 무너지는 아노미 현상이 중국 사회에 점점 확산되고 있는 것이다. 이에 대해 당국은 도덕규범으로서 유교의 재평가작업에 착수하고 있다. 또 다른 한편으로는 새로운 통합

원리로서 애국주의의 역할을 중시하고 있다. 제국주의에 짓밟힌 역사교육을 강화하고, 아울러 국제 스포츠 대회의 유치와 보도에도 힘을 기울이고 있다. 애국주의 교육을 통해 민족해방을 달성한 공산당 권력의 정통성 강화도 기대하고 있다.

그렇지만 편협적인 한민족주의가 아닌 비한민족을 포함한, 지방주의나 연고주의를 초월하는 국민의식이 하루 아침에 형성되지는 않을 것이다. 이를 이룩하기 위해서는 적어도 전국 통일시장이 형성되어야 할 뿐 아니라, 지역적으로 균형잡힌 경제발전이 이루어져야 한다. 또한 중앙정부의 지시가 전국 곳곳에 전달되어야 하며, 국민 모두가 국가 차원의 정치에 참여할 수 있는 여건이 성숙되어야 한다고 생각한다.

포스트 덩 샤오핑 시대의 사회 시나리오

지금까지의 관찰을 통해 현재 중국 사회는 급속한 경제성장과 체제변혁이라는 과도기 속에서 격동하고 있다는 것을 이해할 수 있다. 앞으로 안정성장기에 들어가 개혁이 종료되기까지 사회의 안정요인과 불안정요인이 계속적으로 중국 내부에서 상충하리라는 것은 명백하다.

안정화를 위해서는 최대의 안정요인인 경제성장이 경제를 과열시키거나 냉각시키지 않는, 적당한 속도로 도시와 농촌 모두에서 순조롭게 계속되는 것이다. 아직도 많은 문제가 있지만, 당국에 의한 경제의 방향조정은 대체적으로 성공작이라고 평가할 수 있다. 그러나 이 조건이 실행되지 않으면, 특히 경제운영의 좋지 않은 결과로 불황과 인플레이션이 동시에 나타나는 스태그플레이션이 초래되면 사회모순이 확대·표면화되고 사회정세는 더욱 불안해질 것이다. 돌이켜 생각해보면 1989년 천안문 사건의 배경이 된 것은 단순한 인플레이션이 아니라, 인민위안을 단 한 푼도 대출하지 않았던 당시의 강력한 디플레이션 정책이 가져온 스태그플레이션이었다. 또 당국의 경제운영이 실패하지 않는다 해도 대규모 지진이나 이상기온 등과 같은 재난에 의해 대도시나 농촌의 경제가 크게 타격을 받았을 경우에도 같은 결과를 가져올 수 있다.

안정요인이 붕괴될 때 모순이 분출하는 사회의 균열 징후로는 첫번째로 소득격차의 확대를 들 수 있다. 특히 농촌과 도시 간의 소득격차는, 대약진에 이은 1960년대 초의 곤란기 이후에 받았던 영향을 전국적으로 확산시킬 가능성이 있다. 도시 내부에서는 기업경영 상황이 악화됨으로써 저소득층이 확대되는 현상을 도시 내부의 뇌관으로 본다면, 농민의 유입 현상은 그 도화선에 불을 붙이는 작용을 할 것이다. 두번째 위험 요소는 불화가 심화되고 있는 민족관계다. 오랫동안 분리주의의 역사를 가진 티베트와 신강이 정치적 분쟁지대라는 것은 익히 알려진 사실이지만, 종교의 부흥이 서서히 진행됨과 동시에 다른 지역에서도 회족과 한족 간의 긴장이 높아지고 있다.

결론적으로, 안정과 불안정이라는 관점에서 중국 사회의 장기적인 변화를 전망해보면 다음의 두 가지가 중요한 문제로 대두된다. 첫째, 도시화의 진행과 중산층의 증가가 초래하는 정치적 영향이다. 유럽의 역사를 살펴보면 중산층이 주체가 된 자율적인 결사에 따른 시민사회의 확대가 민주화에 커다란 역할을 담당했다. 중국의 경우는 어떨까? 판단을 내리기에는 아직 증거가 불충분하지만 시장경제화에 따라 다원화한 이익의 조직화도 서서히 진행되고 있으며, 언젠가는 노동조합이나 경영자단체와 같은 유력한 집단이 정책과정에 참여하는 강도를 높여 공산당의 지위를 위협할 가능성이 크다.

둘째, 사회 전체를 통합하는 원리가 어느 형태가 될 것인가. 그리고 그것이 혈연과 지연이라는 연고를 중시하는 전통과 어떻게 화합해갈 것인가 하는 문제다. 이와 관련해 전국통일시장이 형성되었다고 가정할 때 그 곳에서의 윤리나 행동규범이 어떠한 형태로 전개될 것인가, 그리고 한(漢) 내셔널리즘을 초월한 국민의식은 과연 형성될 수 있을까 하는 문제도 제기된다. 중국이 앞으로 장기적인 안정에 대한 확실한 보장을 얻기 위해서는 꼭 해결해야 할 문제지만, 그 어느 것도 조속히 결론을 얻을 수 있는 것은 아니다. 장구한 문명을 자랑하는 나라인 만큼 중국은 전통과 근대라는 양극의 갈등이 장기간에 걸쳐 계속될 것으로 예상된다.

제 4 장

●

당군과 국방군의 갈림길

인민해방군의 양면성 — 당군과 국방군

중화인민공화국에서는 건국 이래 『공산당이 군을 지도한다』라는 원칙이 관철되어왔다. 『정권은 총에서 나온다』라는 마오 쩌둥의 말대로, 인민해방군은 공산당의 군대로서 중국 혁명에 결정적인 역할을 했다. 따라서 군은 중국의 정치지도자에게 중요한 정치적 자산으로 인식되어왔다. 군에 대한 영향력과 군의 지지 유무는 그 자체가 정치지도자의 역량을 측정하는 중요한 수단이었다.

그런 만큼 마오 쩌둥조차도 사망할 때까지 당 중앙군사위원회 주석직을 내놓지 않았다. 문화대혁명으로 실각한 덩 샤오핑이 1973년에 부활할 수 있었던 것도 군에 대한 영향력을 평가받았기 때문이다. 덩 샤오핑에게는 과거 제2야전군의 정치위원으로 근무

＊ 필자는 아베 준이찌(阿部純一)이며 현재 霞山會 주임연구원으로 근무하고 있다.

한 전적이 있고, 마오 쩌둥이나 저우 언라이로부터 1971년「린 뱌오(林彪) 사건」후 동요하는 군을 진정시킬 수 있는 인물로 평가받았기 때문이다. 이러한 덩 샤오핑도 부활 후 당이나 정부의 최고직은 차지하지 않았지만 1981년 당11기 6중 전회(六中全會)에서 중앙군사위원회 주석에 취임했다. 이는 덩 샤오핑이 1989년 천안문 사건 이후 11월 당13기 5중 전회에서 그 지휘를 쟝 쩌민에게 이양할 때까지 갖고 있던 최후의 자리이기도 하다. 과거 덩 샤오핑의 후계자로 여겨졌던 후 야오방과 자오 쯔양도 이 자리를 노렸지만 제1부주석까지 오른 자오 쯔양은 결국 이 자리를 차지하지 못한 채 그대로 후계자의 자리를 물려주고 말았다.

  군을 장악한다는 것은 중국의 지도자에게는 기본적인 명제다. 그리고 화 궈펑이나 후 야오방·자오 쯔양 등 군력이 약한 지도자가 군장악에 실패한 예를 통해 군이라는 특수한 집단을 장악하는 것이 얼마나 힘든 일인가를 단적으로 알 수 있다. 따라서 거의 군력이 없는 쟝 쩌민이 비록 중앙군사위원회 주석의 자리에 있긴 해도 스스로 쟁취한 자리가 아니고 덩 샤오핑에게서 이양받은 것이기 때문에 어느 누구도 쟝 쩌민이 군권을 장악하고 있다고는 보지 않는다. 덩 샤오핑 사후의 중국에서 원래부터 약체인 쟝 쩌민 정치기반의 최대 약점은 바로 여기에 있다고 해도 과언이 아니다. 최근 국방비 지출의 급증, 군 지도부의 대폭적인 인사이동, 군 계급의 승격인사와 함께 시작된 빈번한 지방 군부대 시찰 등은 쟝 쩌민의 군 장악을 고수하기 위한 노력의 일환이라 할 수 있다. 다시 말하자면 장악에 어려움을 겪고 있다는 반증이기도 한 것이다.

  그러한 의미에서 덩 샤오핑 없는 중국에서 정권의 안정도를 점치는 가장 중요한 요소는 역시 해방군의 동향이다. 덩 샤오핑이 사망한 후 중국 정치지도자의 최대 과제는 군의 지지 획득에 달려 있다. 쟝 쩌민을 비롯하여 누가 지도자가 되더라도 군을 정권의 지지기반으로 삼기 위해 군에 대한 배려가 반드시 따를 것이므로 필연적으로 군의 발언권은 확대될 것으로 예상된다.

덩 샤오핑 시대의 중국에서는 군의 근대화를 위한 과감한 개혁이 이루어져 왔다. 그 중에서도 1985년의 100만 명이라는 병력의 감축은 덩 샤오핑이 지향하는 군의 존재방식을 보여주는 것이다. 즉 덩 샤오핑은 인해전술에 의거한 마오 쩌둥의 「인민전쟁전략」과 1965년 이래 계급 없는── 게다가 정년제도 없다──「혁명군대」라는 위력 때문에 「비대해진 군대」를 과단성 있게 감축하는 한편 근대전에 대비한 현대적 무기로 무장된 군의 통합·기동화(합성집단군화)를 실현하고, 근대군대로서의 지위·명령계통을 조직화하기 위한 계급제도를 도입하고자 했던 것이다. 이러한 개혁의 목표는 정규화와 함께 국제환경에 걸맞은 국방군을 건설하는 것이다.

원래 중국 건국 후의 해방군은 국가의 군대로서 국방의 임무를 수행하기 위해 만든 국방군이다. 동시에 공산당의 일당독재가 건재하는 한 해방군은 당군(黨軍)이기도 하다.

1950년대 초대 국방부장인 펑 더화이(彭德懷) 시대부터 군의 정규화를 위한 논의는 계속 제기되어왔다. 군 임무의 중점을 국방에 둘 것인가, 아니면 문화대혁명 당시의 「삼지양군(三支兩軍 : 혁명적 좌파지원·농업지원·공업지원, 군사관리·군사훈련)」으로 상징되듯이 당의 혁명임무를 담당하는 정치적인 데 둘 것인가 하는 논의는 때로 권력투쟁의 양상까지 보이기도 했다. 이러한 논의에 종지부를 찍은 사건이 1978년 펑 더화이의 명예회복〔1959년 여산(廬山)회의로 실각〕으로, 1981년 6월 당11기 6중 전회에서 이루어진 역사결의였다. 이에 따라 마오 쩌둥의 혁명노선과 결별한 후 덩 샤오핑 시대에는 군의 정규화, 즉 국방군으로서의 군대 건설을 추구해왔다. 하지만 아직도 『당이 군을 지도한다』라는, 당군이라는 위치가 부정되고 있는 것은 아니다.

이 장에서는 이러한 해방군의 양면성을 살펴보면서 덩 샤오핑의 군대개혁을 다시 한번 정리하고, 덩 샤오핑 사후의 중국에서 해방군이 어떤 방향으로 나아갈 것인가를 검토하고자 한다.

덩 샤오핑의 군사개혁

덩 샤오핑이 꿈꾸어온 인민해방군의 모습은 1982년에 제정된 현행 헌법과 그 전의 화 궈펑 시대에 만들어진 문화대혁명 시대의 색채가 농후한 1978년 헌법을 비교해보면 곧바로 알 수 있다.

1978년 헌법의 제19조에는 『중화인민공화국의 무장력은 중국 공산당 중앙위원회 주석이 통솔한다. 중국 인민해방군은 중국 공산당이 지도하는 노동자 농민의 자제병(子弟兵)으로서 프롤레타리아 계급 독재의 초석이다. 국가는 중국 인민해방군의 혁명화와 근대화 건설의 강화에 노력해야 하며, 민병건설을 강화하고 야전군·지방군·민병의 결합을 통한 무력체제를 실행한다. 중국인민공화국 무장력의 근본적 임무는 사회주의 혁명과 사회주의 건설을 준수하고, 국가의 주권과 영토보전 및 안전을 수행하며, 사회제국주의·제국주의 및 그들의 앞잡이에 의한 전복과 침략을 방어하는 데 있다』라고 규정했다.

한편 1982년 헌법 제29조에는 『중화인민공화국의 무장력은 인민에 속한다. 그 임무는 국방을 공고히 하고 침략에 저항하여 조국을 방위하며 인민의 평화로운 노동을 방위하고 국가 건설사업에 참가하며 인민봉사에 노력하는 데 있다. 국가는 무장력의 혁명화, 근대화, 정규화 건설을 강화하며 방위력을 증강한다』라고 규정하고, 제93조에『중화인민공화국 중앙군사위원회는 전국의 무장력을 지도한다』라고 천명했다.

두 가지 헌법의 차이는 확연하다. 1978년 헌법이「당의 군대」를 주장한 데 반해, 1982년 헌법에서는「국방의 군대」로 표현이 바뀌었다.「당의 지도」라는 문구는 배제되었고 군대를「지도하는」기관으로「중화인민공화국 중앙군사위원회」, 다시 말하면 국가중앙군사위원회가 그 역할을 담당하도록 되어 있다. 따라서 무장력의 근대화·정규화를 국가의 임무로 강조하는 것을 볼 때 덩 샤오핑이 바라는 군사개혁의 방향을 짐작할 수 있는데 그렇다고 문제가 없는 것은 아니다. 1982년 헌법에서 부활한 국가 중앙군사위원회 주석 겸임에 관한 규정이 명기되어 있지 않아 국가원수인 국가주석과 군의 통수권과의 관계, 즉 권력의 일원화라는 문제가 애매한 상태로 남아 있는 것이다.

그러나 주의해야 할 점은 1982년 헌법이 결코「당이 군대를 지도하는」원칙을 부정하는 것은 아니라는 점이다. 군의 지도·통제기관 가운데 군대에 대한 당의 정치적 지도를 실시하는 총정치부가 군 내의 최고기관으로 존재하고 있으며, 그 아래 직제로서 정치위원이 설치된 것에서도 알 수 있듯이「당이 군대를 지도하는」메커니즘은 확고하게 유지되고 있다. 그리고 이 헌법을 기초로 1983년 신설된 국가 중앙군사위원회의 주석직을 당 중앙군사위원회와 마찬가지로 덩 샤오핑이 맡음으로써「국가의 지도」와「당의 지도」라는 두 가지가 양립되고 있다는 사실을 확인할 수 있다.

쟝 쩌민도 현재 양쪽 위원회의 주석을 맡고 있다. 1992년 제14회 당대회와 1993년 봄 전국인민대표대회에서의 개헌으로 이 두 개의 위원회는 똑같은 사람들로 구성되어, 국가=당이란 정합성

〈그림 4-1〉 군 조직과 지도자

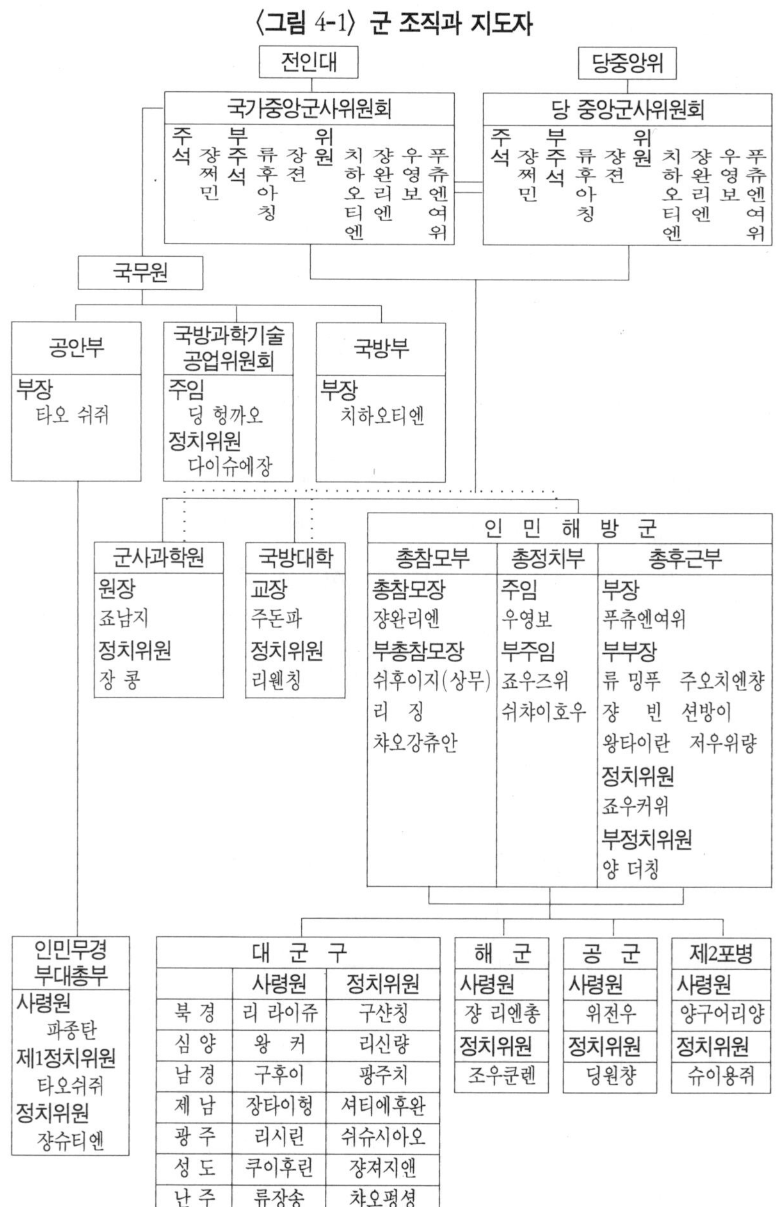

110

을 꾀하고 있다(〈그림 4-1〉 참조). 따라서 공산당의 일당독재가 계속되는 한, 해방군은「당의 군대」라는 사실에는 변함이 없지만, 덩 샤오핑은「국가」를 더욱더 정면으로 내세움으로써 군대의 국방군화를 도모하고자 한 것이다.

「정간정편」의 구상

「개혁·개방」으로 대표되는 덩 샤오핑의 근대화 노선을 한 마디로 말하자면, 경제건설을 최우선으로 하는 것이다. 이를 좀더 구체적으로 표현한 것이「네 개의 근대화」로, 여기에는 농업·공업·국방·과학기술의 근대화가 포함되어 있는데, 근대화 노선이 실제적으로 가동되기 시작한 1980년 전반에는 국방근대화의 우선순위가 최하위에 놓였다고 해도 과언이 아니다. 이 배경에는 강력한 군사력을 건설하기 위해서는 우선 이에 걸맞는 경제력을 건설해야 한다는 사고가 작용했고, 경제건설이라는「대국」적인 견지에서 군의 근대화도 이루어져야한다는 인식 때문이었다. 사실상이는 국가재정에서 차지하는 국방비 지출의 변화에 여실히 반영되어왔다.

중국에서 공표되는 국방비 지출에는 인건비와 군사연습비용 및 병기장비의 구입비 등이 계상되어 있는데, 여기에는 병기의 연구개발비나 생산을 위한 비용은 포함되어 있지 않다. 다시 말해 국방비 지출의 전모를 드러낸 것은 아니다. 이러한 의미에서 공표된 금액만을 국방비 지출의 전부라고 그대로 받아들일 수는 없다. 그러나 이것만으로도 군에 대한 당이나 정부의 자세를 엿볼 수 있는 지표로 삼을 수 있다. 1979년의 중·월(中·越)전쟁을 제외하고는 덩 샤오핑이 실권을 쥔 1978~88년까지 국방비 지출이 억제되

〈그림 4-2〉 중국의 국방비 지출(1978~95년)

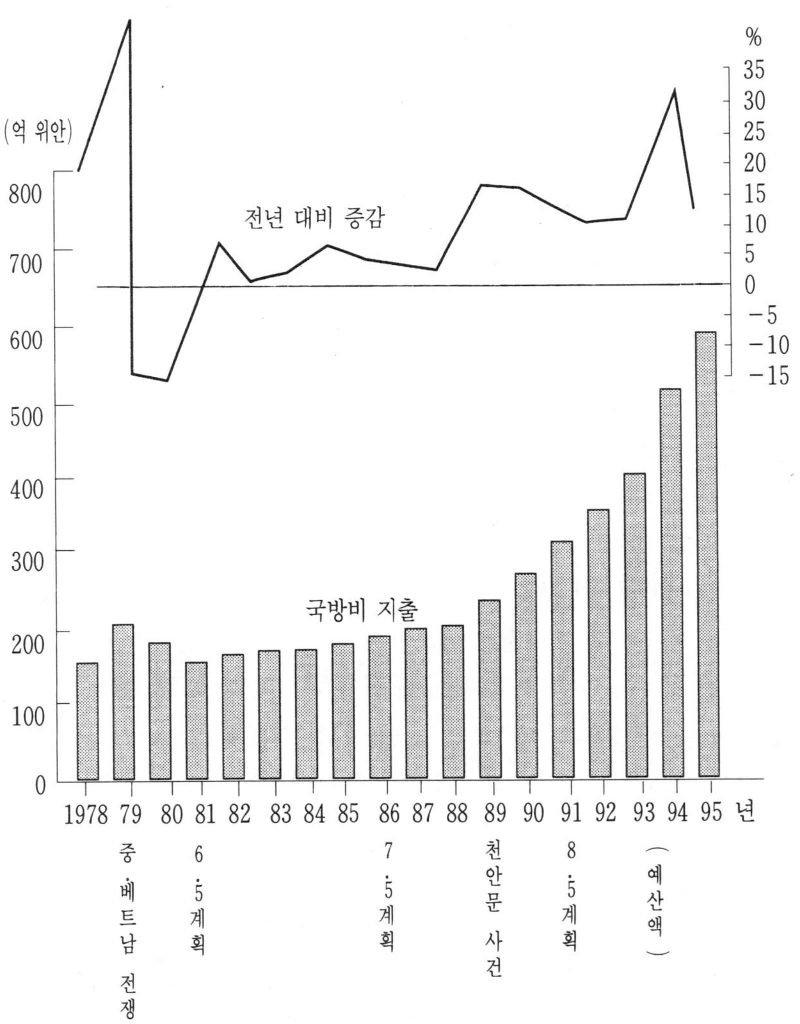

자료 : 국가통계국 편, 〈중국통계연감〉, 1994년, 〈일간중국통신〉 등에서 작성.

어왔다는 것은 명백한 사실이다(〈그림 4-2〉 참조).

그러나 국방비의 지출을 억제하면서도 덩 샤오핑은 결코 군을 등한시하지는 않았다. 이 점에 대해서는 1979년의 중·월전쟁에서 얻은 경험이 중요한 의미를 갖고 있다. 이 전쟁으로 인해 근대전쟁을 수행하기 위한 인민해방군의 장비와 조직이 모두 수준 이하라는 사실이 명백해졌다. 장비도 빈약할뿐더러 기동력도 뒤떨어지는 보병 중심의 인민전쟁론으로는 더 이상 근대전을 치를 수 없다는 것이 증명되었다고 해도 과언이 아니다. 또한 문화대혁명이 발생하기에 앞서 1965년 군의 계급제도를 폐지하고 그와 동시에 정년제마저 폐지했었다. 그리고 문화혁명기의 혼란을 수습하기 위해 군으로 하여금 행정업무를 담당하게 했기 때문에 병사의 수는 계속 증가했는데, 가장 많았던 1981년에는 그 수가 475만 명에 달했다. 덩 샤오핑이 볼 때 인민해방군은 물을 너무 많이 먹어 배가 부른, 비대해져 무기력한 군대로 추락하고 말았던 것이다.

이러한 인민해방군의 상황을 타개하기 위해 덩 샤오핑이 구상한 것이「정간정편(精簡整編)」, 즉 군의「정예화」,「간소화」,「정규화」다. 병력을 적정 규모로 삭감함과 동시에 각 병종을 통합하여 근대병기로 무장된 기동력을 가진 합성집단군화를 모색한 것이다. 그러나 전군을 합성집단군으로 재편하는 것은 가능할지 몰라도 전군 모두가 장비를 완전히 갖춘 정예부대로 만드는 것은 재정적으로도 불가능했고, 평시를 전제로 할 경우 그렇게 할 필요성도 없었다. 그래서 특정 부대를 중심으로 근대병기·장비와 인원을 배치하고 정예의 합성집단군을 편성하여 국지적인 한정전쟁을 담당할 태세를 정비하는 것이 덩 샤오핑이 의도한「정예화」를 실현하는 현실적인 대응이었다. 1981년 실시된 화북(華北)대연습은 이 합성집단군에 의해 이루어진 최초의 통합군사훈련이었다.

이 훈련은 또 적을 국내 깊숙이 끌어들여 포위해서 섬멸한다는 인민전쟁론에서 탈피하여 국경에서 적을 섬멸하는 전략으로의 전환이라는 의미도 있었다. 종래의『당이 군을 지배한다』라는「혁명군」의 성격을 약화시키고 국가의 방위를 위한 군대, 즉「국방군」으로 이행하는 데 따른「정규화」를 최종적인 목표로 삼았다.

이와 병행하여 덩 샤오핑이 실권을 장악한 최초의 당 대회인 1982년 10월 제12회 당 대회에서 주장한 것이「독립자주의 평화외교」다. 여기에서 덩 샤오핑은『경제건설을 위해서는 평화로운 국제환경이 필요하고, 이를 추구하는 것이 중요하다』라고 역설했다. 중국은 1979년 미국과 국교를 수립하고 1982년 3월에는 브레즈네프 당시 소련 서기장이 중국에 전제조건 없는 관계정상화를 제의했다. 건국 이후 중국과 미·소 관계를 개략적으로 설명하면 친소반미-반소반미-반소친미 노선을 취해왔는데, 이러한 맥락에서 볼 때「독립자주의 평화외교」의 주된 목적은 소련과의 관계회복에 있었다. 자국에 직접적인 군사 위협이 없는 상태가「평화로운 국제환경」이라고 한다면, 중국 외교의 과제는 곧 소련과의 관계정상화에 있었다고 볼 수 있기 때문이다.

사실 이 당 대회에서 중국은 대 소련 관계정상화를 위해 ① 대 베트남 원조 중지, ② 아프가니스탄에서의 철수, ③ 몽골로부터의 철병이라는 세 가지 조건을 소련에 제시했다.

중국의「평화로운 국제환경」실현은 동시에 군의 근대화에도 필수적인 조건이었다. 덩 샤오핑은 미·소의「핵 동결」상황을 지켜보면서 당분간 대규모의 세계적 전쟁은 일어나지 않으리라 판단했다. 그래서「제3차 세계대전」을 상정한 마오 쩌둥의 인민전쟁론을 부정하고「평화시의 군대건설」을 위해 대폭적인 병력 감축, 예산 삭감과 동시에 앞에서 말한 합성집단군화의 계획을 추진

114

했던 것이다.

이러한 과정에서 제도적으로도 군의 정규화가 추진되었다. 덩샤오핑이 주도권을 잡은 1982년의 헌법에서 군의 지도기관으로 국가 중앙군사위원회를 설치했는데, 이는 곧 군의 정규화를 시도한 것이었다. 1984년에 새로운 병역법을 제정하고 1988년 6월에 계급제도를 부활한 것도 이러한 맥락에서 이루어진 조치였다. 또 300만 명의 병력 유지를 목표로 1985년에 100만 명이라는 병력의 감축을 결정하고 대군구를 11개에서 7개로 통폐합했다. 이는「정예화」,「간소화」를 통한 군의 재편성을 위한 일환이었던 것이다.

국방비 지출 증가와 군의 근대화

여러 과정을 거치면서 1989년부터 국방비 지출이 증가경향을 보이고 있다. 그래도 1989년에는 1988년의 18.5%라는 인플레이션에 따른 증가로 볼 수 있고, 이러한 의미에서 실질적으로 군비증강이 이루어진 것은 1990년 전후라고 볼 수 있다. 군 장비의 근대화라는 기본적인 요청과 함께 국방비 지출의 증가 원인으로 생각할 수 있는 것은 1989년 6월의 천안문 사건으로 인해 당을 보호하는 역할, 즉 권력유지 장치로서 군의 역할이 재인식되었다는 점이다. 그리고 1989년 가을부터 시작된 동구 사회주의체제의 붕괴에 따른 서방측의 중국 사회주의체제에 대한 압력의 증가, 즉「평화연변(平和演變)」에 대처해야 한다는 위기감에서 비롯되었을 것이라는 시각이다. 또한 지금까지 미·소 냉전 속에서「중국 카드」로 불리며 이끌려온 반동심리로 냉전 후 힘의 정치에 의거해 아시아에서 중국 중심의 지역질서를 형성하려는 야망 등의 이유를 들 수 있다.

그리고 또 하나 지적할 점은 1991년 초 걸프전에서 미국 첨단병기의 압도적인 역량을 목격했으며, 그로 인해 중국도 이미 의식하고 있던 군 장비의 첨단화에 박차를 가해야겠다는 조바심이 긴급한 과제로 제기되었다는 것이다. 중국이 자랑하는 미사일이 미국의 미사일에 간단히 격추된다는 사실은, 중국 지도자들에게 심각한 타격을 주었다. 당시의 친 지웨이(秦基偉) 국방부장관은『우리 군의 병기는 선진국에 비해 20년이나 뒤졌다』라고 개탄했다.

이러한 상황을 인식하여 1991년 3월 제7기 전인대 제4회 회의에서 리 펑 총리는 보고서를 통해 향후 10년 간의 국방비 지출에 관해『국가 재정능력의 가능성을 기반으로 국방비를 적절히 늘려 국방과학기술의 발전에 노력하고, 새로운 병기·장비의 연구개발을 중점적으로 강화하고, 군대의 무기와 장비를 근대화 수준까지 향상시켜야 한다』라면서 국방비의 증액과 병기·장비의 근대화를 추진해야 하는 당위성을 주장했다.

1990년 이후 국방비 지출은 매년 두 자릿수의 상승을 기록하여 1994년 집행액은 전년 대비 30% 가까이 증액되었다. 이는 1994년의 인플레이션 21. 7%를 감안해도 대단한 신장이다. 1995년 예산에서는 신장률이 낮아졌음에도 불구하고, 1994년 30억 위안의 예산초과를 기록했던 사실을 감안한다면 1995년 집행액은 불과 5년 전인 1991년에 비해 두 배 가까이 늘어난 것이다.

국방비 지출의 증가와 군의 근대화라는 관계에서 볼 때 두 가지의 가능성을 지적할 수 있다. 첫째, 중국의 국방비 지출 규모가 매년 대폭적으로 증가했음에도 불구하고 공표된 국방비를 달러로 환산해 일본의 방위비와 비교하면 7분의 1 이하(1994년도 예산 대비로 중국은 64. 6억 달러이고 일본은 450억 달러)로 매우 적은 금액이고, 국민 1인당 국방비 지출 부담액도 연간 겨우 5. 38달러

(1994년도 일본은 362. 9달러)다. 근대장비로 무장한 강력한 군을 건설하고자 해도 재정적으로나 기술적으로 많은 시간이 필요하다고 할 수 있다. 둘째, 사회주의라는 중국의 체제를 전제로 할 경우, 만일 국방비 지출이 공표된 액수보다 훨씬 거액이라면 중점·강화시키는 방식에 따라 특정한 합성집단군·해군부대 등을 단기적으로 강화하는 것은 가능하다는 점이다. 서방측에서는 비싼 장비도 중국은 국내 생산이 가능할 경우 병기조달 시스템(통제가격)에 따라 상당히 낮은 가격으로 구입할 수 있기 때문이다. 미국의 랜드 연구소(Research And Development Corporation)에 의하면 구매력 평가를 기준으로 중국의 군 장비조달을 평가했을 때 중국의 국방비 지출은 공표한 것보다 거의 20배를 상회하고 있다는 것이다. 이는 극단적인 예일지 모르지만 대체적으로 보아 적어도 공표된 금액의 2~4배에 달할 것으로 예측되고 있다.

객관적으로 보면 첫번째 가능성이 설득력이 있다. 그러나 최근의 경제발전으로 인해 자금 여유가 생길 가능성을 고려하고, 러시아와 같이 낮은 가격으로 최신장비를 공급하는 나라가 출현하고 있다는 것을 고려하면 두번째 시각도 상당한 근거가 있다. 게다가 고도경제성장과 군비확장이라는 두 마리의 토끼를 추구하는 현재의 「부국강병」 정책이 앞으로도 계속 유지된다면, 그래서 남지나해에서와 같이 주로 해군력을 배경으로 주변 나라에 압력을 가하는 전력을 더욱 강화한다면, 앞으로 중국의 군사동향에 대한 주변국의 관심과 우려는 더욱 증폭될 것이다.

군의 통제에 고심하는 쟝 쩌민 정권

그래서 덩 샤오핑 시대의 군사개혁을 거쳐 덩 샤오핑의 사후시대를 맞이하는 시점에서 군의 동향이 주목받고 있다. 군의 기반이 약한 쟝 쩌민으로서는 힘으로 군을 복종시키는 것은 반발을 초래할 수도 있는 위험한 선택이므로 정권의 지지력을 얻기 위해서는 군에 대한 배려를 하지 않을 수 없다.

군에 대한 배려는 우선 예산 면에서부터 시작된다. 낙후된 장비나 낮은 임금 등 오랫동안 쌓여온 군의 불만을 해결해줌으로써 정치지도부에 대한 충성을 확보하자는 것이다. 중국 당국에 의하면 1989년 이래 두 자릿수의 상승을 나타내고 있는 국방비의 상당부분이 인플레이션으로 어려움을 겪고 있는 해방군 병사의 처우개선에 사용되고 있다는 것이다. 어느 정도 인정하지 않으면 안 되는 부분이다.

군사 장비부문은 국가재정에서 지출항목으로 설정되어 있는 국방비만으로는 설명할 수 없는 부분이지만, 러시아에서 스호이27 전투기 26대와 키로급 잠수함 4척을 구입(최종적으로는 22척을 도입할 예정이라고 함)하는 등 해·공군을 중심으로 장비의 근대화가 진척되고 있다.

다른 하나는 인사면에서의 처우다. 쟝 쩌민이 중앙군사위 주석으로 취임한 후 군 계급의 최고위인 상장(上將)에 1993년 6월 6명, 1994년 6월 19명을 승진시켰다. 군 지도부가 정년에 이르렀다는 측면도 있지만 이러한 승진인사가 어느 정도 그에 대한 지지강화 효과를 기대한 것이라는 측면도 부정할 수 없다. 1988년 계급제도가 부활하여 지금까지 모두 42명이 상장에 임명되었는데, 이 중 과반수를 넘는 25명이 쟝 쩌민에 의해 임명됐다.

이와 같이 쟝 쩌민은 군에 대한 기반을 확보하고자 노력하고 있다. 덩 샤오핑이라는 든든한 배경이 사라질 것에 대비, 군의 지지를 얻기 위해 인사권과 예산배분을 통해 신임을 확보하려는 경향이 점점 강화될 것으로 예상된다. 이는 결과적으로 당과 정부의 군에 대한 제어력 저하와 군의 정치적 발언력 증대를 초래할지도 모른다. 쟝 쩌민 지도부는 이러한 상황이 현저해지는 것을 억제하기 위해 1992 년 11월 당 제14회 전국대표대회(14전대회) 이후 당(국가)중앙군사위원회 이하 3총부(三總部 : 총참모부, 총정치부, 총후근부), 대군구 등의 지도부를 중심으로 대폭적인 인사이동을 단행했다. 쟝 쩌민에게는 인사권이야말로 현 시점에서 군을 제어할 수 있는 가장 유력한 수단이다.

이러한 상황을 근거로 다음에서는 해방군의 동향에 관한 장래의 시나리오를 제시하면서 앞으로의 변화가능성을 분석하고자 한다.

단기 시나리오—군벌화냐, 군의 정치적 중립이냐

포스트 덩 샤오핑 시대의 해방군 동향을 예측할 경우, 단기적으로는 두 가지의 가능성을 지적할 수 있다. 하나는 덩 샤오핑 사후 지방에 대한 중앙의 통제력이 약해지는 상황을 틈타 지방경제와 대군구가 유착하여 「군벌」화가 진행될 것이라는 시나리오다. 다른 하나는 군의 정규화를 진행하는 과정에서 지도자의 세대교체와 전문화가 진행되고 군인의 전문직업 의식이 정착하여 군이 중앙정권 내부의 권력투쟁에서 손을 떼는 「정치적 중립을 지키는 군」이 된다는 시나리오다.

이 두 가지 시나리오는 원래 한쪽의 가능성이 다른 한쪽의 가능성을 부정하는 양자택일적인 성질을 갖는 것은 아니다. 예를 들어, 남부 연해지역의 광주군구에서는 「군벌화」가 진행되고 중앙에서는 북경군구를 중심으로 군이 정치적 중립을 지키는 사태가 발생할 가능성도 있다. 그러나 어느 쪽이든 군이 독자적인 이익의 옹호·확대를 제1의 목표로 할 것이라는 점에는 이견이 없을 것이다.

우선「군벌」화의 시나리오에 대해 검토해보고자 한다. 해방군의 특색 가운데 하나는 스스로 생산활동에 종사한다는 전통이 있다. 막대한 병력의 해방군은 중앙에서 지급되는 예산만으로는 병력을 부양할 수 없기 때문에 부대 내부에서 식료품 등을 자급자족해야 할 필요가 있다. 이러한 전통이「개혁·개방」에 따라 군의 경제활동을 확대시키게 되었다.

『군은 경제건설에 협력해야 한다』라는 중앙정부의 방침에 따라 군수생산에서 민용품 생산으로 전환함과 동시에, 이익추구를 용인하는 사회적 풍조에 편승해 적극적으로 사업을 전개하기 시작했다. 사우디아라비아에 대한 중거리 탄도미사일 공급 등으로 대표되는 병기수출에서부터 외국 인공위성의 발사위탁, 가전제품의 제조를 비롯, 호텔 경영·운송업·관광객을 상대로 한 사격장 운영 등 군 중앙과 대군구에서 지방의 부대규모에 이르기까지 여러 종류의 회사를 운영하여 군자금을 마련해왔다.

군의 경제활동 확대는 군 본래의 임무를 감안해볼 때 바람직한 방향은 아니다. 그래서 군 중앙이나 정부는 최근 몇 년 간 지방부대 수준에서의 경제활동을 규제하고자 했다. 그러나 군으로서는 기득권을 그리 간단하게 포기할 수 없었다. 이 시나리오는 이러한 군의 경제활동과 이미 1980년대 후반부터 지적되어온 중앙에 저항하는「제후경제」와의 결합을 가정하고 있다.「개혁·개방」의 진전은 지방의 자주권 확대를 의미한다. 경제개혁의 일환으로 지방은 경제계획, 기본건설에의 투자, 자금도입과 기업유치를 위한 외자도입 교섭·승인권을 확보했다. 그 결과 중앙의 통제에 따르지 않는 지방경제, 즉「제후경제」를 형성해 왔다.

　원래 군은 지방색이 농후한 전통을 갖고 있는 존재였다. 중국의 역대 왕조는 결코 엄격한 중앙집권제를 실시하지 않았으며, 지방호족이 중앙에서 파견한 관리에 협력하는 체제였다. 1911년 신해혁명으로 왕조 지배 시대가 끝났다고는 하지만, 그 이후에 나타난 것이 1920~30년대의 군벌할거였다. 이는 지방판 독립왕국화를 의미한다. 1928년 노농홍군(勞農紅軍)으로 설립된 이래 해방군은 지배자의 출신지나 인맥에 따라 각기 독립한 조직으로서 활동해왔다. 이러한 근대 중국의 「군벌」 동향은 1949년 건국 후에도 계속되었다. 군의 지도자는 이렇게 하여 용이하게 지방을 「독립왕국」화할 수 있었다. 따라서 중국의 정치지도자는 이러한 사태의 출현을 염려하여 대군구의 사령원(司令員)을 빈번히 이동시키는 등 그 예방에 노력해왔다. 그러나 군구 수준에서 지도자가 교체되어도 그 밑의 병사들은 대부분 이동하지 않고 남아 있게 마련이다.

　이들이 군의 경제활동을 담당하고, 군과 지방경제와의 결합을 통해 「군벌」화를 추진함으로써 중앙의 통제로부터 벗어나는 사태가 벌어질 가능성은 부정할 수 없다.

　또한 「개혁·개방」의 진전과 냉전체제의 붕괴에 따른 국제환경 변화로, 예를 들어 일곱 개의 대군구 가운데 광주(廣州)군구는 홍콩과 베트남, 남경(南京)군구는 대만, 성도(成都)군구는 미얀마와 라오스·베트남, 제남(濟南)군구는 한국, 심양(瀋陽)군구는 러시아와 북한, 난주(蘭州)군구는 구소련인 카자흐스탄·키르기스·투르크메니스탄 및 파키스탄 등 각각의 외부 채널을 확보하여, 국경무역을 통해 권익을 확보할 수 있는 위치에 있다. 중앙에 위치해 있는 북경군구조차도 러시아와 몽골과의 채널을 갖고 있다. 이와 같은 외부와의 경제적 연결이 중앙의 통제력 강화라는

방향에 역행하는「원심력」으로 작용할 가능성을 부정할 수만은
없다.

　다음으로 다른 하나의 시나리오는「정치적으로 중립인 군」이다.
그렇지만 해방군은 지금까지 군에서의 공적에 따라 그 사람이 평
가받는 사회였다. 그리고 군의 인사에서도 건국 전후 야전군 시대
의 인맥이 영향을 미쳐왔다. 과거 후 야오방이『군대에는 옛날부
터 연공서열을 중시하는 관습이 있어 덩 샤오핑 동지의 말 한 마
디면 가능하지만, 우리는 다섯 마디 이상이 필요하다』라고 한탄
했듯이 군에 대한 공적이 없는 정치지도자에게는 군이란 제어하기
어려운 조직이었다.

　덩 샤오핑은 제2야전군의 정치위원을 역임하는 등 군에서의 공
적이 원수급이었기 때문에 그 영향력이 절대적이었고, 이를 바탕
으로 몇번의 실각에도 불구하고 복권이 가능했다. 그러나 덩 샤오
핑 사후 군에 대한 영향력이라는 점에서 볼 때 현역 당 지도부나
군 지도부 내에는 덩 샤오핑에 필적할 만한 인물이 없다. 장로인
양 상쿤의 역할이 주목받고 있는데, 두말할 여지도 없이 포스트
덩 샤오핑 시대에 개인적으로 군에 대한 영향력 측면에서 그를 따
라갈 인물은 없을 것이다. 양 상쿤은 오랜 군 경력을 갖고 있으며
1980년대에 들어서부터 덩 샤오핑 밑에서 중앙군사위원회의 군무
를 담당한 인물로, 군 내의 영향력 면에서도 덩 샤오핑에 버금 가
는 인물이라 할 수 있다. 하지만 이미 88세의 고령이고, 가령 자
신이 방패막이가 되어 제14회 당대회에서 군무에서 배제된 그의
이복동생 양 바이빙(전 해방군 총정치부 주임)을 추천한다 하더
라도, 더 이상 군을 한 손에 거머쥘 만큼의 영향력은 없으리라고
생각한다.

　즉 해방군은 앞으로 탁월한 지도자가 없는 조직이 될 것이다.

군의 정규화 과정에서 군인의 세대교체 및 지식화·전문화가 제창되고, 이러한 맥락에서 해방군의 군사학원과 정치학원·후근학원(後勤學院)을 통합한 국방대학이 1985년에 설립되었다. 이렇듯 군인에 대한 전문교육이 진전되면서, 국방대학에서 교육·훈련을 받은 젊은 군인들이 높은 지위에 오르게 되었다. 계급제도의 도입과 함께 원칙적으로 군의 최고간부일지라도 65세가 되면 정년을 맞아 퇴진하게 되었고, 대군구에서도 간부의 평균연령은 50대다.

이제 군은 군 경력에 따라 사람을 평가해주는 사회가 아니라, 전문교육이나 훈련의 이수 여부·근무 성과 정도에 따라 승진이 결정되는 조직으로 변모하고 있다. 또한 과거와 같이 군과 당이 분화되지 않아 군의 의향이 정치동향에 직접적으로 영향을 끼치는 시대는 지났다고 볼 수 있다. 그래서 앞으로는 군의 직업화와 아노미화가 진행되어 중앙의 정치투쟁과 일정한 거리를 두는 중립적인 존재가 될 것으로 예상된다.

이는 어떤 의미에서는 건전한 방향으로의 변화다. 군에 대한 정치의 우위, 다시 말해 서양에서 말하는 문민통치(civilian control)는 지금까지 중국에서는 「당이 군을 지도하는」 형태로 실시되어 왔다고 할 수 있다. 그러나 군과 당의 관계가 미분화(현재도 당 중앙위원의 20% 이상이 군인)된 상태였기 때문에 엄밀한 의미에서의 문민통치는 아니었다고 할 수 있다. 그러나 군인의 직업화에 따라 군에서 자발적으로 중립화를 추구할 가능성이 기대되는 상황이 벌어지고 있는 것이다.

지금까지 해방군의 앞날에 대한 두 가지 시나리오를 검토했는데, 양자에 대해서 확신할 수 있는 것은 근본적으로 군의 이익을 최대화하는 방향으로 움직이리라는 전망이다. 전자의 경우 군벌화에 대해서는 많은 말이 필요 없다. 이는 군의 권익을 지방 수준에서 독자적으로 지키려는 움직임이기 때문이다. 후자의 경우 약간의 설명이 필요하다. 「정치적으로 중립인 군」이 된다고 할지라도 정치지도자는 군의 지지를 필요로 한다. 즉 이 말은 군이 특정의 정치적 이익실현에 관여하는 것이 아니라, 정치적으로는 중립을 유지하면서 이익집단으로서 군의 요구를 최대한 실현시켜줄 지도자를 선택하게 된다는 뜻이다. 즉 군이 강력한 압력단체로 등장하리라는 가정을 예측할 수 있다.

이런 의미에서 덩 샤오핑 사후 군이 중국 정치의 캐스팅 보트를 행사할 상황이 벌어질 것이라는 가능성을 부정할 수 없다. 게다가 앞으로 군은 자발적으로 당에 충성하는 집단으로서의 색채가 엷어질 것이다.

두 가지 시나리오의 실현 가능성에 대해 살펴보면, 덩 샤오핑 이후의 시대에서도 중앙정부의 군에 대한 통제가 급속히 상실되지 않는다면 「군벌화」 시나리오의 개연성은 낮다고 볼 수 있다. 「정치적으로 중립인 군」의 시나리오는 덩 샤오핑이 베푼 정규화 노선의 귀결이라 할 수 있으며, 이 노선이 앞으로도 유지될 수 있다면 실현 가능성이 높다고 볼 수 있다.

장기 시나리오 — 군사패권이냐, 지역 안보협력이냐

중국이 분열되지 않는다면 해방군은 좀더 단결된 국방군으로서의 성격이 강해지고, 정치로부터 중립적인 입장을 취하게 될 것이다. 이러한 관점에서 장기 시나리오를 상정할 경우 앞으로 중국이 대외적으로 군사력을 어떻게 이용할 것인가 하는 문제에 맞닥뜨리게 된다.

우선 현재의 중국이 겨냥하는 국가건설의 방향은 「대포도! 버

터도!」라는 부국강병 정책이라 해도 과언이 아니다. 중국은 장기적으로 경제대국과 동시에 군사대국이 되는 것을 지향하고 있다. 문제는 어떠한 군사대국이 되느냐다. 중국은 1974년 남베트남으로부터 사사제도(四沙諸島)를 얻은 이후, 1988년에는 베트남과의 해전을 불사하며 남사제도에 대한 실질적 지배를 개시하는 등 남지나 해를 중심으로 해양권익을 중시하고 있으며, 해군과 공군의 군사력 강화에도 중점을 두고 있다. 1992년 2월에는 일본이 영유하고 있는 동지나 해의 첨각제도(尖閣諸島)와 남사제도 등 남지나 해의 모든 도서를 영유권으로 명기한 영해법을 공포했다.

중국은 남사제도의 주권을 둘러싼 문제는 유보해둔 채 분쟁관계에 있는 국가를 상대로 공동개발을 주장하고 있다. 그리고 분쟁은 두 나라 간의 교섭으로 해결해야 한다면서 국제문제화하는 것을 강하게 거부하고 있다. 이러한 중국의 자세는, 특히 남사제도에 진출한 시기가 냉전 종식에 따른 미국과 소련의 군사적 영향력(presence)이 감소되는 상황에서 이루어진 것이기 때문에, 주변국가들르부터 중국이 지역패권을 획책하고 있다는 인식이 확산되어 「중국위협론」을 불러일으키게 되었다. 즉 중국이 동아시아에서 군사퍼권을 주창하고 있다는 인식을 심화시킨 것이다.

말할 것도 없이 중국은 현재도 군사대국이며 정치대국이다. 아시아에서 핵병기를 보유하고 있으며, 대륙간 탄도유도탄(ICBM)이나 잠수함발사 탄도유도탄(SLBM)이라는 전략병기를 전력화하고 있는 유일한 나라다. 또한 300만 명이라는 병력과 1,080척 95만 t의 해상전력, 6,160기의 공군전력 등 막강한 규모의 군사력을 보유하고 있어, 종합적인 전력에서 볼 때 미국이나 러시아 다음이라는 것은 의심할 여지가 없다. 단지 현재 핵 전력의 규모가 미국이나 러시아 등 핵대국과 비교해볼 때 압도적으로 작고 구식이며,

대부분의 잠수함도 소형에 노후화 되었고, 공군의 주력도 2, 3세대 전의 전투기로 세계 주요 나라의 군비와 비교하면 상당히 낙후된 감이 없지 않다.

그러나 이러한 중국의 군사력도 약소국들로 이루어진 동남아시아 지역에서는 커다란 위협이 되고 있다. 특히 1992년 가을 필리핀의 수빅 해군기지에서의 철수로 동남아시아에서 군사거점을 잃은 미국은 1990년 이후 진행되어온 전방병력의 재검토에 따라 13만 5,000명을 10만 명으로 축소시켰다. 이러한 미국의 군사적 영향력의 「퇴조」가 「중국위협론」에 박차를 가하게 되었다는 것은 부정할 수 없는 사실이다. 포스트 냉전시대의 동남아시아에서 발생한 「힘의 진공」을 중국이 잠식하고 있다는 인식이 이러한 군사패권국가-중국이라는 시나리오를 만들어내게 된 것이다. 중국 경제의 고도성장이 이러한 방향으로 나아가도록 자신감을 준 측면도 있다. 한편 냉전 후 유일한 초강국으로 자리잡은 미국이 자국의 가치관, 즉 정치민주화의 촉진과 인권옹호의 추진 및 자유무역의 확대를 외교목표로 하고 있다. 이러한 미국의 정책이 중국의 눈에는 초강국의 패권주의 또는 「평화연변」에 대한 위협으로 비쳐져 이에 대한 경계감이 작용해 지역패권을 노리는 행동의 동기가 되었는지도 모른다.

이러한 과정에서 중국은 지역협력에도 깊이 관여하고 있다. 1986년 11월 중국은 태평양경제협력회의(PECC)에 가입하여 아시아·태평양의 국제협력에 참여했고, 1991년 11월에는 아시아·태평양경제협력회의(APEC)에도 가입했다. 1991년부터는 ASEAN 확대외무장관회의에 주최국의 초대(guess)국 입장으로 참가했고, 1994년 7월에 발족한 ASEAN 지역포럼(ARF)에도 정식회원으로 참가하고 있다. 이러한 중국의 자세는 명백히 경제국익을 우선하고 국제협력의 규칙에 따라 행동하겠다는 것이다.

1994년 11월 인도네시아에서 개최된 APEC 제2회 비공식 정상회담 출석에 앞서 말레이시아를 방문한 쟝 쩌민 국가주석은 강연에서 다음과 같이 말했다.

『주변국과의 선린외교협력을 강화하는 것은 중국 외교정책의 중요한 측면이다. 중국은 번영, 안정, 급성장하는 동남아시아를 희망하고 있다. 또한 안정적 급성장을 도모하는 중국은, 동남아시아 국가들의 인민이익에 합치한다. 우리는 동남아시아의 모든 나라와 정상적인 관계를 확립하고 회복하고 있다. 국가간에 빈번하고 밀접한 왕래가 이루어지면 상호이해와 신뢰는 점점 깊어지고 우정이 증진되어 쌍방의 경제교류와 협력도 급속히 발전한다. 중요한 점은 경제분야에서 쌍방 간 상호협력의 잠재력과 장래성이 점점 더 사람들에게 인식될 것이라는 사실이다.』

이미 말했듯이 중국은 1982년 이후 「독립자주의 평화외교」를 표방해 왔으며, 1988년에는 중·소 화해와 냉전 해소를 계기로 「전방위 외교」로 발전시켜왔다. 중국이 주장하는 것은 국제협조주의다. 동아시아에서 상호협력을 통한 경제발전의 연쇄구조에 참여하는 것이 1980년대 후반 이후 중국의 발전전략이며, 외자도입과 대외무역을 통한 경제성장을 추구해온 것이다. 이러한 전략을 유지해나가기 위해서는 평화로운 국제환경하에서 「공존공영」이라는 체제를 발전시켜나가야 한다.

이러한 자세는 군사패권을 노리는 중국과는 명백하게 모순된 이미지를 보여준다. 그러나 현실의 중국은 이 양면을 병행하고 있다. 현재 중국은 남사제도 문제 등에 대해서는 중국이 우위에 서는 「양국 간 교섭에 의한 문제해결」을 고집하는 대국의 논리를 반복함으로써, 패권추구적 태도를 포기하지 않는다는 것을 보여주고 있다. 그러나 국제협력을 강조할 필요가 있을 경우에는「중국위협론」을 부정하는 데 노력하고 있다. 패권과 협조라는 모순된 외교자세는 필요에 따라 분리하고 상황이 바뀔 때는 국익추구라는 논리로 표리일체가 되는 것이다.

이러한 의미에서 중국은 현재 패권과 협조라는 갈림길에 있다고 볼 수 있다. 장기 시나리오에서 해방군의 위치를 결정한다면 패권추구 수단으로서의 군사력이 될 것인가, 또는 동아시아의 평화와 안정에 기여하기 위한 수단으로서의 군사력이 될 것인가 하는 점이다. 남사제도에서 서서히 실질적인 지배영역을 넓히려는 중국의 현 상황을 놓고 볼 때 군사패권을 확립하는 수단으로 군사력을 이용할 것이라는 우려를 불식할 수 없다. 그러나 앞으로 중국 식으로 중국의 성장과 번영이 동아시아 지역의 안정과 번영에 달려 있다는 자각을 하게 된다면 지역안보 확보라는 방향으로 군사력을 이용할 가능성도 있다.

문제는 이러한 중국을 국제평화와 번영에 협력하고 책임을 지는 역할을 수행하도록 하는 점이다. 그러나 중국의 군은 조직을 스스로의 역할 확대로 이익을 추구하고 있고, 이를 위해서 강대화를 추구하는「조직의 논리」로 움직이고 있다. 구체적으로 말하자면 지역에서의 군사패권을 위해 행동하고 있는 것이다. 정부에 의한 군의 통제가 약화되면 중국에서 이러한 경향은 심화될 것이고, 군이 외교를 종속시키는 상황이 발생할 것이다. 덩 샤오핑 사후 군에 대한 중국 지도부의 영향력이 약해지면 이런 가능성은 더욱 높아질 것이다.

그러나 중국은 이미 국제경제의 네트워크에 완전히 진출해 있고, 대외적인 평가도 민감하게 받아들이고 있다. 세계로부터 고립된 시대의 「유아독존」적 중국은 이미 과거 얘기라고 단정할 수는 없지만, 자국의 발전에 유리한 국제환경을 조성하는 데 무턱대고 「힘의 논리」를 반복해서는 안 될 것이다. 또한 자기 스스로 군의 활동을 묵인하는 위험한 발상도 버려야 할 것이다. 동시에 주변 국가들도 ARF가 지역안보를 확보하기 위해 중국의 참가를 유도했듯이, 동아시아국가들도 연대를 통해 중국이 지역안보 담당이라는 중국의 역할에 대해 자각하도록 독려해야 할 것이다.

제 5 장
●
협조외교와 패권외교의 갈림길

덩 샤오핑이 이끈 경제우선 외교

1970년대 말 이후 덩 샤오핑은 중국 외교의 중요방침을 결정하는 데 지도적인 역할을 해왔다. 이러한 사실을 염두에 둔다면 덩 샤오핑 이후의 중국 외교를 전망하기 위해서는 적어도 다음과 같은 두 가지 질문에 대한 대답을 먼저 생각해보아야 한다.

첫째, 덩 샤오핑이 지도한 외교란 어떤 것이었는가? 당연한 것이지만 그 특징과 원칙을 명확히 하지 않고는 앞으로의 정책 진행상황이나 변화를 논할 수 없다.

둘째, 중국 외교정책의 결정을 둘러싸고 어떤 의견이 있으며 어떤 세력이 존재하는가? 그래서 그들 사이를 조정하는 과정에서 덩 샤오핑은 어떤 역할을 해왔는가 하는 질문이다. 이 질문에 답

---

* 필자는 다까하라 아끼오(高原明生)이며 현재 立敎大學 법학부 교수로 재직하고 있다.

할 수 있으면 정치무대에서 사라지는 덩 샤오핑이 중국 외교에 미치는 의미를 더욱 정확히 이해할 수 있을 것이다.

그 이전의 시대, 즉 마오 쩌둥이 정치·외교를 이끈 시대와 비교해보면, 덩 샤오핑이 주도한 외교는 한 마디로 경제우선의 전방위 유화외교(全方位宥和外交)라고 할 수 있다. 마오 쩌둥 사후 잔존하는 마오 쩌둥주의자와의 정쟁에서 승리하면서 덩 샤오핑이 도입한 공산당의 기본노선은 계급투쟁보다는 경제건설, 즉 정치보다 경제를 중심으로 하는 것이었다. 당연한 결과지만 외교도 경제건설에 봉사하는 것이 제1의 목표였고 무엇보다도 평화로운 국제환경을 확보하는 것이 그 주요과제였다. 그래서 문화대혁명 당시의 혁명을 수출하는 외교도 아니고, 소련의 패권주의에 대항하기 위한 국제적인 통일전선의 형성을 최우선과제로 하는 반패권외교도 아닌, 모든 나라와의 선린우호와 호혜적인 경제교류의 진전을 도모하는 전방위 유화외교를 기조로 한 것이었다.

그러나 1989년 천안문 사건의 발발과 소련의 추락 및 붕괴 이후 중국의 지도자 사이에서는 유일한 초강국이 된 미국의 패권주의에 대한 강한 경계심이 환기되었다. 또한 과거 덜레스가 주창한「평화연변」을 미국이 기도해왔다는 주장이 높아졌다. 그래서 서방측의 제재조치에 직면한 중국은 고립을 탈피하기 위해서도 아시아 중시외교를 전개할 필요성을 느끼게 되었다. 이 과정에서 미국의 패권주의에 대항하기 위해 민족주의를 지탱해온 정치 중시의 강경외교를 주장하는 목소리가 다시 나오게 된 것이다.

외교는 내정의 연장이므로 중국 내의 논쟁과 전망에 대한 분석이 무엇보다도 필요하겠지만, 이상에서 알 수 있듯이 앞으로의 중국 외교에 커다란 영향을 주는 국제적인 요인으로는 미국의 대 중국 정책을 들 수 있다. 다음에서는 미국과의 관계를 하나의 축으로 하면서 지금까지 덩 샤오핑이 지도해온 중국 외교의 궤적을 살펴보고, 여기에 작용하는 정치역학을 밝히면서 덩 샤오핑 이후의 외교향방에 대해 전망해보고자 한다.

미·소에 의존하지 않는 독립자주 외교

건국 이후 중국 외교에 커다란 전환이 찾아온 것은 1982년 제12회 당대회에서의「독립자주외교」노선이라는 후 야오방의 보고서가 제시되었을 때다.

독립자주라는 의미는 당시 두 개의 초강국인 미국과 소련의 어느 쪽에도 속하지 않는다는 것이다. 사실 이 방침은 결코 새로운 것이 아니었다. 당시 중국의 국제정치 인식은「세 개의 세계론」에도 나타나 있듯이, 이는 세계 전체의 패권을 노리는 미국과 소련을 제1세계, 이에 부속하는 선진공업국을 제2세계; 그리고 억압과 싸우는 발전도상국을 제3세계로 규정하고, 중국 스스로를 제3세계의 일원으로 자처하는 것이었다.

현실적으로 당시의 중국은 두 개의 초강국 가운데 소련의 위협을 더 중시했고, 이에 대항하기 위해 미국과 손 잡는 정책을 취했다. 중국 측은 1969년 3월 중·소 국경에서 무력충돌이 발생한 후 소련이 중국을 침략하려는 의도와 군사적 준비를 갖추었다고 판단하고, 이를 저지하기 위해서는 미국과 가까이할 필요가 있다는 인식에 도달했다. 1971년 한창 문화대혁명이 진행 중일 때 극적으로 이루어진 미국의 키신저 국무장관의 극비 중국 방문과 그 다음해 닉슨이 중국을 방문한 이래, 중국은 소련을「주요 적국」으로 삼고 미국과 실질적인 통일전선을 펴온 것이다.

그러나 1970년대 말 발동된 경제발전 중시노선이 궤도에 오르면서 반패권 국제통일전선의 유지라는 정책에 부조리가 발생하게 되었다.

첫째, 소련과의 적대관계를 계속하는 것은 손해였다. 경제발전을 위해서는 오랫동안 국경선을 접해온 인접국과의 우호관계를 증진시키지 않을 수 없었다. 또 안전보장 차원에서도 전쟁발발 위험이 적다면 소련을 적대시하는 것보다는 경계를 늦추지 않으면서 긴장완화를 추진하는 것이 유리하다는 결론에 이르게 되었다. 그리고 소련에서도 1982년 3월 브레즈네프 서기장이 대 중국 관계개선을 주장하고 나섰다.

둘째, 미국과의 의사적(疑似的) 동맹관계를 계속하는 것은 부정적인 측면도 갖고 있었다. 우선 반공·친대만을 주장한 레이건 대통령의 취임으로 미국과의 관계가 부자연스러워졌다. 또한 중국의 미국 일변도적인 외교자세는 일부 제3세계 국가들의 반발을 초래하게 되었다. 제3세계에서는 중·미·소의 원조경쟁이 계속 확대되었지만, 제3세계의 지지를 얻기 위해서도 중국은 미·소와의 거리를 조정할 필요가 있었던 것이다.

여기에서 주의해야 할 점은 중·미·소의 「대삼각(大三角)관계」 중 일각을 자처하며 초강국과의 관계를 중시한 것에서 볼 수 있는 중국 외교의 특징이다. 특히 독립자주 외교를 표방하기 전까지는 중국의 존재와 발전을 직접 위협하는 주요 적국의 존재를 인정하고, 그 주요 적국을 고립시키기 위한 통일전선을 구축한다는 마오 쩌둥의 「모순론」에 의거하는 외교전략을 취해왔다. 이 주요 적국이란 1950~60년대에는 한국전쟁에서 상대한 미국이었고, 1970년대에는 소련이었다. 독립자주 외교의 개시는 이 주요 적국의 인식과 그에 대한 저항이라는 전략을 변경하는 것인데 이러한 의미에서 획기적인 것이었다. 이러한 전환의 기초가 된 것은 전쟁

불가피론의 수정이었다.

그러나 유의해야 할 것은 주요 적국을 인정할 필요가 없어지고, 외교가 정치·군사적인 목표를 제일로 내세우지 않게 되었다고는 하더라도 국제정치의 본질에 대한 중국의 이해에 변화가 있었던 것은 아니라는 점이다. 즉 중국측은 국제정치란 패권을 추구하는 대국 간의 힘 겨루기이고, 외교란 그러한 와중에서 생존과 발전을 성취하는 투쟁에 지나지 않는다는 인식을 해왔다. 이러한 투쟁의 와중에서 제국주의에 유린당한 과거를 갖고 있는 중국이 특별히 중시하는 문제는 주권의 확립과 보전이다. 여기에서 인권과 대만·티베트·홍콩·남사제도 등 주권에 관계된다고 판단하는 문제를 놓고 벌어지는 외국의 움직임에 대해 중국측의 민감한 반응이 나타나게 되는 것이다.

대외 개방정책의 전개

덩 샤오핑 지도하에서 중국 외교의 중요한 핵심은 최우선과제인 경제건설을 수행하기 위해 유화적인 대외관계의 구축을 기조로 평화로운 국제환경의 확보를 목적으로 하는 것이다. 마오 쩌둥 이래 계급투쟁은 물론 국방건설보다도 경제건설이라는 과제를 우선시킨다는 합의가 있었다. 즉 덩 샤오핑 발상의 근본에는, 중국이 가난한 개발도상국이므로 군비에 국력을 쏟아부어서는 안 된다는 인식이 뒷받침되어 있었던 것이다.

또한 경제발전 전략을 놓고 볼 때 덩 샤오핑과 마오 쩌둥의 커다란 차이점은 마오 쩌둥이 혁명적인 정열을 근원으로 하는 대중의 기술력을 과신한 반면에, 덩 샤오핑은 외국의 앞선 기술도입의 중요성을 인식했다는 것이다. 『과학기술이 이렇게 뒤처져서는 안 된다. …선진국가와 비교하여 우리의 과학기술과 교육은 정확히 20년이 낙후되어 있다.』덩 샤오핑의 이러한 과학기술 후진성의 인식이야말로 대외 개방정책의 전개와 직접적으로 결부되어 있는 것이다. 이를 타개하기 위해서는 교육에 힘을 쏟아 지식인을 우대하여 과학기술자를 육성하는 한편, 외국의 선진적 설비기술을 도입하는 것이 불가결하다고 덩 샤오핑은 생각했다.

『적더라도 많은 것을 수출하고 선진적이고 정밀한 첨단기술과 설비를 도입하여 공업기술의 개조를 가속화하고 노동생산성을 높이지 않으면 안 된다.』이러한 덩 샤오핑의 발언에 극단적으로 나타나 있듯이 대외개방정책은 관리의 노하우를 포함한 선진적인 기술이나 설비의 도입과 이를 위한 외화획득을 출발점으로 한 것이다.

개방정책의 전개는 마오 쩌둥이 주창해온 전쟁불가피론의 수정과 연계된다. 1960년대 초기에는 제국주의에 의한 세계대전이 불가피하다는 인식하에 전쟁에 대비하기 위해 내륙의 제3선에 공업기지를 건설했다. 방어상의 취약성 때문에 연해지역에 있던 공장의 일부를 내륙으로 이전하는 경우도 있었다. 그러나 산업상 적정한 입지조건을 무시하고 건설된 제3선의 공장 대부분은 그 후 시장경제화가 진행되면서 경영부진에 빠지게 되었다. 경제의 대외개방은 당연히 통상에 유리한 연해지역을 중심으로 하고 있으며, 제3선 건설과는 전혀 반대의 발상을 가지고 실행된 정책이었다. 말하자면 덩 샤오핑을 위시한 중국 대다수의 지도자들은 평화로운 국제환경을 확보하는 것이 실제로 가능하다는 점과 자본주의가 여전히 세계시장에서 우세하다는 현실을 인정한 것이다.

「재외화인」의 경제력 활용

중국이 경제우선 외교로 전환한 후 자본주의 사회의 기술이나 자본을 이용하는 데 적극적으로 활용한 것이 외국에 있는 화교(華僑)·화인(華人)이었다. 일반적으로 해외에서 중국 국적을 보유하고 있는 자를 「화교」, 현지의 국적을 취득한 자를 「화인」이라고 구별하고 있는데, 이들의 총수는 약 2억 8,000만 명으로 이 가운데 약 85%가 동남아시아에 거주하고 있다. 그 밖에도 홍콩과 마카오에 약 600만 명, 대만에 약 2,100만 명의 동포가 살고 있다. 이미 문화혁명 말기인 1976년께부터 홍콩이나 마카오의 기업을 상대로 광동성을 중심으로 한 위탁가공이나 보상무역이 시작되었는데, 이러한 사실은 화교·화인과 광동성과의 깊은 연계성을 말해주는 것이다.

1978년 말 제11기 당 중앙위원회 제3회 총회에서 경제건설을 중심으로 하는 기본노선이 수립되면서, 광동성은 홍콩과 마카오에 인접해 있다는 사실과 많은 화교·화인의 출신지임을 내세워, 무역과 외자도입에서 가장 적합한 지역이라고 주장하면서, 개혁·개방에 관한 자주권을 주어 이러한 사업의 우위성을 발휘할 수 있도록 해달라고 당 중앙에 요구했다. 당 중앙은 광동성의 지방주의에 대한 우려도 있었지만, 우위성을 인정하여 복건성과 함께 광동성에 특수정책을 실행하여 대외 경제활동에 대한 자주권을 부여함과 동시에 경제특구를 설립하도록 결정했다.

그러나 화인의 경제력 활용은 그들의 거주국과 지역, 그 가운데서도 특히 동남아시아 국가들과의 관계에 미묘한 문제를 발생시켰다.

첫째, 화인은 총인구에서 차지하는 비율은 적지만 각국 내의 경제에 막강한 영향력을 가지고 있는 집단이었다. 특히 인도네시아나 말레이시아의 화인들은 현지인과 융합에 소극적이고, 인도네시아에서는 총인구의 3%인 화교가 경제의 80%를, 말레이시아에서는 총인구의 35%인 화교가 경제의 60%를 지배하고 있다.

둘째, 화인은 독자적인 조직으로 행동하며, 독자적인 문화에 대한 긍지가 높아 현지의 문화를 경시하는 경향이 있다.

셋째, 대부분의 화인들이 중국과 관계를 맺고 있으며, 과거에도 여러 차례 중국에 대한 충성심을 분명히 밝혀온 역사를 갖고 있다. 특히 문화대혁명이 최고조에 달했을 때 중국은 화교·화인을 중국인으로 보고 현지화를 인정하지 않는 정책을 취하는 등 현지에서의 계급투쟁이나 마오 쩌둥 사상의 학습, 그리고 현지 정부의 타도를 장려하는 식의 정책을 실시했던 것이다.

이러한 과거와 결별하기 위한 중국의 노력은 1970년대 중반부터 시작되었다. 1974년에는 말레이시아와 1975년에는 태국 및 필리핀과 국교를 수립했는데, 당시 중국 정부는 화교·화인의 이중 국적을 부정하고 자유의사에 따라 중국 국적을 보유한 사람에 대해서도 현지의 법률을 준수하고 풍습을 존중할 것을 요망하는 취지를 명백히 했다. 그래서 개방정책이 시작된 직후인 1980년에는 처음으로 국적법을 제정하여 이중 국적의 금지를 명문화했다.

그러나 중국과 ASEAN과의 관계가 가까워진 계기는 무엇보다도 베트남을 공통의 적으로 인식한 것에서부터 시작되었다. 중국은 베트남 전쟁 종료 후 하노이 정권이 소련과 손잡는 것을 우려하고, 또 베트남 내의 화교배척에 반감을 표명했다. 1978년에는 대베트남 경제·기술 원조를 단절하고 같은 해 말에 베트남이 캄보디아를 공격하여 프놈펜에서 폴포트 정권을 추방하자 이를 징벌하기 위해 다음 해인 1979년 초 국경을 넘어 중·월전쟁을 일으켰다. 한편으로 ASEAN과의 동조체제도 항시 일관된 것은 아니었다. 이는 태국이나 싱가포르가 베트남을 안전보장상 위협적인 존재로 본 것에 반해, 인도네시아나 말레이시아는 장기적인 중국의 위협을 염려하는 입장을 취했기 때문이다. ASEAN 전체적으로는 태국의 대 베트남 강경자세에 동조하여 중국과 함께 폴포트 파를 포함한 민주 캄프차 3파연합정부를 지원하기에 이르렀다.

1988년 무역 총액은 10년 전의 3배

경제우선이라는 전방위 유화외교는 1989년 5월까지 대체적으로 순조롭게 전개되었다. 레이건 정권하에서도 군사·경제교류를 방해할 만한 커다란 사건은 발생하지 않았다.

1989년 2월 부시 대통령은 취임하자마자 처음으로 과거의 근무지인 중국을 방문했다. 또 소련은 고르바초프가 공산당 서기장에 취임한 후 중국측이 관계정상화의 세 가지 장애라고 거론한 중·소 국경에 대한 병력 집결, 캄보디아 문제 및 아프가니스탄 문제의 해결을 약속하고 나섰다. 결국 1989년 5월 고르바초프의 중국 방문이 실현되어 양국·양당의 관계가 정상화되었다. 또한 긴장이 계속되어온 인도와의 관계도 1988년 말 라지브 간디 총리의 중국 방문 이후 순조로운 방향으로 나아가게 되었다. 1989년 초의 중국 외교는 전대미문의 순조로운 항해였다.

양호한 대외관계를 기초로 대외 경제관계도 기대한 대로 발전해 중국의 경제성장에 크게 공헌했다.

무역 총액은 1978년의 381억 달러에서 10년 후인 1988년에는 1,028억 달러로 세 배 가까이 증가했고, 인민위안으로 환산한 국민총생산(GNP)에 대한 비율은 1978년의 9.9%에서 1988년에는 27.2%로 급상승했다. 게다가 외자도입을 촉진하기 위한 개방도시나 경제기술개발구, 그리고 연해경제개방구의 설정과 확대가 실시되어, 1988년 말에는 직접투자 유치실적이 누계로 121억 달러, 차관도입 실적은 누계로 330억 달러에 달했다.

단, 경제우선 정책과 전방위 유화외교의 성공적인 전개라는 이 시점에서 유의해야 할 점이 두 가지 있다.

첫째, 특히 서방과의 경제관계 심화를 결코 좋은 시각에서 보지 않는 세력이 국내에 존재한다는 사실이다. 그 세력은 개방으로 인한 상품과 자본, 그리고 「자본주의의 부식성 있는 영향」이 국민 경제사회의 자립적이고 건전한 발전을 위해한다고 우려하는 계획경제 중시론자들이다. 덩 샤오핑은 이에 대해 1984년 초 심천·주해·하문(廈門) 등 세 곳의 특구와 상해의 보산(寶山)제철소를 순회하는 제1차 남방순례를 실시하여, 당시 비판이 높았던 특구에 대한 지지를 명백히 함과 동시에 개방정책의 더욱 확대된 발전을 지시했다. 덩 샤오핑은 개방이 가져오는 정치적인 「부르주아 사상」에는 단호히 반대했지만 아울러 외자도입에 의해 일정한 문제가 발생하리라는 것도 예상하고 있었다. 하지만 이러한 문제도 발전을 가속화한다는 긍적적인 요소와 비교해보면 부정적인 요소는 극히 적은 것으로 인식했다. 그러나 아직까지도 개방정책에 대해 강한 경계의 시선을 보내는 세력이 소멸하지는 않았다.

둘째, 주권의 보전을 중시하는 기본적인 원칙과 국제정치를 힘에 의한 외교정책으로 보는 기본인식에는 변화가 없다는 점이다. 이 시기에 홍콩 반환을 둘러싼 대 영국 교섭은 홍콩에서의 자본주의 존속을 인정하는 「한 국가, 두 가지 제도」라는 방식을 채용함으로써 타결되었다. 그러나 중국은 교과서 검정과 각료의 정국

(靖國 ; 야스구니) 신사참배 등 역사문제, 대만과 그 귀속에 관해 논쟁을 벌인 광화료(光華寮) 재판 등에 대해서는 일본에 강경한 자세로 임하고 있고 그 밖에도 대만 문제가 미·중 관계의 주요장애가 된다는 인식도 버리지 않고 있다.

또한 남지나 해의 남사제도를 둘러싼 영유권 분쟁에 대해서는 초강경책을 취했다. 1987년 후반 조그만 암초를 둘러싸고 베트남과 대치했고, 1988년 3월에는 존슨리후에서 양군이 충돌하는 사태가 발생했다. 남사제도는 중국, 베트남, 대만 외에 필리핀, 말레이시아, 브루나이도 영유권을 주장하고 있는 곳으로, 중국의「남진(南進)」은 ASEAN 국가들 사이에도 파문을 일으키고 있다.

「천안문 사건」 이후 아시아 중시 외교로

중국을 둘러싼 장미빛 국제환경을 순식간에 뒤바꿔놓은 것이 1989년 6월에 발생한 천안문 사건이다. 군을 투입하여 학생과 시민운동을 유혈탄압하는 장면이 TV영상을 통해 세계 각국에 생생하게 보도되어 강한 충격을 주었다. 그 해 7월에 개최된 주요국 회의에서 채택된 정치선언에서 G7국가들은 인권을 무시한 강경한 제압을 강하게 비난하고, 각료 등 중국 대표와의 접촉 금지, 무기무역의 금지, 세계은행의 신규융자에 대한 심사연기 등의 조치를 취하는 데 합의했다.

이러한 정치선언에 대해 중국은 곧바로「중국에 대한 내정간섭을 용서할 수 없다」라는 제목의 〈인민일보〉 사설을 통해 반격에 나섰다. 그들의 주장은 서방측 일부 국가들은 사실의 진상을 냉정히 파악하지 않고 자신들의 가치관에 따라 중국에 비난과 제재를 가하는 등 자기 멋대로 내정에 간섭하고 있다는 것이다. 하지만 이와 동시에 중국측은 일부 국가가 비우호적인 태도를 취하더라도 개혁·개방의 기본국책에는 변함이 없다고 표명했다. 중국은 동서의 긴장완화와 세계의 다극화 양상에는 변화가 없을 것이며 국제정세의 전반적 상황이 변하지 않는다는 판단에 의거하여 개혁·개방을 계속한다고 결정한 것이다.

그러나 동구에서는 격변이 벌어지고 있었다. 1989년 2월에는 헝가리가 복수정당제로 이행했고 8월에는 폴란드에서 「연대」를 중심으로 한 연립정권이 성립되었다. 또한 연말에는 누구도 예상하지 못한 베를린 장벽의 붕괴와 루마니아의 챠우세스크 정권의 폭력적 전복이 일어났다. 다음해인 1990년 2월에는 소련 공산당 중앙위원회 총회에서 고르바초프도 복수정당제에 대한 준비를 제안하기에 이르렀다. 동구와 소련의 혼란에 대해 1989년 9월 덩 샤오핑은 『어느 정도 혼란스러울 것인가는 예측하기 어렵지만, 불가피하다』라고 판단하고, 냉정하고 침착한 대응을 지시했다.

중국은 서방국가들의 비난과 제재의 표적이 되고, 동구 진영은 붕괴의 위기에 직면해 있는 등 고립상황에 빠지게 되었다. 사회주의의 위기에 직면하여 중국 내에서는 시장경제화라는 개혁방향과 경제특구를 비롯한 개방정책에 강한 이의가 제기되었고, 그 결과 개혁·개방정책은 위태로운 상황에 처하게 되었다.

그러나 천안문 사건과 서방의 「내정간섭」에 대한 중국의 항의에 이해를 표방한 나라가 전혀 없었던 것은 아니다. 이들은 역시 국내에서 강권적인 정치를 실시하고 있어 인권문제를 둘러싸고 서구의 비난을 받고 있는 제3세계의 국가들이었다. 중국은 천안문 사건 후 아프리카, 중남미, 중동, 태평양 국가들과 활발한 정상외교를 전개했는데, 특히 경제성장이 현저한 동남아시아 국가와의 교류강화에 중점을 두었다. 남지나 해에서 동남아시아 국가들과의 알력을 진정시키는 한편, 1990년에는 리 펑 총리가 싱가포르를 방문하여 유보해둔 해저유전의 공동개발을 제안했다. 또 중국은 1989년 2월 도쿄에서 합의한 것을 기초로 인도네시아와의 관계정상화 교섭을 진행하여 1990년 8월 관계를 회복했다. 같은 해 9월 북경에서 성공리에 개최된 아시아대회를 앞두고 ASEAN에서 마지막까지 중국과 수교하지 않았던 싱가포르와도 10월에 국교를 수립했고, 그 밖에도 같은 달 한국과 무역사무소 개설에 합의했다.

또 중국은 1990년 7월에 사우디아라비아와 1992년 1월에는 이스라엘과 국교를 수립하여 중동과의 관계를 개선하는 데 성공했다. 1992년 11월에는 베트남과의 관계를 정상화시키고 1992년 3월에는 한국과 외교관계를 수립했다. 중국 외교는 천안문 사건 후 2, 3년 사이에 아시아 국가들과의 관계강화에 놀랄 만한 성과를 올렸다.

아시아에의 접근은 경제교류에도 단적으로 나타나 있다. 그 가운데 서방의 경제제재에 따른 어려움을 해결해준 것이 대만 자본의 유입이다. 그 원인으로는, 첫째, 이 시기에 대만 경제의 구조전환기가 찾아왔으며, 둘째, 당시의 「정리·정돈」 정책이 가져온 불경기에 어려움을 겪고 있던 연해지역이 대만 기업에 대한 우대책을 실시했기 때문이다. 1989년 가을부터 대만에서는 대 중국 투자 붐이 일어났는데, 이에 큰 영향을 받아 1990년 중국이 외국 기업과 연계한 직접투자 계약은 건수와 금액 모두 사상 최고를 기록했다. 또 1990년부터는 세계은행 등 국제금융기관의 융자와 일본을 비롯한 선진공업국의 정부차관도 재개되었다.

이렇게 해서 천안문 사건 이후의 고립된 상황은 경제우선의 유화외교를 기조로 극복되었다. 이러한 정책을 선택하는 데는 세계 추세가 평화와 발전에 있고, 중국이 경거망동해 긴장을 초래해서는 안 된다는 덩 샤오핑의 판단이 중요한 역할을 했다. 국내에서도 덩 샤오핑의 1992년 초 제2차 남방시찰을 계기로 개방정책은 한층 심화되었다. 그러나 「패권주의 국가에 의한 체제전복의 시도」에 대한 국내의 비판이 강했는데, 이는 미국을 우선 대상으로 하는 반패권 강경외교가 고개를 드는 계기로 작용했다.

미국의 대 중국 정책 전환

중국은 천안문 사건 후 「평화연변」에 강한 반발을 나타냈다. 쟝 쩌민은 총서기에 취임한 직후 『국제 반동세력이 지금까지 사회주의제도를 적시하여 전복시킨다는 근본적인 입장을 포기한 적은 한 번도 없다. …(그들은) 이른바 「반체제파」를 지지·매수하여 서방을 맹목적으로 숭배하게 하고 서방 자본주의의 정치모델, 경제모델, 가치관 및 부패한 사상, 생활양식을 널리 전파해 왔다』라고 했다. 덩 샤오핑 자신도 『패권주의는 지금까지 미·소 양국을 지적했지만, 이번(1987년 7월) 서방 7개국 정상회담도 패권주의로서 강권정치다』라며 분개했다.

천안문 사건이 중국에 대한 미국의 자세를 전환시킨 것은 사실이다. 1989년 2월과 7월 두 차례에 걸쳐 미국인을 대상으로 실시된 여론조사에서 중국에 대해 좋은 인상을 갖고 있다고 응답한 비율이 72%에서 31%로 떨어지고, 반대로 좋지 않은 인상을 갖고 있다고 응답한 비율은 13%에서 58%로 급증했다. 그러나 미국의 정부 내지는 의회가 미·중 관계의 장애로서 지적한 것은 인권만이 아니었다. 인권문제만을 보더라도 정치범의 석방, 죄수가 만든 물품의 수출금지, 티베트의 문화와 종교의 보호, 국제적인 TV·라디오방송의 방해 중지, 북경에서의 올림픽 개최 반대 등 여러 방면의 사안들이 맞물려 있었지만, 이에 덧붙여 경제, 안전보장, 대만이라는 문제들이 표면화된 것이다.

인권을 특별히 문제화한 것은 미국 내의 인권단체들과 캘리포니아 출신의 페로시 여사로 대표되는 일부 의원이었는데, 그들의 이면에는 이데올로기 외에 자기 선전의 의미도 포함된 것으로 생각된다. 또한 그 배경에는 소련의 위협으로부터 벗어남에 따라 중국 카드의 의미가 사라짐과 동시에 국제 정치무대에서 힘의 정치라는 이념이 후퇴함에 따라 윤리와 가치관이 미국 외교의 전면으로 나서게 된 사정도 있었다.

다음으로 중국과의 경제문제로는 대 중국 무역적자, 지적소유권 침해, GATT 가맹교섭 난항과 이외에도 미·중 관계의 척도였던, 매년 실시해온 대 중국 최혜국대우 갱신문제가 포함되었다. 부시 정권은 의회결의에 거부권을 발동하여 최혜국대우의 무조건 갱신을 시행했지만, 부시의 대 중국 연약외교를 비판하며 당선된 클린턴 대통령은 인권문제의 해결과 최혜국대우의 제공을 연계시킬 방침을 표명했다.

또한 클린턴 정권은 중국에서 제3세계로 수출하고 있는 대량살상 병기문제를 언급했다. 미국은 중국이 파키스탄에 미사일 기술을 수출한다는 정보를 입수, 1993년 8월에 최첨단 과학 기술의 대 중국 수출금지 조치를 취했으며 같은 해 9월에는 이란행 화학병기의 원료를 탑재했다는 혐의로 중국 화물선인 「은하(銀河)」호를 검문하기도했다.

대만과의 관계에서 미국은 부시 정권 말기에 F-16전투기를 대만에 매각한다는 결정을 했는데 이 조치는 대 대만 무기수출의 질적 제한과 양적 감축을 합의한 1982년의 미·중 합의를 실질적으로 위반하는 것이었다. 특히 미국 의회는 친 대만 성향이 강하다.

최근에는 1994년 4월과 8월 2회에 걸쳐 대만관계법을 수정하는 한편 미국의 판단에 의해 대만에 무기공여를 결정하는 대만관계법을 미·중 합의에 우선하게 하고, 총통이나 고급관료의 미국 방문을 허용하도록 결의했다. 1995년 5월 의회와 매스컴에 끌려가는 형태로 클린턴 정권은 리 덩후이 총통이 개인자격으로 미국을 방문하는 것을 허용, 같은 해 6월 상순 리 덩후이 총통은 코넬 대학의 동창회에 참석했다.

미국의 친 대만 자세 배경으로는 대만의 민주화 진전과 무기수출을 포함한 대 대만 무역의 확대를 들 수 있다. 예를 들어, 1989년 최고치를 기록한 대 중국 무기수출이 1억 600만 달러인 데 비해, 같은 해 대 대만 무기수출은 4억 3,500만 달러였다(수치는 모두 실적). 그리고 1990년에는 천안문 사건에 대한 제재조치로 대 중국 무기수출이 400만 달러로 격감한 반면, 대 대만 무기수출은 사상 최고인 7억 2,400만 달러에 달하게 되었다.

미국의 여러 가지 압력에 대해 중국은 때로는 강한 반발을 표시하면서도 기본적으로는 미국에 대한 유화자세를 유지했다. 또한 중국은 같은 형태로 대 대만 무기공여를 결정한 프랑스에 대해 영사관을 폐쇄했으면서도 미국에 대해서는 실질적인 저항조치를 거의 취하지 않았다. 정치범의 석방이나 UN 안전보장이사회에서의 협력으로부터 미국 제품의 대량구입과 시장개방에 이르기까지 중국은 미국의 많은 요구를 인내하면서 전향적으로 대처해왔다.

쟝 쩌민은 중국과 미국이 서로 『신뢰를 높이며 불편함을 줄이고 협력을 강화하되 저항은 하지 않는다』라는 원칙을 재삼 표명하는 유화자세를 보였다. 이 방침을 결정하는 데 덩 샤오핑이 관여했다는 것은 주지의 사실이다.

그러나 중국의 미국에 대한 자세가 경색화될 기미가 없었던 것은 아니다. 특히 무기수출에 관한 미국의 일방적 판단에 따른 경제제재나 화물선 임검에 대해서는「진정한 패권주의와 강권정치」라는 강한 표현으로 항의했다. 또 결국 한 표 차이로 올림픽 유치를 놓친 것은 서방 국가들의 방해에 의한 결과라는 소리도 높았다.

특히 대 미국 연약외교에 분개한 것은 인민해방군의 장병들이었다. 현역군인과 퇴역간부들이 덩 샤오핑과 쟝 쩌민에게 인민의 존엄에 상처를 주고 해방군의 전투력과 사기에 영향을 주는 일방적인 대 미국 양보 자세를 당장 중지하라는 내용이 담긴 울분의 편지를 썼다는 정보가 1993년 6월 홍콩으로부터 흘러나왔다. 다른 홍콩 정보에 의하면 같은 해 8월에 역시 퇴역장교와 현역 최고간부들(주석과 부주석을 제외한 군사위원회위원)이 대 미국 정책의 재검토를 요구하는 편지나 의견서를 각기 제출했다는 것이다. 이러한 압력의 결과 1993년 9월의 정치국 상무위원회에서 대 미국 관계에 대한 토론을 벌였는데 종래의 유화적인 원칙을 재확인하는 한편, 이와 동시에『대항하는 것을 원하지 말고, 도발하지 말고, 회피하지 말고, 두려워하지 마라』라는「4불(四不)」정책을 새로이 채용했다. 사실 군은「패권주의의 군사모험」을 반격하는 데 충분한 군의 근대화를 요구했던 것이다.

해양권익을 둘러싸고 강경자세로 전환

군의 영향력은 동지나 해와 남지나 해를 둘러싼 중국의 강경자세에서 갑자기 발휘되었다. 중국은 1992년부터 군사전략의 조정에 나서 평화로운 해양환경을 유지하고 국가의 해양국토와 해양권익을 준수하여 조국통일을 실현한다는 것을 해군의 주요 전략목표

로 삼았다. 이는 곧 예산증액, 근대화 추진과 원양항해 능력의 함
양이라는 해군의 권익과 합치하는 것이다. 돌이켜보면 전략이론
가로 알려진 장 쉬산(張序三) 해군 부사령원(당시)은 이미 1989년
전국인민대표대회에서 행한 정부활동보고에서 해양권익보호의 내
용을 발표했다.

  1992년 2월에는 영해법이 제정되고 중국 근해의 섬들이 육지영
토로 열거되었다. 이 때 외교부가 작성한 초안에 조어제도(釣魚
諸島 : 尖閣諸島)의 이름이 포함되지 않은 것에 대해 중앙군사위
원회 법제국, 총참모부 변공청(弁公廳), 해군사령부, 광주군구
및 일부 지방으로부터 반발이 있었다. 외교부는 일본과의 충돌을
피하기 위한 것이라고 주장했지만 결국 군을 중심으로 한 강경론
이 우세했다. 그 해 5월 중국은 남사 해역에 대한 석유탐사권을
미국의 크레스턴 에너지사에게 제공하고 작은 암초를 둘러싼 대립
을 재개했다. 그리고 1995년 2월 필리핀이 영유권을 주장하는 미
스치프 암초에 중국이 건조물을 구축한 것이 확인되었다.

  중국은 문제해결에 무력을 행사하지 못하도록 한 ASEAN 외무
장관회의의 남지나 해 선언(1992년 7월)에 찬동하면서도 전술한
바와 같이 해군의 전략목표인 해양국토·해양권익의 방위와 조국
통일의 실현을 달성하고 있다. 이 전략이 지지를 받게 된 배경으
로는 에너지의 수요는 증대하고 있는데 반해 육상 유전이 고갈되
어가고 있고 북으로부터 소련의 위협이 사라졌다는 점과 국력의
증대에 따른 중화민족주의의 고양을 들 수 있다. 대만도 남지나
해의 섬이 중국의 영토라는 데 이의가 없을 뿐만 아니라, 물의
보급이나 관측 때 중국과 협력관계에 있었다는 사실에 주목해야
한다.

덩 샤오핑 시대의 외교 시나리오 — 평화와 발전의 모순

외교에서 덩 샤오핑이 보여준 역할은 국내 정책결정에서의 역할을 훨씬 능가하는 대단한 것이었다. 또 덩 샤오핑이 이끈 중국의 외교에는 두 가지의 주요 지주가 있었다. 첫째는 중국의 경제발전에 불가결한 평화로운 국제환경의 구축과 유지이며, 이를 위한 전방위 유화외교다. 둘째는 반식민지 상태에서 독립한 국민국가로서 중국의 완성, 즉 통일이며 나아가서는 주권의 확립과 보전이다. 첫째가 개혁·개방이라는 각인이 새겨진 새로운 원칙이라면, 둘째는 건국 이래 일관되게 흘러온 전통적인 원칙이라고 할수 있다. 제1의 원칙이 경제 우선이라는 유화정책을 가져온 반면, 제2원칙으로부터는 정치 우선이라는 강경정책이 생성되었다. 덩샤오핑의 가장 중요한 역할은 자칫하면 모순을 야기할 수 있는 이두 개의 외교원칙을 잘 조화시켰다는 데 있다.

덩 샤오핑의 기본적인 생각은 다음과 같은 것이었다. 즉 덩 샤오핑은 중국이 발전이 뒤진 빈곤한 개발도상국이라는 사실을 직시하여 강대국의 압력에는 냉정하게 대처해야 하지만, 그와 동시에 힘의 정치가 지배하는 국제정치와 국제경제에 존재하는 모순이나 경쟁을 이용하여 경제교류의 동반자를 찾아 서서히 국력을 증대해야 한다고 생각했다. 이러한 유연성있는 자세를 견지하여 결국 클린턴 정권으로부터 최혜국 대우의 무조건 갱신과 최첨단 과학 기술의 수출금지 해제를 얻어낼 수 있었던 것이다.

쟝 쩌민이 앞으로 이러한 덩 샤오핑의 역할을 대체해나갈 수 있을 것인가? 여기에서 최대의 문제는 인민해방군 사이에서 민족주의의 주장이 매우 높아지고 있다는 데 있다. 대 미국 관계나 동지나 해와 남지나 해의 영유권 문제를 통해 밝혀진 사실은 인민해방군이 자신들의 이익과 강경한 대외자세를 연계시키고 있다는 것이다.

군이 스스로의 존재이유를 강화하여 예산획득 경쟁에서 승리하려면 외부의 적이 필요하다는 것은 어느 나라의 경우나 마찬가지다. 미국의 방위산업체와 마찬가지로 인민해방군도 중·소 화해와 소련의 붕괴로 최대의 가상적을 잃어버렸다. 더군다나 해방군은 예산부족을 메우기 위해 각종 이권사업에 참여하고 있으며, 부정행위와 부패가 침투하여 장병의 사기와 직업의식에 심각한 악영향을 주었다. 이러한 상황에서 미국의「패권주의에 대한 준비」와「해양국토를 회복」해야 한다는 주장은 주권원칙에 대한 강한 호소이며, 한편으로는 군비의 근대화와 국방비의 증액요구에 대한 강력한 지원사격이 되는 것이다. 한편 주권을 위협하는 외적의 존재는 사기진작과 군기확립에도 유리하게 작용할 것으로 기대된다.

그러나 반드시 군이 똘똘 뭉쳐 항시 대외 강경자세를 취한다는 뜻은 아니다. 해군은 미국 해군이나 러시아 해군과의 공동보고서 작성에 참여하고 있으며 미국과의 공동연습에도 긍정적이다. 이전에 반패권 국제통일전선의 대상이었던 소련과는 달리 현재「패권주의」의 첫번째 상대로 지목되고 있는 미국은 중국의 경제발전에 중요한 동반자일 뿐 아니라, 지금은 유일한 강대국으로서 최우수 군사기술을 보유하고 있다. 인민해방군은 표면상으로는 미국에 대해 강경자세를 유지하면서, 다른 한편으로는 기회를 보아 미군과의 접촉·교류를 재개할 것으로 예상된다. 실제로 1994년부터 미국과 중국의 군사교류가 재개되었고 같은 해 10월에는 6년 만에 미국의 국방장관이 중국을 방문했다. 페리 장관은 민수전환에 따른 미국의 협력을 확인하고 군사전략이나 정책 및 예산에 대한 정보교환 회의를 정기적으로 개최하여 쌍방의 투명도를 높이자고 제의했다. 그 밖에도 핵 폭발 없이 핵실험을 할 수 있는 컴퓨터 핵실험 시뮬레이션 시스템의 도입을 중국측에 권하기도 했다.

그러나 인권·경제·무기수출, 그리고 대만을 둘러싼 미국과의 관계는 완전히 해소될 기미가 보이지 않고 있다. 또 남지나 해의 영유권 문제도 중국은 1994년 7월에 창설된 ARF에서의 다국간 협력을 기피하고 양국 간 협의를 통해 해결하자는 대국적인 자세를 고집하고 있다. 한편 미스치프 암초 문제가 표면화된 직후 중국의 군사지인 〈현대군사(現代軍事)〉 1995년 4월 호는 『국지전이나 무력충돌의 가능성이 높아지고 있다』라고 경고하고 있다.

쟝 쩌민은 개방정책 강화에 반대하는 좌파 이데올로기를 억누를 수는 있을 것이다. 그러나 병력을 장악하기 위해 지불한 많은 노력에도 불구하고 연약외교군이라는 비판을 잠재우는 것은 쉽지 않을 것 같다. 덩 샤오핑 이후의 중국 외교는, 단기적으로는 유화정책을 기조로 하면서 때로는 강경정책이 돌출하리라는 예상을 충분히 해볼 수 있다.

장기적으로 볼 때 중요한 요인은, 덩 샤오핑이 지상목표로 삼은 경제발전의 행방일 것이다. 즉 덩 샤오핑은 경제발전을 위한 조건으로 평화로운 국제환경의 구축과 유지를 내세웠지만, 그 결과 중국이 경제대국으로 발전하게 되면 반대로 평화로운 국제환경이 혼란해질 것이라는 모순이 발생할 수도 있다는 것이다.

이 평화와 발전이라는 중국적 모순은 중국 인구와 국토의 압도적인 크기, 또 주변 민족의 의식 속에 아직도 생생히 남아 있는 과거의 화이(華夷)질서라는 역사적 기억에 입각한 것이다. 현재도 이미 삼투압이 높아져 물이 외부로 흘러나오는 것과 같이 중국 국경을 넘어 물자·자금·인력이 주변국으로 유입되고 있다. 극동러시아나 몽골·미얀마·베트남 등에서는 이미 알력이 발생하고 있으며, 그 밖에도 원래부터 주변국의 경제를 지배해온 화교·화인들의 중화사상도 한층 강화되는 경향을 보이고 있다. 물론 화인 상인으로서는 돈을 버는 것이 무엇보다 중요한 일일 것이다. 하지만 문화적인 동일성을 이용하여 적극적으로 대중 비즈니스를 추진해야 한다는 그들의 견해는 민족감정의 고양과도 불가분의 관계에 있는 것으로, 남지나 해를 향한 중국의 「남진」과 맞물려 동남아시아 일부에 중국에 대한 경계심을 불러일으키고 있다.

쟝 쩌민은 1991년 초의 걸프전을 자세히 관찰한 결과 『우리의 첨단 과학 병기를 개발해야 하며, 이렇게 되면 발언력이 높아진다』라는 결론에 도달했다. 중국이 국제정치를 힘겨루기 싸움으로 가정하고 국제사회에서 지위를 높이기 위한 수단으로 군사력을 계속해서 신봉한다면 장기적으로는 화이질서가 부활할 가능성도 있다. 중국이 이렇게 결심한다면 천천히, 그리고 착실히 군사 대국화하는 것을 누가 억제할 수 있겠는가? 중화사상으로 무장한 채로 부국강병화되면 중국은 모두에게 「골칫덩어리(evreybody's problem)」가 될 수밖에 없다.

제 6 장

●

포스트 덩 샤오핑 시대의 홍콩·대만

국가통일 전략의 행방

중국의 조국통일사업이라는 측면에서 덩 샤오핑의 실적을 평가해볼 때 달성률은 50% 정도라고 말할 수 있다. 단, 이것은 1997년 7월1일 홍콩이 원만하게 중국에 반환된다는 것을 전제로 한 것이며, 현 시점에서의 평가는 엄밀히 말해서 잠정적이다. 덩 샤오핑은 1984년 영국과의 교섭을 통해 1997년 7월1일을 기점으로 홍콩이 중국에 반환된다는 영·중 공동성명을 발표했다. 그러나 대만에 대해서는 아직 통일의 조짐이 보이지 않고 있다. 대만 문제는 덩 샤오핑 이후 중국의 정치지도자가 해결해야 할 과제로 남아 있는 것이다.

현실주의자인 덩 샤오핑은 「개혁·개방」노선의 일환으로 홍콩

---

* 필자는 아베 준이찌(阿部純一)이며 현재 霞山会 주임연구원으로 근무하고 있다.

반환과 대만과의 통일을 염두에 두고 1980년 홍콩에 인접한 광동성의 심천·주해·산두 및 대만과 해협을 나란히 하고 있는 복건성의 하문에 경제특구를 설치했다. 홍콩과 대만의 자본을 끌어들여 경제적 융합을 꾀하고자 한 것이다. 1982년 제정된 헌법에「특별행정구」의 설치를 삽입하여, 사회주의 국가인 중국 안에 자본주의 지역이 병존하는 것을 인정한다는「1국 2제도」정책을 채택했다.

경제특구의 발전이 이러한 정책의 성공을 증명하고 있다. 특히 심천은 아주 낙후된 어촌이었지만 지금은 고층빌딩이 즐비한 제2의 홍콩으로 변모했다. 그러나 현 시점에서 이러한 성공은 경제분야에 한정되어 있다. 홍콩 파텐 총독의 선거개혁 제안에 따른 민주화 문제로 영국과의 관계가 악화되고 있으며, 원래는 영국과 공동으로 진행해야 할 반환작업도 중국이 일방적으로 진행하고 있다고 해도 과언이 아니다.

대만에 관해서는 더욱 예측하기 어렵다. 1980년대에 시작된 중국과 대만 사이의 간접무역은 1980년대 중반 대만이 규제완화를 함으로써 비약적으로 확대됐다. 중국에 대한 대만의 수출과 투자는 경제분야에서 대만 해협 주변에 기다란 띠를 형성하면서 양쪽 모두의 번영에 크게 기여했다. 중국과 대만은 경제 면에서는 양측 모두「통일」이라는 방향을 지향하고 있는 것이다. 그러나 정치 면에서는 서로 반대방향을 향해 걷고 있는 형국이라고 말할 수 있다.

1980년대 말 장 징궈(蔣經國) 총통 말기에 시작된 대만의 정치 민주화는 야당인 민주진보당(민진당)의 인지(認知)를 시작으로 1996년 봄에 치루어진 주민의 직접선거에 의한 총통 선출로 일단 완성되었다고 볼 수 있다. 이러한 과정은 1987년 7월의 계엄령 해제와 1991년 4월「동원감란(動員戡亂) 시기의 임시조항」을 폐지해, 1948년 대륙에서 선출된 이래 개선(改選)되지 않았던「만년의원」을 총퇴진시킨 것에서도 알 수 있듯이「대만화」그 자체였다. 민주화라는 정치개혁이 대만이라는 지역에서만 진행되었다는 것은 필연적으로「대만 정치의 대만화」를 가져왔고, 이는「대만 독립」을 염두에 둔「1중국 1대만」또는「중국과 대등한 정치 실체로서의 대만」이라는 주장을 강화시키게 했다. 그리고 이러한 경향이 중국을 초초하게 만든 것이다. 경제번영을 내세워 대만이 국제무대에서 자신의 존재를 부각시키고 역할 확대를 꾀하고 있는 데 대해서 중국은 경계와 우려를 나타내고 있으며 이러한 반응은 점점 강화되고 있다.

한편 1995년 1월30일 쟝 쩌민 국가주석은 8개 항목의 대만정책을 제시했고, 대만 당국도 이에 신중히 대응하고 있다. 정치관계는 이처럼 심각한 상황에 놓여 있는 데 반해, 경제관계는 중국과 대만 모두에게 이익이 된다는 점을 중시하여 경제를 지렛대 삼아 중국과의 관계조정을 도모하고 있다고 볼 수 있다.

중국과 대만 모두와 역사적으로도 깊은 관련이 있는 우리는 양국 관계에서 상당히 어려운 입장에 처해 있다. 대만의 존재를 무시하고 동아시아의 정치나 경제를 논할 수 없는 현실 속에서 대만 문제에 어떻게 대처해야 하는가 하는 문제는, 대 중국 관계뿐만 아니라 우리의 대 아시아 정책이라는 측면에서도 중요한 과제가 아닐 수 없다.

이 장에서는 이러한 관점에서 홍콩과 대만의 현상을 분석하고자 한다.

영국의 홍콩에서 중국의 홍콩으로

1997년 7월1일을 기점으로 홍콩은 중국에 반환된다. 앞으로 1년도 채 남지 않았다. 「홍콩이 중국이 되는 날」은 부정할 수 없는 현실로 다가오고 있다. 홍콩은 1892년 아편전쟁 후 남경(南京)조약에 따라 중국이 영국에 양도한 것이다. 따라서 영국으로서는 홍콩을 중국에 반환해야 한다는 법적인 의무가 없다. 그러나 홍콩 섬만의 홍콩은 존재할 수 없다. 구룡반도·신계(新界) 지구는 1898년 체결한 홍콩 경계확장 조약을 통해 99년 동안 조차받은 지역으로, 이 지역의 반환을 기점으로 홍콩 전체를 중국에 반환하게 된 것이다.

홍콩은 중국반환 후「특별행정구」로 지정되어 독자적인 행정기구, 사법권, 통화, 경제체제를 유지할 수 있도록 되어 있다. 중국에서 말하는「1국 2제도」는 중국이라는 하나의 국가 안에 사회주의와 자본주의라는 두 개의 제도가 공존하는 체제를 의미하는 것이다. 이러한 홍콩의「헌법」에 해당하는 것이 영국과 중국이 합의한「홍콩특별행정구기본법」으로, 1990년 4월에 공포되어 이 법에 따라 영국에서 중국으로의 권력이양이 진행되고 있다. 기본법 제5조에는『홍콩 특별행정구는 사회주의 제도와 정책을 실시하지 않고 종래의 자본주의 제도와 생활양식을 유지하고 이를 50년간 유지한다』라고 되어 있으며, 이에 따라 홍콩은 세계 금융센터로서의 지위를 유지할 수 있게 되었다.

이러한 가운데 영국이 홍콩에 보낸 마지막 총독인 파텐이 1992년 7월 홍콩 총독에 취임했다. 그리고 같은 해 10월 시정보고에서 선거제도 개혁안을 발표하여 홍콩 정치의 민주화에 착수했다.

「영국의 홍콩」에서 「중국의 홍콩」으로 전환하는, 말 그대로 초읽기가 시작된 시점에서 홍콩의 민주화를 추진하려고 한 것이다. 결국 파텐 총독의 이러한 의도가 중국측에 반환된 후에도 홍콩에 영향력을 남겨두기 위한 것이라고 인식한 중국에 의해 영·중 사이에는 심각한 알력이 발생했고, 아울러 홍콩의 장래를 불투명하게 하고 있다.

파텐 총독의 선거제도 개혁안은 1995년 입법평의회 선거에서 유권자를 비약적으로 확대시키는 내용을 포함하고 있는데, 홍콩 주민의 민의를 반영시킨 민주화를 꾀하는 것이다. 이것은 영·중 합의보다 한걸음 더 전진한 것이었기 때문에 중국은 당연히 초조할 수밖에 없었던 것이다. 원래 「1국 2제도」에 의한 홍콩 반환은 중국에게는 양날의 칼이라는 측면을 갖고 있었다. 즉 통일(1국)과 분리(2제도)를 무리하게 동거시켜, 민주화된 홍콩이 중국의 국가통일에 공헌하기는 커녕 거꾸로 국가분열, 경우에 따라서는 중국 공산당 정권의 붕괴까지도 초래할 위험성을 내포하고 있기 때문이다.

파텐 제안을 둘러싸고 영국과 중국 사이에 격렬한 교섭이 계속되었지만 1993년 7월에는 몹시 화가 난 중국이 홍콩 특별행정구 준비위원회 예비공작위원회를 설치하여 홍콩 반환 후를 노린 독자적인 대응을 취하게 되었다. 1993년 11월에는 영·중 교섭이 결렬되었고, 1994년 8월31일 중국 제8기 전국인민대표대회상무위원회 제9회 회의에서는 홍콩의회(입법평의회, 시정평의회, 구의회)를 반환 하루 전인 1997년 6월30일에 폐지하도록 결정했다. 이들 3개 의회의 선출방법이 지금까지 영·중 간의 합의에 위반된다는 것이 그 이유였다. 이것은 또한 홍콩 반환에 필요한 작업에서 영국을 배제시키고 중국 독자적으로 행동하겠다는 의사표시이기도

하다.

1984년의 영·중 공동성명서에서는 반환까지의 과도기에는 홍콩의 행정관리를 영국에서 책임지도록 되어 있다. 영국이 중국과의 공동성명을 준수하는 한, 중국 측에서는 반환 전의 홍콩 민주화를 저지할 직접적 수단이 없다. 그래서 중국은 반환과 동시에 홍콩 의회를 폐지함으로써 홍콩의 민주화 확대를 저지한다는 강경수단을 선택하게 된 것이다. 홍콩의「원활한 주권 이행」을 실현하기 위해 반환을 앞두고 진행된「직통열차」구상(1995년 선거에서 선출된 입법평의회의 임기는 1999년까지로 4년 간, 반환 후에도 입법기관으로서 정치의 일관성을 유지한다는 구상. 홍콩 기본법에 명시됨)은 이 상태로 나간다면 무산될 수밖에 없다.

「천안문 사건」이 계기가 된 홍콩의 민주화

1989년 중국의 민주화운동과 그 비극적 결말인「천안문 사건」은, 중국과의 관계에서 많은 배려를 해온 영국의 대 홍콩 정책에 변경을 가져오게 했다. 홍콩 각계각층의 사람들이 중국의 민주화 지원에 나서 50~100만 명에 이르는 대규모 데모를 하면서,「홍콩인」으로서의 중국에 대한 불신감을 표명했다. 홍콩 사람들은 지금까지 정치에 무관심한 경제 동물(economic animal)이라는 좋지않은 말을 들어왔는데, 이를 기점으로 정치적 의사표시를 명확히 했다. 이러한 시위는 홍콩의 역사를 되돌아보아도 전례가 없는 것이었다. 이러한 시위는 홍콩인은 거의 공산주의 중국이 싫어 탈출했던 사람들이었기 때문에 홍콩에서의 자유로운 경제활동을 표방하고 있다. 이 정신의 기저에는 중국에 대한 강한 불신감이 존재하고 있는 것이다.

바로 이러한 시기에 홍콩 특별행정구 기본법의 기초작업이 최종단계로 접어들었다. 기본법 제2초안은 1989년 2월에 이미 완성되었고, 1990년 4월 초에는 공포할 예정이었다. 중국에서는 자오쯔양 총서기의 사회주의 초급단계론이 1987년 제13회 공산당 전국대표대회에서 제창되어, 사회주의체제에서 생산력을 발전시키기 위해서는 경제활동에 자본주의적 기법을 이용하는 것을 시인하는 이론적 근거가 마련되었다. 또한 1988년에는 연해지역 발전전략이 세워졌고, 홍콩을 포함한 범아시아 NIES 경제발전 노선에 돌입했다. 홍콩에서는 「천안문 사건」이 발생하기 이전에는 중국의 경제발전이 시장경제를 지향하고 있으며, 언젠가는 자유화, 민주화의 길을 걸어 정치개혁도 이루어질 것으로 기대하고 있었다. 중국이 홍콩과 동질화되면 양자는 무리없이 「융합」될 수 있기 때문이다.

그러나 이러한 기대는 중국 정부가 군을 동원해 민주화운동을 무력으로 진압함으로써 산산히 부서졌다. 홍콩 주민의 대 중국 인식은 전환될 수밖에 없었다. 홍콩의 중국에 대한 기대와 신뢰가 무너지고, 홍콩의 장래에 대한 불안이 증폭되었다. 영·중 공동성명에 의하면 영국은 1997년 6월30일까지 홍콩의 행정관리를 책임지도록 되어 있다. 그러나 홍콩의 장래에 대해 불안감을 느낀 홍콩 주민의 해외 이주신청이 급증하자 영국측은 홍콩 주민의 요구에 응답하여 홍콩이 반환될 때까지 홍콩 주민의 의사를 반영하는 행정기구 마련에 대해 신중하게 검토하기 시작했다.

파텐 제안은 정치민주화를 실현하는 것이야말로 홍콩을 반환하기 전에 영국이 해야 할 책무로 인식하고 있음을 나타내는 것이다. 반환 후에도 중국이 약속한 「항인치항(港人治港 : 홍콩인에 의한 홍콩 통치)」의 원칙에 입각해 영·중 공동성명에 명시되어 있는

「고도의 자치」를 실현하려면, 1997년 반환 이전에 홍콩에 민주적인 제도를 정착시킬 필요가 있었다. 이는 장래 중국의 정치적 압력에 홍콩 주민이 대항하는 데 필요한 예방수단으로 생각한 것이다.

그렇지만 영국으로서도 홍콩의 장래는 중국과의 교섭 없이 결정할 수 있는 문제가 아니다. 어디까지나 영·중 공동성명에 따라 중국의 양해하에 문제를 해결해야 할 필요가 있었다. 즉 영국이 제시하는 홍콩 민주화 방침을 중국과의 합의라는 형태로 기본법에 반영시킬 필요가 있었던 것이다. 기본법이 완성되기 전에 서둘러야 했다. 그래서 영국은 영·중 양국이 영·중 공동성명의 준수를 재인식함과 동시에, 직접선거에 의한 홍콩 입법기관의 의석 수 확대를 중국측이 받아들이도록 교섭했다.

기본법 제2초안에는, 홍콩 특별행정구 제1기 입법의회는 55명의 의원으로 구성되고 이 중 직접선거에 의한 의석수는 10석으로 정했다. 중국측이 의석 수의 확대에 난색을 표명하여 교섭은 벽에 부딪쳤지만, 1990년 들어 하드 영국 외무장관과 첸 치첸(錢其琛) 외교부장과의 일련의 서신 교환에 의한 교섭이 계속되어 의석 총수를 60석으로 함과 동시에 1991년에 18석, 1997년에 20석, 1999년에 24석, 2003년에 전 의석의 절반인 30석을 직섭선거로 선출하기로 합의했다. 이러한 내용은 기본법의 최종안에 반영되었다.

그러나 영국 통치하에서 마지막 선거가 되는 1995년 입법평의회 선거의 실시방법에 관해서는 해결을 보지 못한 상태였다. 영국은 이 문제를 둘러싼 중국과의 교섭을 유보하고 있었다. 파텐 제안이란 바로 이 미해결의 문제에 관한 제안이었던 것이다. 영국 보수당의 위원장을 역임한 경력이 있는 정치가 파텐은, 이 미해결 문제에 대해 영국이 유보한 권리를 행사하는 선거제도 개혁안을 발표하게 된다. 파텐 제안에는 1995년 선거에서의 직접선거 대상

을 20석으로 하며, 유권자 1인1표제로 하고, 직능별 선거 수를 30
석으로 하며, 유권자의 연령을 21세에서 18세로 낮추고, 직능별
선거구의 유권자를 종래의 11만 명에서 270만 명으로 확대한다는
내용이 들어 있다.

파텐 제안을 둘러싼 영·중 대립

파텐 총독의 선거제도 개혁안은 중국의 맹렬한 반발을 초래했
다. 이 개혁안이 영·중 공동성명에 위반될 뿐 아니라, 영국과 중
국이 쌓아온 합의에도 반한다는 것이 중국측의 주장이었다. 원래
중국을 떠나 홍콩으로 이주한 사람들에 의한 자유선거 실시는 중
국이 기대하는 결과를 가져올 가능성이 적다. 중국의 뜻에 역행하
는 홍콩의 민주화는 반환 후 홍콩에 대한 통제를 어렵게 할 것이
라는 의식이 중국측에 있었던 것이 사실이다.

이후 이 파텐 제안을 둘러싼 영·중 양국 간의 치열한 교섭이
반복되었지만, 1993년 11월 제17회 회의를 끝으로 영·중 회담은
결렬되었다. 1994년 3월 파텐 안은 홍콩 입법평의회에 상정되어
몇 차례의 심의를 거쳐 6월30일에 찬성 32, 반대 24라는 표 차로
원안대로 가결되었다.

파텐 안이 입법평의회에서 가결되었다는 것은 홍콩 주민의 대
표가 자신들의 장래를 처음으로 스스로의 손으로 결정했다는 점에
서 획기적인 것이었다. 지금까지 홍콩의 장래는 홍콩 주민이 아닌
영·중 두 나라 사이의 교섭으로 결정되어왔는데, 이러한 상황이
크게 변화되었다는 것을 말해주고 있다. 파텐 총독의 제안에 따라
비록 한정적이기는 하지만, 홍콩 주민에게 스스로의 장래를 선택
할 수 있는 권리가 부여된 것이다.

1994년 9월18일 파텐 총독의 선거제도 개혁안을 실현하는 첫걸음이라 할 수 있는 구의회 선거가 실시되었다. 이 구의회 선거는 홍콩에서 처음으로 실시되는 전면적인 직접선거이며, 선출된 346명의 구의회 의원들에 의해 1995년에 1인1표방식으로 입법평의회의 의원 10석을 선출하게 되어 있다(선거위원회에 의한 선출의석). 본래 구의회 선거는 지역성이 강한 말단 자문기관으로 입법권이나 정책 결정의 실질적인 권리는 없다. 그렇지만 이 구의회 선거는 1995년 입법평의회 선거의 전초전이라는 의미를 지니고 있기 때문에 각 정당의 선거전은 상당히 치열했다.

치열한 선거전의 전개는 홍콩 주민의 정치의식을 높여 민주화 요구를 확대시킬 가능성도 있었다. 이렇듯 구의회 선거는 홍콩 주민들의 관심을 집중시켜, 각 정당이 어느 정도의 의석을 획득할 것인지 주목을 끌었다.

선거결과 대부분의 예상대로 민주파라고 알려진 민주당의 당선자 수가 75명으로 가장 많아 총의석 수의 21.1%를 차지했다. 여기에서 주목해야 할 것은 이번의 구의회 선거에 참가한 757명의 후보자 가운데 중국의 지명을 받은 홍콩 사무고문이나 하위급인 구 사무고문, 전국 정치협상회의 위원 직위를 가진 후보자가 81명이었는데, 이 가운데 63명이 당선되어 78%의 높은 당선율을 나타냈다는 사실이다. 이는 홍콩 주민이 친중파의 직함을 가진 후보자를 적극적으로 받아들이고 있다는 것을 의미한다. 겨우 1년 전에 설립된 친중국계 민주건항연맹(民主建港連盟)도 37명이 당선되어 구의회 의석의 10.7%를 차지했다. 민주건항연맹에게 이번의 구의회선거는 창당 이후 처음 갖는 선거전이었다. 4년 전인 1991년 입법평의회 선거에서 친중파 후보가 전원 탈락한 것과 비교해보면 대약진을 보인 것이다.

이 밖에도 자유민주연회(自由民主連會)와 홍콩 협진연맹(協進連盟)이 11석과 2석을 획득하여 친중파의 당선자 수는 90명을 넘어, 구의회에서 친중파 세력이 무시할 수 없는 영향력을 갖게 되었다.

친중파의 약진은 두 가지 의미를 갖고 있다. 하나는 홍콩의 중국 반환이 기정사실화된 이상 현실적인 대응이 유리하다는 판단을 내렸다는 것이다. 이것도 홍콩 주민의 정치의식이 다원화되었음을 의미한다. 다른 하나는 홍콩에 대한 중국의 투자나 기업진출 등 홍콩에 대한 중국의 침투가 이미 진행되어왔고 그 영향력을 무시할 수 없게 되었음을 나타내는 것이다.

재계나 부유층의 이익을 대표하는 보수중립계인 자유당도 창당 후 첫 선거에서 90명의 후보를 내세웠지만, 겨우 19명만이 당선되었다. 자유당은 입법평의회 내에서 가장 세력이 큰 정당이기는 하지만 대부분은 총독이 위임한 의원이고 선거를 치루어본 경험이 없기 때문에 이러한 결과를 초래했다고 볼 수 있다.

입법평의회에서 겨우 1석밖에 갖고 있지 않은 민주민생협진회(民協)는 이번의 구의회선거에서 29명이 당선되었다. 민협은 민주파로 분류되지만 민주당과는 달리 중국과의 대화를 중시하고 있다. 또 구의회라는 성격을 반영하여 지역에 밀착된 민생이나 복지향상을 내세운 무소속후보가 전체의 과반수에 가까운 172석을 획득했다는 것도 간과할 수 없는 사실이다. 민주냐 친중국이냐에 초점을 두고 치루어진 선거전이었지만 주민의 의식은 확실히 냉담했다.

이러한 의미에서 이번 선거결과는 민주파 세력이든 친중파 세력이든 간에, 압도적인 승리를 얻지 못했다는 점에서 「애석한 분할」이라고 결론내릴 수 있을 것이다. 게다가 거창한 선거전이었음에도 불구하고 투표율은 겨우 33. 1％에 지나지 않았다. 독재체제하의 찬반선거에서처럼 높은 투표율이 높은 정치의식을 증명하는 것은 아니지만, 자유선거에서의 저조한 투표율은 홍콩 주민의 정치의식이 육성되기에는 아직 시간이 필요하다는 것을 시사하고 있다.

어쨌든 이 구의회 선거는 파텐 총독의 선거제도 개혁안을 실행에 옮겼다는 점에서 중요한 의미를 갖는다. 그러나 중국의 반대를 무릅쓰고 일방적으로 선거제도 개혁을 추진하기는 했지만 홍콩 의회는 반환과 동시에 해산될 운명에 놓여 있다. 그렇게 되면 홍콩의「원활한 주권이행」을 약속한「항인치항」이나「고도의 자치」라는 구상도 허구화되고, 중국이 말하는「1국 2제도」자체가 의미를 상실할 수밖에 없다. 말하자면 홍콩 주민의 의사나 영국의 노력이 모두 허사가 되는, 중국이 의도한 대로 중국 주도의 반환이 되는 것이다.

그 결과 미래에 대한 홍콩 주민의 불안이 높아지면 중국에도 심각한 영향을 미칠 것은 당연한 일이다.

한편으로는 역설적인 견해도 있다. 파텐 제안에 대한 반발로 중국이 제안한 것은「홍콩 특별행정구 기본법」의 엄수였다. 원래 홍콩 반환을 둘러싼 홍콩 주민의 불안은 반환 후 중국이 이 기본법을 엄격히 지킬 것인가 하는 점이었다. 홍콩의 제도를 50년 간 바꾸지 않겠다고 말한 것도 이러한 불안을 불식시키기 위한 조치였다. 하지만 파텐 제안 때문에 이번에는 거꾸로 중국이 기본법을 준수하라고 강요하는 입장이 되고 만 것이다.

어쨌든 중국과 영국의 대립은 반환 후의 홍콩에 대한 예측을 불투명하게 하고 있다. 이 결과 홍콩의 경우 극단적인 인구이동사태가 벌어지고 있다. 1997년의 반환이 가까워짐에 따라 인재들의 홍콩 탈출이 심각함을 더해가고 있는 것이다. 1992년 6만 6,000명이었던 해외이민자 수는 1993년에는 5만 3,000명이었다. 아직 정확한 수치가 발표되지는 않았지만 1994년에는 6만 명을 넘어섰을 것으로 예상된다.

이러한 상황 속에서 1995년 3월5일 홍콩 시정평의회 의원선거가 실시되었다. 이 선거는 구의회의원 선거에 이어 파텐 제안에 의해 실시된 선거로서, 일부 임명의원이 폐지되고 정원인 59명 모두가 선거에 의해 선출된 것이다. 이 선거는 또한 홍콩의 중국대표부인 신화사 홍콩지사가 공공연하게 친중파 후보에게 지지를 보내어, 구의회의원 선거 이상으로 민주파와의 대결양상이 선명하게 부각되었다는 점에서 세계의 주목을 받았다.

시정평의회는 구의회의 상부기관으로, 선거전은 민주파와 친중파 사이의 치열한 싸움으로 전개되었다. 그런 만큼 선거결과에 대한 관심도 높았는데, 민주파가 31석을 차지해 반수를 넘은 데 비해 친중파는 17석을 얻는 데 그쳤다. 나머지 11석은 중간파라 할 수 있다. 민주파의 면면을 살펴보면 민주당 23명, 민협이 8명이고, 친중파는 민주건항연맹 9명, 자유민주연회 6명, 그리고 무소속 2명이다. 홍콩 주민은 이번 선거에서도 파텐 총독의 민주화노선을 지지했다고 볼 수 있다. 단지 투표율은 여전히 저조하여 25.2%에 지나지 않았다.

낮은 투표율에도 불구하고 1995년 9월의 입법평의회 선거를 앞두고 이러한 선거를 체험함으로써 홍콩 주민에게도 서서히 정치의식이 싹트게 되었고, 언젠가는 자기 의견을 주장하는 방향으로 발전할 것이기 때문에 이러한 현상은 중국으로서도 무시할 수 없는 변화였다. 따라서 중국으로서도 홍콩 반환 문제를 원만하게 처리하고 싶은 만큼 강경수단만으로 문제를 해결하려고 하지는 않을 것이다. 무엇보다 중국이 정말로 반환과 동시에 이러한 의회를 해산시킬 예정이라면 선거전에서 친중파세력을 강력하게 후원할 이유가 없기 때문이다.

홍콩화한 중국의 중요 국면

홍콩의 중국화가 규정된 노선이라는 점은 말할 것도 없다. 그러나 중국이 자신들의 의사를 너무 강하게 밀어붙이는「홍콩 회수」는 위험한 선택이 될 수밖에 없다. 심천 경제특구를 비롯해 광동성을 중심으로 홍콩 자본이 유입됨에 따라「중국의 홍콩화」도 이미 시작되고 있다. 1992년 이후 광동성은 중국의 1급 행정구 가운데 GNP가 가장 높은 지역이지만,「개혁·개방」이전의 광동성은 전국 8위에 지나지 않았다. 인접하는 홍콩과 경제적으로 일체화됨으로써 광동성의 경제적 약진이 가능했다고 해도 과언이 아니다.

현재 광동성에서 홍콩 기업이 고용하고 있는 노동자는 이미 350만 명을 넘고, 과거 10년 간 홍콩이 중국에 투자한 총액 230억 달러 가운데 90%가 광동성에 투입된 것이었다.「광동성의 홍콩화」는 어느 새 현실이 되었다고도 할 수 있는 상황이다. 홍콩의 존재는 이렇게 중국 내부에도 커다란 영향력을 주게 된 것이다.

1995년 2월13일의 〈인민일보〉는 더욱 놀라운 기사를 1면에 실었다. 광동성의 대외 무역액은 967억 달러로서 전국의 3분의 1 이상을 차지하는 수치며, 수출액은 전국의 41. 4%를 차지한다는 것이었다. 중국의 무역은 이미 광동성을 빼놓고는 생각할 수 없으며 거꾸로 광동성의 동향이 중국의 무역을 좌우하는 상황에 처하게 된 것이었다.

이렇듯 홍콩이 광동성을 경유하여 중국에 영향을 미치고 홍콩 주민이 정치의식에 눈을 뜨고 있듯이, 홍콩화된 중국도 점차 정치의식이 높아지고 있다. 홍콩 반환으로 중국 정부가 얻는 것은「경제적으로 번영한 홍콩」만이 아니다. 「정치의식에 눈뜬 민주화를 지향하는 홍콩」이라는, 중국 정부로서는 달갑지 않은 성격이 추가된 홍콩을 동시에 갖게 되는 것이다. 또한 중국에게 홍콩의「가치」는 전례 없을 정도로 높아지고 있다. 중국의 대 홍콩 투자는 총액 200억 달러로 대외 투자 부문에서 제1위를 기록하고 있으며, 중국 수출의 절반 이상이 홍콩을 경유하여 이루어지고 있다. 상해의 포동 개발로 대표되는 제2, 제3의 홍콩을 만들고자 하는 중국의 구상도 장기간에 걸친 비즈니스 노하우를 축적한 홍콩의 국제금융센터로서의 기능을 대체할 수 없는 이상, 홍콩의 번영은 중국에게는 무엇과도 바꿀 수 없는 중요한 것이다.

그렇기 때문에 중국은「홍콩 반환」을 성공리에 마무리해야 하는 것이다. 강제적「홍콩 회수」는 결국「1국가 2제도」를 유명무실하게 하고 홍콩의 인재와 자본유출을 초래하여 홍콩의 번영을 그늘지게 할 뿐만 아니라 중국 정부에 대한 반발과 민주화의 강한 요구를 초래하게 될 것이다. 그 영향은「홍콩화한 중국」에도 파급될 수밖에 없다. 「개혁·개방」으로 힘을 축적한 지방과 권력을 중앙으로 끌어들이려는 중앙정부와의 대립이 홍콩 회수를 둘러싼 혼란과 맞물리게 되면 중국은 분열의 위기에 봉착하게 될지도 모른다. 홍콩 반환까지 앞으로의 약 1년이 중국에게는 중요한 국면인 것이다.

경제실체로서 활동하는 대만의 전기

대만의 놀라운 경제발전 수준에 대해서는 많은 말이 필요 없다.

1인당 GDP는 이미 1992년 1만 달러 수준을 돌파하여 발전도상국이라 하기에는 어울리지 않을 만큼 성장했다. 아시아 NIES의 일원으로 활동하면서 일본 다음으로 세계 제2의 외화보유액(1994년 현저 925억 달러)를 자랑하고 있으며, 중국을 중심으로 한 동남아시아 국가들에 대한 투자에서도 중요한 역할을 담당하고 있다.

한편 이러한 경제성공의 뒷받침이 된 시민의 정치참여에 대한 요구에 부응하여 대만에서는 장 제스(蔣介石)·장 징궈 지도하의 권위주의적 정치체제가 리 덩후이 정권에 의해 평화적으로 민주화되어갔다. 한국의 광주사건이나 중국의 천안문 사건과 같은 비극도 초래하지 않았을 뿐만 아니라, 필리핀의 아키노 혁명처럼 혼란을 초래하지도 않으면서 대만은 말 그대로 비폭력적이고 민주적인 방법으로 정권과 시민의 노력만으로 다원적이고 민주적인 정치사회를 실현한 것이다.

이러한 대만의 존재가 동아시아에서 날로 위상이 높아지고 있다는 것 또한 명백한 사실이다. 경제규모를 보더라도 GNP 2,262억 달러(1994년)는 세계 18위에 해당되며, 아시아에서는 일본, 중국, 한국, 인도 다음 가는 규모이다. 무역총액은 1,785억 달러(1994년)로 세계 14위며, 일본에게도 대만은 미국, 중국 다음의 세 번째 무역상대국이다.

1992년 8월 중국과 한국이 국교를 수립하자 대만은 한국과 단교했고, 이로 인해 아시아에서 대만과 정식으로 국교를 맺은 나라는 없어졌다. 이런 점에서 볼 때 대만의 외교적 고립이 심각하다는 것은 부정할 수 없는 사실이다. 그러나 1991년 11월 서울에서 개최된 APEC 총회에서 중국, 홍콩과 함께 대만의 가맹이 결정되었고, 이로 인해 아시아·태평양에서 경제실체로서 대만의 존재가 인정받게 되었다. 주권국가로서 가맹한 중국과는 달리 대만은

「차이니스 타이페이(Chinese Taipei)」라는 명칭으로 홍콩과 같은 지역경제체의 자격으로 가맹했지만, 대만이 이미 명칭을 고집하지 않고 올림픽이나 아시아 대회를 비롯한 국제 스포츠 대회에 참가하고 있다는 것은 주지하는 바와 같다.

또 대만은 비정부 간 실무관계를 통해 세계 각국과의 교류강화에 역점을 두어 존재를 부각시키는 데 노력하고 있다. 그리고 그다지 알려지지 않은 사실이지만 부분적 핵실험중지조약이나 NPT 등 국제조약에 가입하고 있다는 것도 지적해두고 싶다. 어쨌든 대만은 정식 국교관계를 수립하고 있는 나라는 적지만, 경제실적을 배경으로 실무적으로는 세계에서 확고한 존재로 인식되고 있다.

경제실체로서 활발하게 활동하면서 정치실체로서의 국제적 입지를 넓히려는 대만의 행동은 「하나의 중국」을 표방하는 중국을 초초하게 하고 있다. 중국과 대만은 홍콩을 경유한 간접무역을 중심으로 1990년대 후반부터 경제교류를 강화하고 있으며, 특히 대만 해협을 연결한 연안의 복건성에 대한 대만의 투자는 하문 경제특구를 비롯한 복건성 연해부의 경제발전에 크게 기여하고 있다. 중국의 연해지역을 중심으로 하는 경제발전에 대만은 홍콩과 함께 매우 중대한 공헌을 해왔던 것이다.

이와 같이 경제적으로는 대만 해협의 폭을 크게 좁히고 있다. 이를 상징하는 극단적인 예를 들자면, 동남아시아 국가들과 분쟁관계에 있는 남사제도 문제에서 대만이 중국과 석유개발합영회사를 설립하여 공동탐사에 착수하는 등 공동보조를 취하고 있다는 것이다.

「하나의 중국」을 둘러싼 중국과 대만의 대립

통일중국을 민족의 비원으로 하는 입장은 중국 정부나 대만의 국민당 정부나 일치하고 있다. 그러나 양쪽 모두 중국을 대표하는 정통정부임을 주장하며 대립하고 있다. 중국과 대만은 한반도와 같이 냉전의 잔재인 「분단국가」로서 현재에 이르고 있다.

앞에서 살펴본 바와 같이 중국과 대만은 경제 면에서는 교류를 강화하여 홍콩과 함께 경제의 일체화가 진행되고 있다고 말해도 좋을 정도의 환경이 형성되었다. 다시 말하면 중국과 대만은 경제 면에서는 같은 방향으로 나아가고 있는 것이다. 그러나 정치에 관해서는 정반대의 방향으로 작용하고 있다. 정부 차원에서는 중국과 대만 모두 「통일」을 거론하면서도 그 실태를 살펴보면 점점 정치적 괴리를 더해가고 있다. 오히려 대만은 1986년에 전통 야당인 민진당이 리 덩후이 체제로 정권을 잡고부터 장 징궈의 권위주의적 체제하에서 금기시해왔던 「대만 독립」을 당의 강령으로 삼는 등 민중 차원에서 논의되던 「독립 염원」을 공공연히 표방하기 시작했다.

원래 대만이 일본의 식민지가 된 것은 1895년 청일전쟁 후에 체결된 시모노세키 조약 때문이었다. 이 때 중국은 청 왕조였다. 제2차 세계대전 후 대만은 중화민국에 반환되었고 4년 후인 1949년 중화인민공화국이 성립됨으로써 중화민국은 수도를 대북(타이페이)으로 옮겨 오늘에 이른 것으로, 중화인민공화국이 실질적으로 대만을 지배한 적은 없다. 이러한 사실만을 보더라도 대만에서는 국민당 정부든 일반 민중이든 간에, 중국에 귀순하는 형태—— 즉 중국이 말하는 「1국 2제도」라는 범위 내에서 중화인민공화국의 특별행정구가 되어 독자적인 행정과 경제제도를 유지한다는 —— 의 「통일」을 순순히 받아들이는 환경은 아닌 것이다.

대만의 민중 입장에서 보자면 리 덩후이 총통 스스로가 시바 료타로(司馬遼太郎)와의 대담(〈주간 아사히(週刊朝日)〉 1994년 5월 6~13일 호)에서 밝혔듯이, 현재의 중화민국 정부도 이전의 일본의 식민지 정부와 같이 「외래정권」이며, 이미 대만 인구 2,100만 명 중 85% 이상이 대만 태생이라는 현실을 보더라도 대만은 「대만인」에 의한 자결권의 유지, 즉 「독립」을 지향해야 한다는 것이다.

리 덩후이 정권하에서 추진되어온 정치민주화도 이러한 경향을 조장해왔다. 입법기관이나 지방자치체 선거를 통해 민의를 묻는다는 민주화는 필연적으로 「대만화」를 초래할 수밖에 없다. 대만의 정치민주화 추진이란 대만의 「대만화」에 의한 독자적인 개성을 추구하는 것을 의미할 뿐이다. 그래서 대만의 정치민주화=대만화라는 흐름은 1996년 봄에 치러진 총통 선거를 통해 완성되었다고 할 수 있다. 대만(중화민국)의 국가 원수가 대만의 민주를 묻는 선거에서 선출된다는 사실은, 중화민국이 머지않아 중국 대륙이 아닌 대만을 대표하는 국가가 된다는 의미다.

「대만 통일」을 둘러싼 중국의 딜레마도 여기에 있다. 중국으로서도 대만의 정치민주화 추진 자체에 대해서는 비난할 수 없다. 그러나 대만이 민주적인 정치체제를 발전시키면 대만 정치의 「대만화」가 진행될 것이며, 그 연장선상에는 「대만 독립」이라는 그림자가 드리우게 된다. 또 대만은 민주화를 진행시킴으로써 미국을 비롯한 선진 민주주의 국가들로부터 인정을 받게되고 정치실체로서의 존재를 부각시킬 수 있다. 대만이 국제사회에서 그 위상을 높인다는 것은 중국의 통일정책에는 부정적으로 작용하게 된다.

중국이 최근 대만의 국제적 활동에 대해 신경질적으로 반응하는 것도 이러한 사정이 있기 때문이다.

대륙정책을 전개하는 리 덩후이 정권

리 덩후이 정권은 1990년 제8기 총통으로 재선된 후부터 「대만 독립」을 경계하는 국민당 반주류파와 중국에 대한 배려 차원에서 독자적인 통일정책을 명확히 해왔다. 이것은 또한 1987년 11월부터 대만 주민의 중국 방문이 가능해진 이후 중국과 대만 사이에 경제와 인적 교류가 급속히 진전되고, 이제까지 대만의 대 대륙기본법이던 「접촉금지, 교섭금지, 타협금지」라는 「3불(三不)정책」이 유명무실화된 것에 대한 현실적 대응을 위한 포석이기도 했다.

1990년 10월에는 총통의 자문기관으로 「국가통일위원회」가, 또 행정원에는 「대륙위원회」가 설치됐으며, 11월에는 대만의 대 대륙실무교류창구로서 「해협교류기금회」〔이사장 : 구 전부(辜振甫) 대만시멘트 회장〕가 설립되었다. 양국의 교류 확대에 의해 발생하는 다양한 문제를 처리할 조직이 필요했기 때문이다. 그리고 1991년 2월에는 국가통일위원회가 「국가통일강령」을 발표했는데, 여기에는 국가 통일의 목표로서 「민주·자유·균부(均富)」의 중국을 세운다고 되어 있다. 이를 위한 과정으로는 ① 제1단계(단기)의 교류호혜, ② 제2단계(중기) 상호협력, ③ 제3단계(장기) 협상통일을 제시했다. 중국이 일찍부터 대만에 요구하고 있던 「통우(通郵), 통항(通航), 통상(通商)」 3통정책의 추진은 이 강령의 제2단계에 해당하는 것이다.

중국도 이러한 대만의 동향에 부응하여 해협교류기금법에 대한 대응으로 1991년 12월에 해협양안관계협회〔회장 : 왕 따오한(汪道

涵) 전 상해시장]를 설치했다. 원칙적으로는 민간조직으로 설립된 것이지만, 사실상 양국의 정부를 대표하는 기관이라 할 수 있는 이들 기관이 이후 양국 실무관계의 창구 역할을 하고 있다. 1993년 4월에는 싱가포르에서 제1회 정상회담이 개최되었다.

1949년 중국과 대만의 분단으로부터 44년 만에 열린 이 정상회담은 구 전부가 리 덩후이 총통과 왕 따오한이 쟝 쩌민 국가주석과 커다란 연결망을 갖고 있는 만큼 본격적인 중국·대만 접촉의 시도라는 점에서 주목되었다. 이러한 회담 개최를 실현한 것 자체가 대만으로서는 경제교류를 심화발전시킨 결과 그 존재의 중요성을 중국에 인식시킨 성과라 할 수 있다. 이것은 대만측이 의도한 「대등한 정치실체」로서의 대만을 부각시켰다. 그러나 중국으로서는 아직 경계해야 할 성질의 것이었다.

대만은 1990년 1월 일반관세무역협정(GATT)에의 복귀를 신청하고 1991년 11월에는 APEC에 참여하게 되었다. 비록 주권국가로서가 아니라 GATT에는 「대만(臺灣)·팽호(澎湖)·금문(金門)·마조(馬祖) 관세영역」으로 복귀 신청한 것이고, APEC에도 지역경제체로서 참여한 것이지만, 대만이 국제적인 활동 무대를 넓히려는 의도에서 벌이는 행동의 일환인 것도 사실이다.

중국과 대만 간의 정상회담이 열린 1993년은 대만에서 UN에 재가맹하려는 문제가 한창 거론되던 해이기도 했다. 중국이 안전보장이사회의 상임이사국으로 거부권을 행사하는 한 대만이 UN에 재가맹될 가능성은 보이지 않았지만, 대만과 국교를 가진 나라를 중심으로 대만의 재가맹이 국제연합에 제안되었다는 것 자체가 중국으로서는 바람직하지 않은 진전이었다. 중국은 1993년 8월 〈대만 백서〉를 발표하여 대만이 중국 영토의 일부이며, 따라서 반드시 통일되어야 한다는 이전의 입장을 확인했다.

그러나 리 덩후이 총통은 1994년 2월 「휴가외교」 명목으로 필리핀·인도네시아·태국 등 동남아시아 3개국을 방문하여 실무관계를 전면적으로 표출함으로써 대만의 국제적 존재를 부각시켰다. 이러한 일련의 행동들이 점차 중국을 자극하면서, 중국은 신경질적으로 대만의 국제적 활동을 저지하고자 했다. 1994년 9월 히로시마 아시아 대회를 기회로 한 리 덩후이 총통의 일본 방문을 극력 반대하고, 같은 해 11월 인도네시아에서 열린 APEC총회에 리 덩후이 총통이 참석하는 문제에 대해서도 반대의사를 분명히 하고 그 저지에 강경한 태도를 취했다. 다음에서 서술하는 미·중 정상회담에서 행한 쟝 쩌민의 발언은 이러한 흐름을 잘 보여주는 것이다.

무력해방을 포기하지 않는 중국

중국과 대만과의 관계에서 가장 큰 문제는 중국에 의한 대만의 「무력해방」이다. 중국은 지금까지 세 번에 걸쳐 대만이 독립하는 경우에는 무력행사도 불사하겠다는 태도를 강력히 표명해왔다. 1994년 11월14일 자카르타에서 열린 APEC 정상회담에서 쟝 쩌민 국가주석은 클린턴 미국 대통령과 만나 대만 문제에 대해 다음과 같은 입장을 밝혔다.

『대만 문제는 중국의 주권, 영토보전, 중화민족의 통일대업에 관련한 문제로 중국 정부와 중국 인민에게는 중대한 문제다. 이 문제에 관한 한 아무리 사소한 것이라할지도 12억 중국 인민의 감정을 건드리는 행위다. 우리가 「평화통일, 1국 2제도」라는 방침을 제기한 것은 평화로운 방식을 통해 이 문제를 해결하고자 하기 때문이다. 혹시 대만 당국이「대만독립」을 꾀하고 외국세력이 이에 간섭한다면 대만 해협에 대파란이 발생할 것이며, 우리는 이러한 사태를 결코 좌시하지 않을 것이다.』

이러한 발언은 1994년 9월 클린턴 정권이 대만 관계를 재검토하여 경제관계장관들의 대만 방문을 해금하는 등 대만과의 관계에 격상조치를 취한 것에 대한 불만의 표명임과 동시에, 대만에의 무력해방도 불사하겠다는 점을 분명히 한 것이다.

1990년대의 중국과 대만은 군사부문에 관한 한 치열한 경쟁을 벌여왔다. 중국이 러시아에서 26대의 스호이27 전투기를 도입했고, 대만은 1992년 여름 부시 대통령의 선거전략에 편승하여 F-16전투기 150기를 구입(배치는 1996년부터)하고 프랑스로부터 60기의 미라주2000-5 전투기마저 사들였다. 또한 대만은 프랑스나 미국에서 흐리킷 함이나 대잠초계기 등을 구입하여 방위력을 비약적으로 강화했다. 중국도 1994년 가을 러시아에서 킬로급 잠수함(디젤 추진)을 4척 구입하고, 노후화된 잠수함 전력을 강화했다. 중국은 모두 22척의 킬로급 잠수함을 구입할 예정인 것으로 알려졌는데, 이렇게 되면 대만에게는 커다란 위협이 될 것으로 예상된다.

1994년 가을 중국은 대만 해협에서「동해4호」와「신성94」라고 불리는 대규모 군사훈련을 실시했다. 이에 대항하듯 대만은 사상 최대규모인「한광14호」훈련을 실시해, 각기 보유하고 있는 군사역량을 과시했다. 1995년 들어 뒤에 설명할 장 쩌민의 대만 8항목이 발표될 무렵, 중국이 복건성에 대만을 사정권에 두는 M9(사정거리 600km, 중국 내에서의 명칭은 동풍15호), M11(사정거리 300km, 동풍11호)이라는 전술 미사일을 배치했다는 정보가 같은 해 2월 24일 류 후아치앤(劉和謙) 참모총장에 의해 밝혀졌다. 나중에 중국측이 부인하기는 했지만 중국과 대만 사이의 군사적 대립이 고조되고 있다는 인상을 주기에 충분했다.

중국이 대만을 군사적으로 해방시킬 것이라는 예상은 결코 현실적이라고는 할 수 없지만, 중국의 내정상황에 따라서 또는 대만의 장래적인 선택이 「독립」으로 기울 경우 중국이 대만에 대해 절대로 모험적인 행동을 하지 않으리라는 보장은 없다. 그런 만큼 대만은 앞으로도 방위력 강화에 많은 노력을 경주하지 않을 수 없을 것이다.

과도기의 중국을 주시하는 대만

1995년 1월30일 쟝 쩌민 국가주석은 8항목에 달하는 대 대만 정책을 발표했다. 덩 샤오핑의 건강악화설이 제기되는 가운데 쟝 쩌민이 주도권을 쥐는 형태로 대 대만 정책을 발표한 것은 상징적인 사건이었다. 무엇보다 덩 샤오핑의 「남은 임무」 제1목표가 대만 통일이고 이에 찬동한 쟝 쩌민이 덩 샤오핑을 후계하는 정치지도자라는 것을 분명히 하고자 한 것이다.

「쟝8점(江八點)」 또는 「쟝8조(江八條)」로 불리는 이 정책의 내용은 『① 「하나의 중국」이라는 원칙을 견지한다. ② 대만의 민간차원에서의 대외적 외교와 문화관계의 발전은 인정하지만 「1중(中) 1대(臺)」, 「두 개의 중국」을 목적으로 하는 「국제적 생존공간」의 확대를 꾀하는 활동에는 반대한다. ③ 적대상태를 정식으로 종결하기 위한 교섭을 제안한다. ④ 평화통일의 실현에 노력한다. 중국인은 중국인과 싸우지 않는다. 무기사용의 포기를 맹약하지 않는 것은 결코 대만 동포에 대해서가 아니라 외국세력이 중국 통일에 간섭하거나 대만독립을 꾀하는 음모에 대한 것이다. ⑤ 양국의 경제협력을 강화함과 동시에 대만 기업의 투자를 보호하는 민간협정을 위한 협의에 찬성한다. ⑥ 양국의 동포는 중화문화의 전통을 계승하고 발전시켜야 한다. ⑦ 대만의 각 당파, 각계 인사와의 평화통일에 관한 의견교환을 환영한다. ⑧ 양국 지도자의 상호방문을 제안한다. 그러나 어떠한 국제무대에서의 회담도 거부한다』라는 것이다.

이 「쟝8점」은 이전의 대만정책에서 크게 벗어난 것은 아니다. 새로운 내용을 보면 첫째, 「중국인은 중국인과 싸우지 않는다」라는 표현으로, 대만에 대한 무력행사는 중국으로서도 본의가 아니라는 것을 나타내고자 한 것이다. 둘째, 대만의 야당을 포함하여 대화용의가 있다는 것, 그리고 대만과 중국의 지도자 상호방문을 제안했다는 것이다.

쟝 쩌민의 제안에 특별한 내용이 없음에도 불구하고 대만측은 신중한 자세를 취했다. 렌잔(連戰) 대만행정원장(총리)은 1995년 2월21일 입법원에서 행한 시정보고에서『양국 관계는 대화의 시대로 접어들었다』라는 입장표명과 아울러 「현상을 기점으로」 경제·무역 등을 통해 교류를 확대함으로써 앞으로는 평등·실무·이성에 의한 협의를 토대로「협조의 시대」로 들어가야 한다고 했다. 여기에서 말하는「현상」은 해협 양안에 두 개의 정치실체가 존재하고 있다는 대만측의 주장을 밑바탕으로 한 것이라고 볼 수 있다.

1995년 12월의 입법원 선거, 1996년 4월의 총통 직접선거를 예정하고 있던 대만은 이 1년 동안 중국과의 관계에서 긴장을 바라지 않았다. 이러한 대만의 태도를 보여주는 것이 1994년 12월에 열린 행정원의 인사조치로, 이 가운데에서도 경제건설위원회 주임위원을 지낸 시아오 완챵(蕭万長)을 대륙위원회 주임위원으로 기용한 사실을 주목할 만하다. 시아오 완챵은 외교관 출신으로 경제에 밝고 국제무역 교섭에 종사한 경력을 갖고 있다. 이러한 인사조치는 대만이 중국과의 관계에서 경제적인 연계를 매개로 하여 긴장완화를 도모하려고 한다는 사실을 감지할 수 있는 것이었다. 쟝 쩌민의 제안에 대한 롄잔 행정원장의 대응에서도 이러한 대만의 의도를 감지할 수 있다.

또한 대만은 쟝 쩌민의 제안을 국가통일위원회에 상정한 후 리 덩후이 총통 자신이 6항목으로 이루어진 정식회답을 중국측에 제시했다. 「리6조(李六條)」라 불리는 회답은 다음과 같다.

『① 양국은 분치(分治)되고 있는 현상을 바탕으로 중국통일의 방법을 찾아야 한다. ② 중화문화를 기초로 하여 양국의 교류를 강화하여야 한다. ③ 양국의 무역을 증진시켜 상호보완 관계를 발전시켜야 한다. ④ 양국은 평등한 입장에서 국제조직에 참가하고, 그에 대한 참석이라는 자연적인 형태로 쌍방의 지도자가 회견해야 한다. ⑤ 대륙의 무력행사 포기라는 기초 위에서 적대상태 종결을 위한 회담 준비를 해야 한다. ⑥ 양국 모두 홍콩·마카오의 번영을 지키고, 민주화를 추진해야 한다.』

이 「리6조」는 쟝 쩌민이 제안한 내용과 비교해볼 때 새로운 것이 전혀 없다. 쟝 쩌민 제안과 맞물려 있는 것은 ② 항의 문화교류와 ③ 항의 경제교류 뿐이며, 나머지는 대만이 이전부터 주장해 왔던 내용을 재천명한 것에 지나지 않는다. 이러한 소극적 대응이야말로 앞에서 언급한 1995~96년에 걸쳐 실시되는 입법원 선거, 총통 선거를 목전에 두고 정치적 모험에 말려들고 싶지 않다는 리 덩후이 총통의 입장을 여실히 보여주는 것이라 할 수 있다. 대만의 진로를 「독립」에 두거나 「통일」에 두는 것은 결코 좋은 정책이 아니라는 정치적 판단을 단적으로 보여주는 증거라고 할 수 있다. 리 덩후이 총통의 그러한 정치적 판단은 「독립」지향이라는 노선을 계속해서 내세운다면, 1994년 12월의 대북 시장선거에서 의외로 좋은 성과를 거두면서 차점자가 된 자오 샤오강(趙小康)이 지도하는 신당이나, 리 덩후이 총통의 정치적 라이벌인 린 양강(林洋港)을 옹호하는 국민당 비주류파, 대륙출신 세력을 중심으로 하는「통일」파로부터 강한 비판을 받게 될 것이라는 데 근거한다. 또「통일」지향으로 기울면, 리 덩후이의 최대 지지기반을 형성하고 있는 대만 출신들의 이탈을 야기할 것이기 때문이다.

그리고 원래 대만이 인식하고 있는 중국 정세야말로「리6조」가 소극적일 수밖에 없는 가장 근본적인 요인이라 할 수 있다. 대만에서 보는 쟝 쩌민은 덩 샤오핑 이후 과도기의 지도자로, 쟝 쩌민과 거래한다는 것은 위험을 감수해야 한다는 인식이 지배적이다. 대만으로서는 덩 샤오핑이 죽은 후 중국에서 당분간 유동적인 정치상황이 계속될 것이므로 적극적인 대응을 할 필요 없이 당분간은 대륙의 정치정세 추이를 관망하는 자세를 취하는 게 유리하다는 판단이다.

단지 이와는 별도로 대만은 중국과의 경제관계에서는 적극적인 자세를 보이고 있다. 대만 행정원은 1995년 1월 각의에서「아시아 · 태평양 오퍼레이션 센터 계획」을 승인했다. 이는 21세기를 앞두고 아시아 · 태평양 지역에서 제조 · 해운 · 공수 · 금융 · 전신 · 통신이라는 여섯 개 분야 중심으로 대만을 발전시킨다는 야심찬 계획이다. 이 가운데 가장 먼저 착수하는 것은 해운이다. 고웅(高雄), 대중(臺中), 기륭(基隆), 화련(花蓮), 소오(蘇澳) 등 다섯 개 항에「역외 전송센터」를 설치하여 대만영역 이외의 항로를 담당하게 하고, 대만과 중국과의「직항」문제에 대해서는 대륙과의 왕래에 외국선박이나 편의치적외국선(便宜置籍外國船)을 이용하며, 사람과 화물을 대만 내부로 통관하는 것은 금지하도록 하고 있다. 지금까지 대륙과의「직항」은 통일사업의 제2단계에서 실시해야 한다면서 거부해온 대만이 선택한 항목인데, 이 방법을 중국측이 솔직히 받아들일 것인지가 주목된다.

이 과정에서 1995년 6월 리 덩후이 총통의 비공식적인 미국 방문이 실현되었다. 리 덩후이 총통의 미국 방문에 대해서 미국의 상하 양원이 압도적인 지지를 해주었기 때문에 클린턴 정권이 그 압력에 굴복한 형태로 모교인 코넬 대학 동창회에 리 덩후이 총통의 참석을 인정한 것이다. 천안문 사건 이후 6주년을 맞는 이 때 대 중국 최혜국대우의 연장을 발표한 시기와 맞물림으로써, 리 덩후이 총통의 방미를 인정한 클린턴 정권이 단순히 의회의 압력에 굴복한 것이라고는 볼 수 없다. 따라서 대만을 사이에 두고 미·중 관계가 복잡해질 기미가 보이고 있다.

리 덩후이 총통은 코넬 대학에서 행한 연설에서 쟝 쩌민 주석을 거론하며 양국 정상이 국제회의 무대에서 회담할 기회를 가져야 한다고 언급했다. 중국측은 즉시 이것을 거부했지만, 리 덩후이의 미국 방문이 대만의 존재를 국제적으로 부각시킬 수 있는 기회가 되었다는 점은 틀림없는 사실이다. 당연히 중국은 이에 강한 반발을 했고 주미대사를 소환하고 같은 해 7월로 예정된 양측의 왕 따오한(중국 ; 해협양안관계협회 회장)과 구 젼부(대만·해협교류기금회 이사장)의 제2회 양국 정상회담도 연기한다고 통고했다. 대만 문제와 관련된 중국의 대외적 대응이 한층 강화될 것으로 예상된다.

제 7 장

●

대두하는 중국과 아시아의 안전보장

동아시아의 분열과 통합

냉전 이후의 국제관계를 한 마디로 말하자면, 세계적인 규모로 진행되고 있는 「통합」과 「분열」이 경쟁적으로 반복되는 현상이라고 할 수 있다. 「통합」 측면에서 보면 유럽연합(EU)과 APEC의 확대와 북미자유무역협정(NAFTA)의 성립을 들 수 있다. 「분열」로는 구 유고슬라비아의 보스니아 문제와 소련의 붕괴, 그로 인한 각 연합국의 독립을 들 수 있다. 아시아에서는 특히 중국의 신강 위구르나 티베트, 또 몽골과 조선족 자치구의 분리독립에 대한 우려를 지적할 수 있다.

중국의 경우 여기에 그치지 않고 「개혁·개방」노선 자체가 중국의 분열을 조장하는 요소로 작용하기도 한다. 개방정책이 지방

---

* 필자는 아베 준이찌(阿部純一)이며 현재 霞山会 주임연구원으로 근무하고 있다.

으로의 권력이양을 촉진시켰는데 연해지역, 특히 남부의 경제발전을 현실화했다. 그러나 그 결과 내륙지역과의 경제격차가 발생하는 한편, 무역이나 외자도입이라는 외부와의 연계성 강화에 의해 연해지역의 발전이 이루어지면서 점점 중앙의 통제력이 미치지 못하고 있다.

이러한 「분열」과 「통합」의 경쟁적 반복은 동아시아 지역무대에 중국이 등장함으로써 더욱 심각해질 것으로 예상된다. 중국의 등장 그 자체가 냉전 이후 지역적 국제환경 측면에서 현상의 변화를 촉진하고 있으며, 유동화의 양상을 보이는 동아시아 국제질서의 재편성을 요구하고 있다. 동남아시아에서도 말레이시아 마하티르 수상이 제창한 동아시아경제회의(EAEC) 구상은 미국에 대항하여 아시아 국가들을 규합하자는 것이지만, 이 구상은 태평양을 분단할 우려가 있다는 비판의 목소리도 만만치 않다. 조선민주주의인민공화국(북한)의 핵개발 문제도 지금까지 동지였던 러시아와 중국이 냉전 이후의 국제관계 조정으로 인해 한국과 국교를 수립함으로써 점점 고립화한 결과라고 볼 수 있으며, 서독이 동독을 흡수합병한 독일 통일과 같이 남한이 북한을 흡수하는 한반도의 통일에 대비, 북한이 선택한 「최후의 저항」일지도 모른다.

이 장에서는 이러한 동아시아 정세를 살펴보고 특히 동아시아의 국제관계에서 「분열」요인으로 작용하는 중국에 초점을 맞추고, 그 중에서도 「국제분쟁의 화약」으로 등장하고 있는 남지나 해의 남사제도를 둘러싼 지역적 대립관계를 중심으로 중국의 외교자세를 검토함과 동시에 일본의 대응을 논하고자 한다.

아시아의 「기러기형」 경제발전에 중국도 참가

중국은 1978년 12월 중국공산당 11기 3중전회에서 덩 샤오핑이 화 궈펑으로부터 실권을 빼앗아 「개혁·개방」노선을 표방함으로써 경제건설을 최우선으로 하는 근대화 노선을 시작했다. 이미 제6장에서 서술했듯이 1980년대에 이에 대한 첨병적 역할을 하게 될 경제특구가 광동성의 심천·주해·산두와 복건성의 하문에 설치되었다. 이들 특구는 홍콩이나 대만과의 통일을 노린 정치적 의미를 갖고 있었지만, 어쨌든 여기에는 외자의 적극적인 도입을 도모하는 중국의 개방정책을 상징하는 성격이 짙게 배어 있었다.

중국 경제에서 특구의 성격을 어떻게 정의할 것인가에 대한 중국 국내의 논의가 분분하여 이론적 검증이 실시되지 않은 상태에서, 1984년 연해의 14개 도시에 경제기술개발구가 설치되었고, 1985년에는 주강(珠江)과 양자강 삼각주 지대가 대외에 개방되었다. 이렇게 하여 중국의 개방정책은 정책보다 실행이 우선되는 형태로, 남에서 북으로 점에서 면으로 확대되었다. 이러한 특구나 개발구에서는 외자도입에 의한 수출지향과 첨단과학기술 지향을 명확히 해나가고 있는데, 여기에서 이미 중국의 개방정책이 아시아 NIES형 발전형태를 지향하고 있다는 사실을 엿볼 수 있다.

이것을 정책적으로 이론화한 것이 1987년에 왕 지앤(王建 : 국가계획위원회 계획경제연구소 부연구원)이 논문으로 정리한「국제대순환론」을 근간으로 하여 1988년 1월 발표된 자오 쯔양의「연해지구 발전전략」이다. 자오 쯔양은 1985년 9월의「프라자 합의」에 의한 국제통화조정, 단적으로 말하면 엔화 상승, 달러화 하락이라는 국면하에서 지금이야말로 중국이 저렴하고 양질의 노동력으로 높은 임금에 시달리는 선진국으로부터 노동집약형 산업과 수출의존형 산업을 흡수할 수 있는 절호의 기회라고 주장했는데, 그의 이러한 주장은 아시아 NIES의 발전모델을 의식했음에 틀림없다. 그의 주장은 아시아 NIES가 발전해온 길을 중국도 따라 걷겠다는 의도를 보여주고 있기 때문이다.

자오 쯔양이 구상한 것과 같이 경제특구는 번영을 구가하여 연해지역의 발전전략은 순조롭게 진행되었지만, 국내 경제는 가격개혁 문제로 1988년에는 평균 18.5%라는 미증유의 인플레이션 사태가 발생했다. 자오 쯔양은 경제정책의 실패에 대한 책임을 지고 급성장보다 안정을 중시하는 리 펑이나 야오이린에게 정책의 실권을 넘겨주게 되었다.

그 후 1989년 천안문 사건이라는 시련을 거치고 동구 사회주의 국가의 민주화혁명과 미·소 냉전의 종결이라는 과정 속에서, 서방측에 의해 사회주의체제가 무너지는 이른바「평화연변」에 대한 심각한 우려 때문에 중국은「안정·단결」이라는 미명하에 경제의 정리·정돈을 표방하게 되었다. 인플레이션을 억제하기 위한 긴축정책이 실행되어 나름대로의 성과도 올렸다. 1990년의 소매물가지수는 전년 대비 2.1%에 그쳤다. 그러나 이러한 정책이 반대로 경제성장을 억제하게 되어 1990년 5.2%, 1991년 7.0%의 성장에 그쳐 1988년의 11.0%에 비해 현저한 정체를 나타냈다. 경제의 과열은 진정되었지만, 한편으로는「정체」현상을 가져오게 된 것이다.

그래서 1992년 1월 당시 88세인 덩 샤오핑은 노구를 이끌고 심천 경제특구를 방문했다. 이는 자신이 주장한「개혁·개방」정책의 상징이라 할 수 있는 이 지역에서 정책의 정당성을 확인함과 동시에,「남순강화」를 통해 고도성장 노선으로의 회귀를 꾀하기

위한 것이었다. 덩 샤오핑에게는 경제성장을 통한 인민의 생활향
상이야말로 정권의 안정을 유지하는 길이었고, 경제의 정체가 계
속되면 앞서가는 동아시아 국가들로부터 낙오될 수밖에 없다는 강
한 불안이 자리잡고 있었기 때문이다. 덩 샤오핑은 이대로 가다가
는 중국이 발전할 기회를 눈앞에서 놓쳐버릴지도 모른다는 불안감
을 느낀 것이다.

한편 중국의 대 아시아 외교는 적극적으로 전개되었다. 천안문
사건은 중국을 세계적으로 고립시켰다. 미국의 인권옹호 압력을
받은 중국은 동남아시아의 권위주의체제 국가와의 연대 필요성을
느끼게 되었다. 또한 캄보디아 문제 해결에서 ASEAN과 공동보조
를 취한 결과 1990년 8월 인도네시아와 같은 해 10월 싱가포르와
다음해인 1991년 3월에는 브루이와 국교를 수립함으로써 모든
ASEAN 회원국들과 국교관계를 갖게 되었다.

이후 중국은 1991년 7월 ASEAN 확대 외무장관회의에 주최국인
말레이시아의 초대 국가로서 소련과 함께 처음으로 참가했고, 같
은 해 12월에는 APEC에 가입했으며, 1992년 8월에는 한국과 국교
를 수립함으로써 적극적인 대 아시아 외교를 정립하게 되었다.
1988년 베트남과의 전쟁을 통해 남지나 해의 남사제도 일부에 대
한 실질적인 지배권을 획득한 것도 중국이 특별히 대 동남아시아
외교를 적극적으로 전개하는 데 한몫을 했다고 볼 수 있다. 탈냉
전하에서 미국의 존재가 미약한 틈을 타서 서로 주권을 주장하는
남지나 해 문제에 뛰어든 것에서 볼 수 있듯이, 「주권문제를 보류
하고, 공동개발을」, 「분쟁은 양국 간 교섭으로」라는 방향으로 끌
고 가기 위해서는 적극적인 대 동남아시아 외교를 전개할 필요가
있었던 것이다.

석유자원의 보고, 남지나 해에 대한 기대

1984년 10월 덩 샤오핑은 당 중앙고문위 제3회 총회에서 남사제도 문제에 대해서 다음과 같이 말했다.

『원래 남사제도는 세계지도상 계속 중국령으로 표기되어 중국에 속한 것이었는데, 지금 대만이 하나의 섬을 차지하고 있고 그 밖에도 필리핀이 몇 개의 섬을 점령하고 있으며, 베트남이 몇 개의 섬을, 말레이시아가 또한 몇 개의 섬을 차지하고 있다. 이 문제를 어떻게 해결할 것인가. 하나의 방법은 우리가 무력으로 이들 섬을 다시 차지하는 것이고, 다른 하나는 주권문제는 일단 미루어 두고 공동개발을 하는 것이다. 이렇게 하면 오랜 세월 장애가 되었던 문제를 제거할 수 있다. 이 문제는 언젠가는 반드시 해결해야 한다.』(《덩 샤오핑 문선(1982~92)》)

중국은 1974년 당시의 남베트남 지배로부터 남사제도를 「탈회(奪回)」했다고 말하고 있었지만 1984년에 이르기까지 아직 실질적으로 남사제도를 지배하고 있지 못한 실정이었다. 그러나 이 때 이미 덩 샤오핑은 남지나 해로 진출하여 남사제도를 지배할 의욕을 확실히 밝힌 것이다.

중국에게 남지나 해는 중요한 의미를 갖고 있다. 무엇보다도 해저 석유자원은 이라크나 쿠웨이트의 매장량을 능가하는 것으로 알려져 중국으로서는 무슨 일이 있더라도 남지나 해를 「중국의 바다」로 인정받고 싶은 것이다. 세계 제5위 석유생산국인 중국은 연간 1억 4,000만 t의 석유를 생산하고 있지만, 내륙의 대경(大慶) 유전과 승리(勝利) 유전이 노후되어 생산이 거의 한계에 도달했다. 그래도 지금까지 국내수요만큼은 국내생산으로 감당해왔는데, 국내산업의 급성장으로 석유수요가 증대하여 1993년에는 석유수입국으로 전락했다. 중국의 신강 위구르 자치구인 타림 분지에 유망한 석유자원이 있다고는 하지만, 이미 해저에 대규모 석유자원이 묻혀 있다고 입증된 동지나 해와 남지나 해로 눈길을 돌린 것이다.

실제로 중국이 동지나 해와 남지나 해에 대한 영유권을 강하게 주장하기 시작한 것은, 1968년에 국제연합 아시아극동위원회(EC-AFE)가 설립한 아시아 해저광물자원 합동조사조정위원회(CCOP)가 이 해역을 조사한 결과 유망한 해저 석유자원이 매장되어 있을 가능성을 지적한 이후부터다. 특히 동지나 해에서는 지금까지 영유권을 주장한 적이 없었던 첨각제도에 대해 1970년대에 들어서면서부터 노골적으로 중국령이라고 주장하게 된 것이다.

중국의 야망과 딜레마

남지나 해는 앞날의 발전을 위한 중요한 자원의 보고로, 중국으로서는 무슨 일이 있어도 확보하고 싶은 곳이다. 그러나 개발에 투입할 충분한 자금이나 기술이 없기 때문에 외자나 외국기술에 의존해야 하는 형편이다. 또 350만 ㎢의 광대한 남지나 해의 남부에 위치하는 남사제도는 중국 본토에서 1,000km 이상 떨어져 있기 때문에, 이 해역의 자원개발을 진행하기 위해서는 주변 국가와의 협력관계가 불가피하다. 이런 상황에서 영유권을 둘러싸고 남지나 해에서 분쟁이 격화되는 상황을 어떻게 해서라도 막아야 한다. 분쟁이 격화되면 외자를 끌어들이기 어렵기 때문이다. 남사제도의 영유권을 둘러싸고 「논쟁은 보류하고, 공동개발」을 주장하는 중국의 자세는 이러한 의미에서 좋은 타협책이라고 말할 수 있다.

1992년 가을 중국 공산당 제14회 전국대표대회에서 쟝 쩌민이 「영해의 주권과 해양권익의 방위」야말로 군이 담당해야 할 역할이라고 처음으로 주장한 것은 중국 내부에서 군의 영향력이 크다는 것을 의미함과 동시에 군을 내세워 남지나 해와 동지나 해에 대한 영토주권을 절대적으로 확보하겠다는 의사를 강력히 표명한 것이라 할 수 있다. 중국은 앞으로의 발전을 확보하기 위해 남지나 해의 평화를 바라고는 있지만, 동남아시아 국가들과의 협조를 추구하면서도 유사시에는 힘으로라도 그 목적을 달성하고자 할 것이다.

이를 시사하는 것이 1993년 8월 중국 공산당 중앙이론지 〈구시(求是)〉에 발표한 류 후아칭 중앙군사위 부주석의 논문이다. 「중국의 특색을 갖는 근대적 군대건설이라는 길을 흔들림 없이 전진하자」라는 제목의 이 논문에서 류 후아칭은 해·공군의 우선적 발전을 주장하면서 이렇게 서술했다. 『우리나라는 해양대국으로 영해, 내해, 대륙붕 등 수백만 ㎢에 달하는 해역을 관할하고, 1만 8,000km의 해안선, 6,500여 개에 이르는 크고 작은 섬이 있다. 해양과 중화민족의 생존과 발전은 밀접하게 연결되어 있다. 우리나라의 해양권익을 방위하기 위해서는 강력한 해군을 육성해야 한다. 또 현대는 해상이든 육상이든 간에, 공군의 지원 없이는 작전이 이루어지지 않는다. 따라서 우리는 해·공군의 현대화 건설에 우선적 지위를 두지 않으면 안 된다.』

해군사령원 출신인 류 후아칭은 현재 중앙군사위 주석인 쟝 쩌민을 보좌해 해방군의 실무를 담당하고 있는 인물이다. 중국 해군을 외양함대로 육성한 지도자이며 그의 지도 아래 중국 해군은 증강을 도모하고 있다.

〈그림 7-1 〉 남지나 해와 연안국이 주장하는 관할해역과 해상교통로

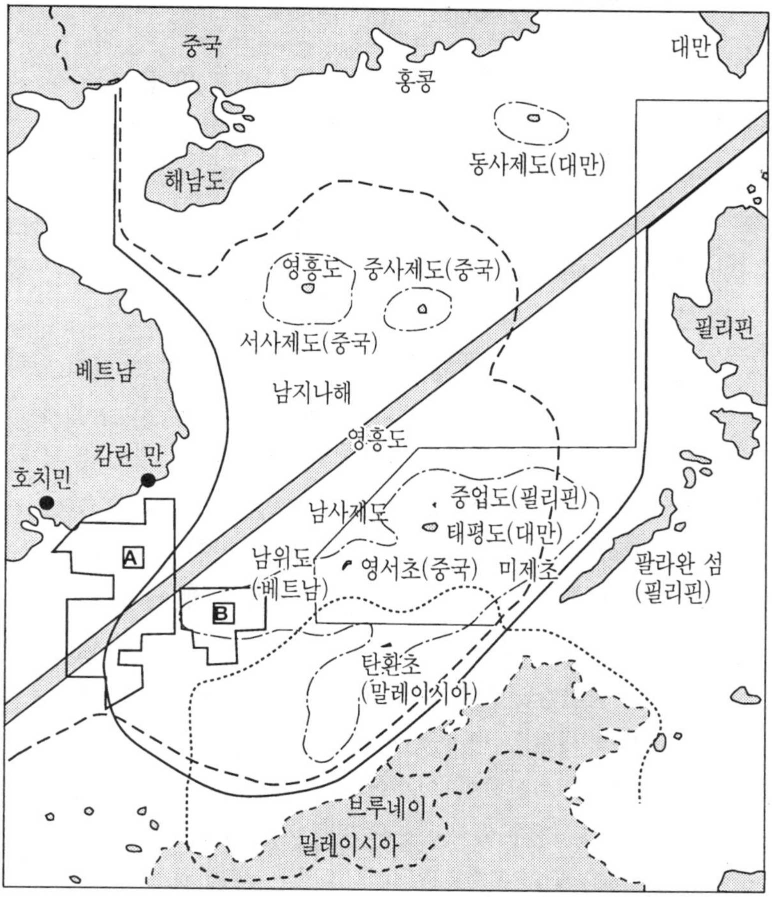

중국이 주장하는 관할해역
필리핀이 주장하는 관할해역
베트남이 주장하는 관할해역
말레이시아가 주장하는 관할해역
해상교통로

A : 베트남의 석유광구 B : 중국이 미국 석유기업에 탐사를 인가한 석유광구

남지나 해를 목표로 군비확장 경쟁

현재 남지나 해는「분쟁의 바다」로 주목받고 있다. 남지나 해에 위치한 남사제도는 33개의 조그만 섬과 400개 이상의 환초로 이루어져 있다. 현재 베트남·중국·대만이 전체에 대한 영유권을 주장하고 있고, 말레이시아·브루나이·필리핀이 그 일부에 대한 영유권을 주장하고 있으며, 브루나이를 제외하고는 각각 몇 개의 섬들을 실제로 지배하고 있다(〈그림 7-1〉 참조).

남사제도의 영유권을 둘러싸고 남지나 해에 인접한 많은 나라들의 긴장관계가 계속되고 있지만, 특별히 주목을 끄는 것은 중국의 군사적 진출과 동남아시아 국가들의 군비확장 경향이다. 중국의 남지나 해 진출에 대해 간단히 살펴보면 우선 1974년 당시 남베트남 지배하에 있던 서사(西沙)제도에 진출하여 이 지역을 탈취했고, 1988년에는 베트남 해군과의 교전을 통해 남사제도에 진출했다. 서사제도에 대한 진출은 미국이 철수한 후 남베트남 정부가 허약해질 것이라는 예상하에 감행한 행동이며, 1988년 남사제도에서 있었던 해전도 중·소 화해를 앞두고 소련이 베트남에서 철수할 것이라는 계산하에 이루어진 작전이었다. 중국의 철두철미함이 확연히 나타나 있다. 또한 중국은 1992년 7월 남사제도의 남훈초(南薰礁)에 주권을 나타내는 표지를 세워 베트남과의 대립을 재연했다. 1992년 가을에는 미국이 수빅 만에서 철수함으로써 남지나 해에서 강대국의 기지가 없어지게 되었는데, 이는 자원확보를 위해서는 섬을 실질적으로 지배해야 한다는「실적 만들기」단계에 있는 중국으로서는 매우 유리한 환경이었다.

나아가 1993년 8월 초 일본의 해양관측위성「모모1b」가 촬영한 서사 제도의 영홍도(위디 섬)에 중국이 건설한 2,600m에 달하는 활주로사진이 발표되었다. 1993년 7월 ASEAN 확대 외무장관회의에 출석한 첸 지첸 외무장관은 이 비행장이 1988년 완성된 것이라고 주장했다. 첸 지챈 외무장관은 군용이 아니라 민간공항이라고 해명했지만, 군용기가 상주함으로써 허위로 드러났다. 중국 본토에서 1,500km 떨어진 남사 해역의 제공권을 확보한다는 것은 중국으로서 매우 중요한 관건이면서도 어려운 과제가 아닐 수 없었다.

중국이 러시아로부터 항속거리가 긴(4,000km) 스호이27 전투기 26대를 도입한 것은 남사 방면에서의 활동을 염두에 둔 행동으로 관측되며, 서사제도의 영홍도 비행장은 이를 위해 매우 좋은 전진기지가 될 것으로 관측된다. 지금까지 스호이27은 26대 모두 남경 군구인 안휘성과 무호(蕪湖)에 배치되어 상해 방면의 방공임무를 담당하고 있으며, 대만 방면에도 대응한다는 태세를 취하고 있다. 중국은 또한 추가로 스호이27을 24대 더 도입하기로 러시아와 합의했으며 종국적으로는 라이선스 생산을 희망하고 있는 것으로 알려졌다. 스호이27이 남지나 해 상공을 비행하게 될 날도 머지 않았다.

남지나 해를 둘러싸고 군사력을 강화시키고 있는 것은 중국만이 아니다. 냉전이 종결되었다고는 하지만 동남아시아 국가들의 국방비는 현저하게 신장하여, 이 지역은 병기수출국의 최대시장이 되고 있다. 인도네시아는 구 동독 함선 39척을 도입했고, 또한 스페인에 항공모함을 발주해놓고 있다. 말레이시아는 러시아로부터 미그29전투기를 18기, 미국으로부터 FA-18 전투공격기 8대를 도입했다. 태국·싱가포르·인도네시아는 미국의 F-16전투기가 공군의 주력기다.

이는 남지나 해에서의 긴장이라는 이유도 있지만, 국내 치안확보를 위한 군대에서 대외적 방위임무를 위한 군대를 건설하려는 계획과 경제발전에 따라 고가의 신형병기 구입을 추진한 것 등 여러 요인이 복합적으로 작용하여 이루어진 결과다. 단지 현재의 상황만을 놓고 보자면 동남아시아 국가들의 경우는 구식병기를 신형으로 바꾸는 차원에서 추진되고 있는 것으로, 지역안정에 지장을 가져올 만한 군비확장 경쟁 수준에는 아직 이르지 않고 있다.

군사대국화하는 중국의 위협

1994년 10월 인도네시아 보고르에서 개최된 제6회 APEC 각료회의 제2회 비공식 정상회담에 출석한 쟝 쩌민 국가주석은 기자회견에서 중국위협론에 대해 『중국은 발전도상국으로, 현재 모든 힘을 경제건설에 쏟고 있으며, 평화로운 국제환경을 필요로 하고 있다. 다음 세기에 들어서 중국이 더 발전하여 강대국이 되어도 우리는 결코 패권을 주창하지는 않을 것이다』라며 동남아시아 국가들의 불안감을 불식시키고자 노력했다.

그러나 제4장에서 서술했듯이 중국위협론의 근거 가운데 하나인 국방비 지출의 급증세가 멈추지 않고 있다는 것이다. 중국의 국방비 지출은 기본적으로 인건비나 훈련비 및 병기구입비 등 주로 소모비에 충당하고 있고 인플레이션으로 상쇄되는 부분도 적지 않지만, 병기개발과 생산비 등은 기본 건설비와 같은 별도 항목으로 취급하고 있는 것으로 알려져 있다. 이러한 점을 감안하면 중국의 실질적인 국방비 지출 규모는 공표된 수치의 몇 배에 달할 것으로 보인다.

중국의 경제발전이 지금까지의 속도를 유지하면서 고도성장을 계속하게 되면 그에 걸맞은 국방비의 신장이 예상된다. 그렇게 되면 조만간 「군사대국으로서의 중국」이 출현하게 될 것이다. 특히 러시아의 대 중국 군사협력이 성과를 올리면 중국군 장비의 근대화도 대폭 향상될 것이다.

1994년 2월7일 북경에서 보내온 소식에 의하면, 1991년 말 처음으로 개최된 해군 공작회의에서 1990년대부터 21세기 초에 걸친 해군 발전전략을 결정했는데 남지나 해의 남사제도에서 중국의 권익을 옹호하기 위해서는 21세기 초까지 2척의 항공모함을 중심으로 하는 함대 2개를 자력으로 편성한다는 계획을 입안했다는 것이다. 이같은 내용은 중국 강서성 사회과학연합회 잡지인 〈쟁명(爭鳴)〉을 통해 밝혀졌다.

중국 해군이 항공모함 보유에 강한 관심을 갖고 있다는 것은 이미 알려져 있는 사실로, 구소련의 대형 항공모함인 와랴그나 소형 키에프급 항공모함을 구입한다는 소문은 있었지만, 항공모함 기동함대의 보유와 운영에는 막대한 비용이 소모되기 때문에 당분간은 실현불가능할 것으로 보였다. 그러나 대만의 〈중국시보(中國時報 : 1994년 3월12일)〉에 의하면 중국 군사과학원 부원장인 미전위(糜振玉) 중장이 『중국은 광활한 해양과 접해 있으며 해안선도 굉장히 길다. 항공모함을 건조하는 연구를 해서는 안 될 이유가 없다. 현재 인도도 3척의 항공모함을 보유하고 있으며 태국도 고려 중이다. 우리나라에는 한 척도 없다. 따라서 앞으로 우리에게도 반드시 항공모함이 필요할 것이다』라는 주장을 게재했다. 중국이 항공모함의 개발에 착수했다는 사실은 아직 확인되고 있지는 않지만 항공모함을 보유하겠다는 의사를 명확히 밝히고 있기 때문에 앞으로 10여 년 후에는 중국이 남지나 해나 동지나 해에 항공모함 기동부대를 주둔시키게 될 것으로 보인다.

또한 중국은 미얀마 군사정권에 대한 군사원조를 계속하고 있는데, 이는 미얀마의 협조하에 안다만 해에서 해군력을 과시하여 인도양으로 진출하는 데 교두보로 삼으려는 의도 때문이다. 중국과 미얀마는 군사원조는 물론 국경무역도 활발하여 앞으로 긴밀한 관계가 더욱 강화될 것으로 보인다. 그러나 중국이 인도양에 진출하게 되면 인도와의 관계에 긴장이 발생할 것은 필연적이다.

현재도 중국의 해군력은 동남아시아 국가들이 모두 힘을 합해도 대항할 수 없을 정도로 위협적이다. 중국이 추구하는 강대화를 염려하면서 군사대국 중국과 어떻게 타협해나갈 것인가 하는 문제는 동남아시아 국가에 한정된 것이 아니라, 미국이나 일본에게도 중요한 과제가 아닐 수 없다.

석유개발을 둘러싼 중국과 베트남의 각축

남사 해역에서 해저 석유자원 개발을 둘러싼 최근의 동향에 대해 살펴보자. 영해법을 공포한 직후인 1992년 5월 중국의 해양석유총공사와 미국 크레스턴 에너지사는 남사제도 서부 수역 광구에 대한 석유탐사 계약에 조인했다. 중국으로서는 남사 해역의 석유탐사를 위한 외국기업과의 최초 계약이었는데, 이 광구는 베트남이 주장하는 대륙붕과 경제전관구역이 중복되는 지역이었기 때문에 베트남 외무부는 중국을 격렬히 비난했다. 1975년 북베트남에 의한 무력통일 이후 미국과 베트남은 국교가 단절되었고, 1994년 2월이 되어서야 미국의 대 베트남 경제제재가 해제되었지만 아직 국교정상화에는 이르지 않고 있다. 이와 같이 미묘한 남지나 해에 중국이 미국 기업을 끌어들인 것은 이 지역 분쟁에 미국의 개입을 견제하고, 만일 개입하더라도 중국에 유리한 상황을 만들기 위한 포석으로 해석할 수 있다.

그렇다고 베트남도 가만히 있을 수는 없었다. 미국의 경제제재 해제에 앞서 1993년 말 베트남은 미국의 모빌사와 니쇼이와이(日商岩井) 등 세 개의 일본 기업으로 구성되어 있는 공동체에「블루 드레곤」이라 불리는 유망 석유광구 개발권을 부여했다. 이 광구는 베트남 전쟁 중인 1974년 모빌사의 탐사를 통해 유망 광구가 발견된 장소로, 크레스턴 에너지사의 석유탐사광구 바로 옆에 위치해 있으며 이 영역의 반은 중국이 주장하는 영해선에 속해 있다. 모빌사는 낙찰에 앞서 미 국무부의 승인을 얻었는데, 이는 미국이 광구가 있는 해역의 베트남 주권을 승인한 것이라고 볼 수 있다. 이것은 의심할 여지없이 중국의 강경한 남지나해 진출에 대한 미국의 견제조치라고 할 수 있다. 그러나 이「블루 드레곤」프로젝트에서 모빌사는 시추에 실패하여 철수작업에 들어갔다.

중국이나 베트남 모두 해저의 석유자원 탐사에는 외국자본이 필수불가결한 조건인데, 미국은 이러한 사정을 교묘히 이용하여 정치적 영향력을 행사하고 있다. 이러한 복잡한 이해관계가 어떤 의미에서는 남지나 해에 일종의 미묘한 균형을 부여하고 있다고 할 수도 있다.

남사 문제의 국제적 해결 도모

남사제도의 영유권 문제에는 ASEAN 3개국이 개입되어 있기 때문에 ASEAN도 이 문제를 심각하게 받아들이고 있다. ASEAN의 전략은 명백하다. 각 회원국이 개별적인 힘은 약하지만 서로 결속하여 ASEAN이라는 조직을 결성함으로써 국제적 발언력을 향상시켜온 경험이 있기 때문에, ASEAN이라는 조직을 통해 중국에 대항하고 중국을 국제적 조직 속으로 끌어들여 남사 문제를 해결한다는 전략인 것이다.

지금까지 남사 문제를 둘러싸고 열린 국제회의로는 일반적으로 남지나 해 공동개발회의라고 알려진, 정식 명칭으로 「남지나 해의 잠재적 분쟁처리를 위한 워크숍」이라는 모임이 있다. 남사제도의 영유권 문제에 직접적으로 관여하지 않은 인도네시아가 주도권을 발휘하고 있으며 캐나다가 스폰서 역할을 하고 있는데, 정부 관계자일지라도 개인자격으로 참가하도록 되어 있다.

제1회 회의는 1990년 1월 발리 섬에서 개최되어 ASEAN 회원국만 참가했는데, 거의 주목을 받지 못했다. 이 회의가 주목을 받기 시작한 것은 제2회 회의부터다. 1991년 7월 반둥에서 개최된 2회 회의에는 ASEAN 국가들 이외에도 중국·대만·베트남·라오스 등 66명의 대표가 참가해 문제의 당사자 모두 참석하게 되었다. 이 회의에서 발표된 공동성명의 내용은 남지나 해의 영토 문제는 대화와 교섭을 통해 평화적으로 해결하고, 분쟁해결을 위한 무력행사를 하지 않는다는 것 등이다.

제3회 회의는 1992년 6월 자카르타에서 개최되었다. 참가국은 제2회 회의 때와 같고 대표자는 모두 60명이었다. 이 회의에서는 같은 해 2월에 공포된 중국의 「영해법」과 남지나 해에서의 석유탐사에 대한 비난이 쏟아졌지만, 다음 달에 ASEAN 외무장관 회의를 앞두고 있었기 때문에 공동성명의 내용은 2회 회의에서 합의된 사항을 재확인하는 것에 그쳤다.

제4회 회의는 1993년 8월 슬라바야에서 개최되었다. 개막연설을 한 인도네시아의 아라타스 외무장관은 회의에 대해 『서서히 정부 간 대화로 격상할 시기가 되었으므로 각 관계 정부가 판단할 것으로 기대한다. 현재의 개인자격에 의한 참가에서 정부 간 공식

회의로 전환하자』라고 제안했는데, 이에 대해서 중국은 강한 불만을 나타냈다.

중국은, 영유권 문제는 어디까지나 양국 간 협의를 통해 해결해야만 하고, 이 문제가 국제화되는 것을 원하지 않고 있으며, 영유권 문제 자체를 의제로 한다는 데 강한 불쾌감을 표명했다. 이는 회의의 성명에서도『공식적인 정부 간 대화로 격상하는 구상은 시기상조라는 의견도 있었다. 앞으로 논의를 계속한다』, 『남사제도의 영유권 문제에 대해 관계국에 의견을 표명할 기회는 주어졌지만, 이 문제를 해결하기 위한 토의는 이루어지지 않았다』라는 표현이 반영되는 등 사태를 위한 진전을 보지 못했다.

제5회 회의는 1994년 10월 서 수마트라의 부키틴기에서 개최되었고, 이 때부터 캄보디아가 참가했다. 회의에서는 자원의 공동개발 방법이나 영유권을 둘러싼 법적 문제점에 대한 의견교환 결과 1995년 중반 법적 문제에 대한 전문가회의를 태국에서 개최하도록 결정했다. 또 남사제도와 서사제도의 관계국과 지역 간 군사력 동결에 대한 필요성이 논의되어 이에 대해 참가국 9개국이 지지하고 나섰지만, 중국과 대만이 난색을 표명하여 더 이상 진전되지 않았다.

또 회의 직전 싱가포르에서 중국의 중국 해안석유총공사와 대만의 중국석유공사가 남지나 해에서의 석유 공동개발을 둘러싼 두 번째 비밀회담(제1회는 1994년 4월)을 가져, 남지나 해의 자원 공동개발에서 중국과 대만이 앞서가는 상황이 전개되었다.

지역 안전보장 시스템을 모색하는 동남아 국가들

이러한 상황에서 ASEAN 국가들은 냉전종결에 따른 미·소의 영향력 축소와 남지나 해에서의 중국 진출이라는 지역의 안전보장 환경 변화에 대한 대응 모색 차원에서, 다른 한편으로는 ASEAN이 적극적으로 대응한 1991년 캄보디아 문제가 평화롭게 해결된 데 다른 자신감과 이후의 연대유지를 위해 ASEAN이 주도하는 다국간 안보대화의 장을 마련할 필요성을 인식하기에 이르렀다.

이러한 계기는 ASEAN의 외부에서 주어졌다. 유럽안전보장협력회의(CSCE)가 미·소의 냉전종결에 크게 기여한 것에 자극받아 아시아에서도 안전보장을 위한 다국간 협력을 추진해야 한다는 논의가 고조되었다. 그 결과 1990년 7월 오스트레일리아의 에반스 외무장관이 CSCE의 아시아판 구상(CSCA)을 제창했고, 그 해 9월에는 캐나다의 클라크 외무장관도 북태평양에서 CSCE와 같은 조직이 필요하다고 역설했다.

그러나 동아시아 안전보장에서 주도적 역할을 해온 미국은, 이러한 다국간 안보조직이 지금까지 아시아 안보의 기초가 되어온 미·일 안보조약 등 2국 간 동맹관계를 약체화한다는 판단하에 소극적으로 대응했다. ASEAN 국가들도 CSCE와 같은, 지역을 포괄하는 안보회의에는 소극적이었기 때문에 참가국을 한정시킨 소규모의 안보회의를 지향했다.

이러한 상황의 타결점이 된 것은 1991년 7월 ASEAN 확대외무장관회의에서 일본의 나카야마 외무장관(당시)의 제안이었다. 나카야마 외무장관은 기존 조직인 확대외무장관회의를 활용하여 지역의 관계국가들이 안보를 포함한 정치대화를 개시할 필요가 있다고 주장하고, 이 효과를 높이기 위해 차관급의 고급사무수준 협의를 설정하자고 제안했다.

이 제안으로 1992년 1월 싱가포르에서 제4회 ASEAN 정상회담이 개최되었다. 이 회담에서 주최국인 싱가포르 총리는 개회연설을 통해『세계정세가 크게 변화하고 있는 상황에서 경제만이 아니라 안전보장·정치분야에서도 역내 협력을 추진하여 더욱더 결속해야 한다』라고 주장하고, 『ASEAN 확대외무장관회의 등 기존의 장을 활용하여 지역 안전보장협력으로 역외 국가들과의 대화를 촉진한다』라는 싱가포르 선언을 채택함으로써 나카야마 제안이 수용되기에 이르렀다. 그래서 ASEAN 확대외무장관회의를 활용하여 역외 국가를 포함한 지역 내의 안보 문제에 대해 대화를 시작한 것이다.

이 영향을 받아 개최된 것이 제25회 ASEAN 외무장관회의다. 1992년 7월 마닐라에서 개최된 이 회의에서는, 회의 직전 중국이 남사제도의 남훈초에 주권 표지를 세운 사건이 거론 되었는데 ASEAN 국가들은 1992년 6월에 개최된 제3회 남지나 해 공동개발회의에서 확인된『영토문제는 교섭을 통해 평화적으로 해결한다』라는 방향에 역행한다고 크게 반발했다. 그래서 이 회의에서는 남지나 해를 둘러싼 모든 주권과 영유권 문제에 무력을 사용하지 않고 평화적인 수단으로 해결해야 한다는 필요성을 강조하는「남지나 해에 관한 ASEAN 선언」이 채택되기에 이르렀다. 이 선언에『남지나 해에서의 모든 적대적인 행동은 역내의 평화와 안전에 직접적인 영향을 미친다』라는 내용을 담아 중국의 남사제도에 대한 행동을 간접적으로 비판했다.

또 이 회의에서는 초대국으로 참가한 베트남과 라오스가 ASEAN 기본조약인 동남아시아 우호협력조약(발리 조약)에 조인하고, 가까운 장래에 캄보디아와 미얀마를 참가시키는 10개국 확대 ASEAN, 즉「ASEAN 10」구상이 발표되었다. 남지나 해로 진출하는 중국의 위협에 대해 인도차이나의 각 국가들을 포함시켜 ASEAN이 서로 결속해서 대항하자는 구상인 것이다. 이 때의 확대외무장관회의에서는 처음으로 정치·안보문제가 정식 의제로 거론되었다.

다음해인 1993년 7월 싱가포르가 주최한 제26회 ASEAN 외무장관회의에서 싱가포르 총리는 개회연설을 통해 필리핀에서의 미군철수, 남지나 해에서의 중국의 위협을 염두에 두고『1990년대는 절박한 위협은 없지만, 냉전종결 후 전략적인 힘의 균형이 깨져 지역의 지정학적 양상을 바꾸고 있다』라고 지적하고 중국·미국·일본이 지역안보의 주역으로서 ASEAN 국가들 이외의 나라들과 다국간 안전보장협의를 벌여야 할 필요성과 의의를 강조했다. 이렇게 해서 1992년 1월 ASEAN 정상회담 이후 실시된 안보대화 노선은, 외무장관회의에서 안전보장문제에 협의를 한정시킨 ARF 의 설립이라는 형태로 결실을 맺게 된 것이다.

이 ARF설립 목적은 중국을 동참시켜 중국과 동남아시아 국가들과의 관계를 안정시키고, 동시에 현저하게 성장하고 있는 중국 시장에 대한 동남아시아 국가들의 접근을 확보한다는 것이었다. 중국도 ASEAN 국가들의 투자에 대한 기대와 확대외무장관회의에서 초대국이라는 자격에서 일본이나 미국과 같은「대화국(dialogue partner)」으로 격상되기를 기대하면서 이 포럼에 참가하는 데 동의했다. 여기에는 또 중국이 참가하지 않음으로써 남사 문제가 국제적인 문제로 부각되어 중국에 대한 압력으로 작용하게 될지도 모르는 상황을 예방하자는 의도도 있었다. ASEAN측도 1994년 7월 ASEAN 확대외무장관회의에서 중국을「초대국」에서 매회 참가 자격이 부여되는「협의국(consultative partner)」으로 격상시켰다. 이러한 의미에서 ASEAN측의 목적은 실현되었다고 볼 수 있다.

반면 ASEAN 지역 포럼은 어디까지나 대화의 장으로서 한계가 있다는 것을 인식하지 않으면 안 된다. 1993년 8월에 개최된 제4회 남지나 해 공동개발회의에서도 명확히 밝혔듯이 중국은『영토

문제는 양국간 협의로 해결해야 한다』라는 주장을 되풀이했으며, 1994년 7월 방콕에서 개최된 제1회 ARF에서도 남사 문제는 의제로 채택되지 않았다.

단, 여기에서 중국은 지역의 안전보장문제에 관한 고급사무차원의 협의를 중국과 ASEAN 국가들 사이에 개최하자고 제안했고, 이 제안은 1995년 4월 중국의 항주(杭州)에서 실현되었다. 이 협의에서도 중국은 남사 문제가 공식의제로 채택되는 것에 반대했고, ASEAN 국가들도 이에 동의할 수밖에 없었다.

중국에 대한 대처 — 정치력을 시험받는 동남아시아

ARF는 냉전 후 아시아·태평양 지역에서의 다국간 안전보장을 위한 대화의 장을 마련하는 취지에서 설립되었다. 그러나 새삼스럽게 지적할 필요도 없이 남지나 해의 전략적 균형이 중국 우위로 옮겨가는 한편, 지금까지 지역안보의 조정자였던 미국의 철수경향이 현저해진 탈냉전이라는 지역환경에 어떻게 대처할 것인가가 큰 문제다. 이는 직접적으로 연관이 있는 중국과 동남아시아 국가들에게만 한정된 문제가 아니라, 일본을 포함한 동아시아 전체의 안전보장의 성패를 가름하게 될 중요한 시험대인 것이다.

동남아시아에서는 냉전의 종결, 캄보디아 문제의 해결로 인해 사상 유례 없는 평화로운 상황이 전개되고 있다. 또한 ASEAN 회원국들을 중심으로 고도경제성장을 실현하는 등 지금까지 경험해 보지 못한 평화를 누리고 있다. 동시에 이러한 안녕을 위협하는 중국에 대해서도 방어태세를 갖추고 있다. 동남아시아 국가들은 ASEAN의 힘의 한계를 인정하고, 강대국이 주도권을 갖는 것을 경계하면서도 강대국을 참여시켜, ASEAN의 주도권을 유지하면서 지역의 안정을 도모하는 위험한 놀이를 감수해야 할 상황에 처해 있다.

바꾸어 말하면, 동남아시아 지역의 안전보장 체제가 기본적으로 변화하고 유동화하는 양상을 주시하면서 ASEAN을 중심으로 한 동남아시아 국가들은 안정화를 위한 새로운 조직형성에 조심스럽게 접근하고 있는 것이다. ASEAN 국가들이 만든 ARF는「안전보장틀」이 아니라, 그 전 단계인「안보대화틀」인 것이다. 이러한 신중함은 약소국인 아시아 각국들의 지혜를 모아 대립을 피하고 대화를 계속하는 가운데 문제해결의 실마리를 찾아보자는 의도인 것이다.

ASEAN측도 남사 문제를 유보해야 할 이유가 있다.

첫째, 중국의 위협도 있지만 시장과 투자처로서 중국의 매력도 무시할 수 없기 때문이다. 마찬가지로 중국과 ASEAN 국가들과의 경제관계가 강화됨으로써 ASEAN 국가들을 필요로 하는 상황이 전개되면 중국이 현재의 안전보장 체제를 파괴하지는 않으리라는 기대도 있다. 또 중국은 현재와 같은 속도로 성장을 계속한다면 21세기 초에는 경제대국이 될 것이다. 또한 시장경제화를 노리는 중국은 언젠가는 공산당의 일당지배를 탈피하여 정치적 다원화를 실현함으로써 ASEAN 국가들과 같은「보통나라」로 변모할 개연성이 높다는 낙관적인 견해도 있다. 이렇게 되면 중국도 안전보장에 대해 ASEAN 국가들과 대립보다는 협조를 선택할 가능성이 높아진다.

둘째, ASEAN을 포함한 동남아시아 국가들이 힘을 모아 대항해도 중국의 군사력을 감당하기 어렵고, 그렇다고 해서 미국에게 중국에 대한 견제역할을 기대할 만큼 미국에 대한 신뢰감도 없기 점이다. 미국은 경제적 이익을 추구하기 위해 아시아와의 관계를 지속시키기는 하겠지만, 지역의 안전보장을 위한 역할을 적극적으로 떠맡으려는 의사도 능력도 분명치 않다. 부시 정권 하에서 발표된 「동아시아의 전략구상(EASI)」에 의하면, 미국은 앞으로 서서히 군사적 영향력의 축소를 꾀해 10만 명까지 병력을 감축시키겠다는 의사를 분명히 하고 있다. 미국은 지역조정자로서의 역할은 계속 유지하겠다고 밝히고 있지만, 안전보장을 확보하는 지도적 역할이 아니라, 어디까지나 지원적 역할에 한정시키겠다는 것이다.

1995년 2월 클린턴 정권에서 처음으로 공표된 「동아시아 전략보고(EASR)」에서는 동아시아에서의 군축을 더 이상 진행시키지 않고 현 상태를 그대로 유지한다고 되어 있다. 같은 시기에 중국이 미스치프 섬에 건조물을 설치한 사건이 벌어졌을 때도 미국은 필리핀과의 상호방위조약이 남지나 해를 포함하고 있지 않다는 이유로 적극적으로 개입하지 않았다. 결과적으로 미국에 대한 동남아시아 국가들의 신뢰감이 회복되기까지는 시일이 걸릴 것이다.

이와 같이 탈냉전의 동남아시아에서는 미국과 소련이라는 초강대국의 관여가 현저히 줄어들면서 지역의 안정체제가 붕괴되고 있다. 그러한 가운데 「대두하는 중국과 후퇴하는 미국」이라는 현실상황에서 동남아시아 국가들은 ARF나 APEC 등 다국간 대화의 장을 활용하여 「지역평화 의사」를 기대하고 있는 것이다.

중국에 지역대국이라는 지위를 인정하고 지역패권을 용인하는 대신 중국을 중심으로 하는 지역의 안전보장질서를 받아들일 것인가, 아니면 미국의 관여를 기대하여 중국의 영향력 확대를 배제할 것인가? 이러한 문제는 동남아시아 국가에게만 국한된 것이 아니라 동아시아 전체에 관계된 문제다. 현 단계에서 안이하게 중국을 지역으로 포함시켜 일정한 역할을 일임함으로써 질서유지의 동반자로 삼는다는 발상은 아직 위험하다고 할 수 있다. 앞으로 많은 문제가 발생할 것으로 예상되지만 중국은 틀림없이 지역의 경제대국·군사대국의 길을 걸어갈 것이다. 이러한 중국이 지역의 협력 동반자로서 안정세력이 될 것인가, 패권국가를 목표로 할 것인가를 판단하는 데는 시간이 필요하다.

이와 관련하여 중국이 남사 문제에 대해 성의를 갖고 해결하려는 자세가 보이지 않는다는 점도 지적해두고 싶다. 오히려 중국은 용의주도하게, 그리고 강제적으로 남사제도에 대한 실질적인 지배를 확대시키려고 하고 있다. 이미 서술했듯이 1974년 서사제도에서, 1988년에는 남사제도에서 중국이 행한 두 차례의 무력행사 모두 시기나 국제적으로 어려운 상황에 놓여 있던 베트남을 대상으로 한 것이다. 1995년 2월 발각된, 필리핀이 영유권을 주장하고 있는 남사제도의 미스치프 섬에 건조물을 설치한 사건의 배경을 살펴보자. 필리핀이 ASEAN에서는 가장 군사력이 열악한 나라 가운데 하나로, 중국에 정면으로 저항할 전력을 갖고 있지 못하다는 점, 중국 경제와의 관계에서도 가장 영향력이 적은 나라라는 점, 중국과는 불편한 관계에 있는 대만이나 베트남과 깊은 관계를 맺고 있다는 점 등이 요인으로 작용했다고 볼 수 있다.

중국은 상황을 정확히 파악하여 남사 해역에서 가장 약한 부분을 탐색하여 그 곳에 강력하게 진출하는 방법을 취하고 있다. 한편으로는 남지나 해를 둘러싼 다국간 대화의 장에도 참여해 이 문제가 국제문제로 비화되는 것을 예방하는 데 노력하고 있다.

이미 말했듯이 남사 문제를 토의하기 위해 인도네시아의 주도하에 1990년부터 다섯 번에 걸쳐 개최된 회의에서도 중국은 남사 문제를 국제적인 틀 속에서 해결하는 방법을 지지하지 않고 양국간 교섭만을 계속 주장하고 있다. 또 1992년 ASEAN 외무장관회의에서 나온, 남사 문제를 평화적으로 해결하자는 의견에는 지지를 표명하면서도 적극적으로 대응하지는 않고 있다. 중국은 『영토문제는 보류하고 자원은 공동으로 개발한다』라고 주장하고 있는데, 여기에 적극적으로 대응하려고 하는 나라는 ASEAN에서는 아직 없다. 영토의 주권 문제에 대해서는 절대로 양보하지 않으면서 자원개발에 협력하는 것으로 만족하라는 중국의 태도에 주변 국가들이 경계하면서 반발하고 있기 때문이다.

중국은 동남아시아를 중심으로 시작된 다국간 외교의 장에 참여하여 이 지역에서 중국의 존재를 부각시키는 한편, 중국이 관련된 분쟁문제에 대해서는 어디까지나 양국간 교섭을 고집하고 있다. 지역대국으로서의 우위적 입장을 최대한으로 이용하고 있는 것이다.

일본과 중국 사이에 있는 첨각제도의 영유권 문제에서도 중국은 일본의 주장을 인정하지 않고 덩 샤오핑의 의향에 따라 일방적으로 영유권 문제를 보류하면서, 영해법에 첨각제도의 영유를 명기해버렸다. 중국이라는 나라의 「대국의식」을 여실히 보여주는 행동이라고 할 수 있다.

최악의 시나리오로, 중국이 어느 날 갑자기 첨각제도에 군대를 파병하여 「실질지배」를 단행할지도 모른다. 첨각제도 주변의 동지나 해 해역이 해저석유자원의 보고라는 사실을 잊어서는 안 된다.

동아시아의 안전보장 구상과 일본의 역할

일본이 해외, 특히 중동지역에 석유자원을 의존하고 있다는 것은 새삼스럽게 지적할 필요도 없다. 따라서 중동의 긴장이 높아질 때 마다 일본 산업계는 전전긍긍해왔다. 그러나 중동평화만이 중요한 것은 아니다. 중동과 일본을 연결하는 해로가 안전하게 유지되는 것도 마찬가지로 중요하다. 일본의 연간 석유수입량 약 1억 8,000만 t 가운데 4분의 3이 말라카 해협을 경유하고 있는데, 초대형 탱커인 경우에는 런보그 해협을 통해 일본으로 운송된다. 일본으로 가는 탱커는 연간 1,400회 이상 왕복한다. 이 가운데 98%가 말라카 해협과 바시 해협을 연결하는 남지나 해를 횡단하고 있으며, 런보그 해협을 거쳐 남지나 해를 우회하는 것은 2%에 지나지 않는다. 이것만을 보더라도 남지나 해가 일본 경제를 지탱하는 생명선으로 얼마나 중요한 해로인가를 알 수 있다(〈그림 7-1〉 참조). 이런 의미에서도 남지나 해, 구체적으로 남사제도의 영유권을 둘러싸고 중국과 주변 국가 사이에 몇 년간 계속되고 있는 긴장관계는 일본으로서도 방관만 할 수는 없는 문제다.

그러나 일본의 방위정책에 명문화되어 있는 해로방위는 1,000해리까지로, 이는 일본에서 직선으로 연결해도 바시 해협에도 이르지 못한다. 현재의 상황에서는 일본이 남지나 해의 안전보장에 구체적으로 간여할 수 없다. 따라서 남지나 해 문제에 대해 일본이 할 수 있는 것은 단지 외교적 수단에 의지하는 길뿐이다.

지금까지 남사 문제를 중심으로 동남아시아의 긴장상황을 야기한 원인은 미·소 냉전의 종결로 인한 국제적 질서유지체제의 붕괴와 중국의 대두, 그리고 미국의 영향력이 낮아졌다는 점 등 두 가지 요인에 있다는 것을 서술했다. 그리고 ARF나 미국이 아시아·태평양 안전보장에 기대를 걸고 있는 APEC 등이 이러한 긴장상황을 해결하는 데 중요한 무대가 될 것으로 전망되는데, 일본으로서는 이러한 곳을 중심으로 외교를 통한 문제해결에 적극적으로 협력해야 할 것이다.

그러나 실제로 남사 문제가 우리에게 요구하고 있는 것은 냉전

후 동아시아에서 유효한 안전보장 체제를 구축할 수 있을 것인가의 문제다. 이러한 관점에서 ARF나 APEC이 담당하고 있는 역할을 생각해본다면 확실히 한계가 있다는 것을 인정하지 않을 수 없다.

우선 ARF는 주체가 ASEAN 회원국들이고 지역의 신뢰조성을 촉진하는 예방외교에 중점을 두고 있으므로 원래부터 강제력을 수반하는 안전보장의 틀을 목적으로 한 것이 아니다. 남사제도는 확실히 지역안보에 중요한 문제지만 ARF에서 남사 문제를 거론되려면 아직도 시간이 필요하다. 한편 APEC은 이름 그대로 아시아·태평양의 경제협력을 토론하는 장으로 발족한 것임에도 불구하고 미국이 노골적으로 주도권을 쥐고 있으며, 자유무역에 대한 압력이 높아지면 아시아 국가들이 앞으로 어디까지 미국의 지도력을 용인할 수 있을지 속단할 수 없다. 1993년 ASEAN 외무장관회의에서 말레이시아의 마하티르 총리가 제창한 동아시아경제회의(EAEC)를 APEC 조직 내에 설치하는 데 합의했지만, 미국이 우려하듯 APEC의 구상은 미국이나 오스트레일리아 등「백인」국가를 배제하는 아시아 내셔널리즘을 구현하는 측면을 갖는다는 점을 잊어서는 안 된다.

결국 앞으로의 지역질서를 예견해본다면 지금과 마찬가지로 미국을 중심으로 하는 양국 간 안전보장에 주로 의존하게 될 것이다. 영향력은 줄어들었지만 미국의 지역안전보장에 대한 관여가 중요하다는 점에서는 이미 아시아·태평양 지역의 의견이 일치되고 있기 때문이다. 그 기본 축이 되는 것이 미·일 안보조약으로,「주(主) 거점지역 지원(host region support)」을 통해 아시아에 대한 미국의 군사적 영향력을 유지한다는 구상이 아시아·태평양 지역의 안전을 보장하는 주된 수단으로 작용하고 있다.

동남아시아 국가들의 경제성장을 염두에 두고 지역의 안보구조를 예상해본다면 미국이 이 지역에서의 군사적 경찰기능을 유지하면서 중국의 대두를 견제하는 것이다. 미국의 경찰력을 운영하는데 지역의 협의를 거친 합의를 반영시키는 방법도 생각해볼 수도 있다. 일본은 미국·중국·동남아시아·오세아니아 국가들과의 조정을 포함하여 담당할 수 있는 역할이 매우 크다.

예를 들어 현재 동아시아에서 가장 긴박한 위험이라고 할 수 있는 북한 핵의혹 문제에 대해서도, 지역의 안전과 안정을 도모하면서 미국에 어떻게 협력해야 할 것인가가 일본에게는 중요한 과제가 아닐 수 없다.

남사 문제는 말할 것도 없이, 나아가서는 동남아시아의 안전보장을 위한 일본의 관여 문제에도 미·일 협력은 필요하다. 그러나 중국과 동남아시아 국가들 사이에서는 아직 일본의 군사대국화를 우려하는 의식이 강한 것도 사실이며, 이러한 반발이 예상되는 현 단계에서는 여유를 갖고 관계 국가들을 설득하여 이해를 얻는 일부터 시작해야 한다.

그와 동시에 동아시아에서 어렵게 시작된 다국간 안보협의도 양국간 안보체제를 보완하는 형태로 조심스럽게 키워나가야 할 것이다. 이를 위해서는 아시아 국가들의 역사와 문화, 민족 및 경제력 등 다양성을 반영한, 복잡한 지역국가 간의 이해관계를 조정하는 과정을 거쳐야 할 것이다. 그 결과 언젠가는 지역분쟁을 조정·해결할 수 있는 안보조직이 탄생하게 될 것이다. 남사 문제가 이를 위한 하나의 중요한 시금석인 것은 틀림 없다.

동북아시아의 안보대화

동남아시아에서는 불완전하나마 다국 간 안보대화를 위한 틀이 마련되어 있다. 이와는 반대로 동북아시아에서는 지금까지 양국 간 대화라는 방법밖에는 존재하지 않았다. 같은 동아시아라고는 하지만 역시 안보문제는 관계 국가들의 입장에 따라 인식의 차이를 보여주고 있다. 동남아시아 국가들에게 북한의 핵개발 문제는 강 건너 불 구경에 지나지 않는다고 표현하면 좀 지나친 것일까? 그러나 동북아시아는 동아시아 전역을 포괄하는 안보대화 조직을 형성할 수 있는 가능성을 내포하고 있다. 즉 일본, 미국, 중국, 러시아라는 강대국이 관여하는 지역이라는 점과 이 4개 국의 관여가 직접적으로 동아시아 전체의 안전보장에 영향을 미친다고 해도 과언이 아니기 때문이다.

지금까지 일본, 미국, 중국, 러시아라는 틀 안에서는 안전보장에 대한 문제가 원칙적으로 양국 간의 교섭에 의해 해결되었다고 할 수 있다. 일본을 예로 들어도 다른 3개 국과의 대화채널이 있다. 그러나 이 4개 국이 한 자리에 모여 동아시아의 안보문제를 토론할 수 있는 모임은 없었다. 러시아는 경제·정치가 혼미해서 과거와 같은 초강대국이라는 영향력이 약화된 감이 없지 않지만, ASEAN 확대외무장관회의의 초대국이 되기도 하고, 중국이나 말레이시아에 첨단과학 병기를 공급하고 있다는 사실만으로도 동아시아에서 막강한 영향력을 발휘하고 있다고 할 수 있다. 이러한 4개 국이야말로 한반도 문제나 남사 문제 등 지역의 균형을 취하는 데 중요한 역할을 담당할 수 있는 나라이므로 지역의 안전과 안정에 대해 협의하는 모임의 필요성에 대해서는 부정할 수 없을 것이다.

그 가운데 일본은 이 모임에서 다음과 같은 점을 주장해야 한다. 그것은 바로 핵이라는 군비관리와 군비축소에 대한 것이다. 이 문제는 직접적으로는 북한의 핵 문제에 대한 대처와 함께 중국의 핵에 대한 대처수단이 되기도 한다. 지금까지 일본은 중국의 핵실험에 대해 외교적으로 유감을 표시할 뿐 실질적인 대응을 취하지는 않았다. 더욱이 중국의 핵미사일이 일본은 물론 아시아 국가들을 사정거리에 두고 있는 현실에 대해서도 거의 무관심으로 일관했다.

중국은 1996년 조인할 예정인 포괄적 핵실험금지조약(CTBT)에 가입하겠다고 약속은 했지만, 그 때까지 핵실험을 억제할 자세는 보이지 않고 있다. 미국과 러시아의 핵 전력과 비교하여 중국은 핵미사일 개발에 크게 뒤져 있고, 특히 핵미사일의 고체연료화에 수반되는 핵탄두의 소형화라는 문제에 직면해 있다. SLBM이나 ICBM의 개별유도 다탄두화(MIRV)에는 핵탄두의 소형화가 전제되어야 하기 때문이다. 그러나 핵전략환경이라는 현실에서 볼 때 중국의 핵전력 강화는 미국과 러시아의 핵군축이 진행되면 진행될수록 상대적으로 강대화될 것이며, 이러한 맥락에서 중국의 핵전력 근대화에 대한 위협가능성도 지적할 수 있다. 중국은 군사대국화를 꾀하고 있으며 핵대국화도 도모하고 있다는 사실을 간과해서는 안 된다. 이것은 덩 샤오핑 사후의 문제와는 별도로 취급되어야 할 문제이다.

지금은 핵 군축이 시대의 조류이며, 미국이나 러시아도 핵실험을 억제함과 동시에 핵군축을 철저하게 실현하고 있다. 이러한 현실을 감안하여 핵을 보유하지 않은 국가들이 미국이나 러시아와 협조하여 중국에 핵병기 개발이나 비축 문제에 대해 억제 또는 삭감하도록 유도하는 것이 바람직하다.

부 록

Ⅰ. 가까운 장래의 중국
- 미 국방부 보고서 -

　미국 국방부는 1995년 1월13일 「가까운 장래의 중국(China in the near term)」이라는 제목의 연구보고서를 공표했다.　이 보고서는 국방차관(정책담당)의 위탁으로 메모랜드 대학 로널드 모스 교수를 중심으로 하여 국방부, 대학교수, 의회조사국의 연구자로 구성된 연구그룹이 1994년 8월1일부터 10일에 걸쳐 토의한 결과를 정리한 것이다.

　이 연구는 중국의 최고실력자 덩 샤오핑 사후 대략 7년 동안 중국 지도체제나 정치상황 등의 행방을 중요 주제로 다루었다.　그 결론으로 ① 덩 샤오핑 사후 강력한 1인체제는 나타나지 않고, 집단지도체제가 된다.　② 경제개혁 노선이 변경될 가능성은 거의 없다.　③ 과도기 후 소련연방이 붕괴한 것과 같은 형태로 중국이 붕괴할 가능성은 반반이라는 것을 명확히 하고 있다.

　시나리오는 ① 장래에도 현 노선이 그대로 계속될 경우, ② 자유로운 개혁, ③ 분열 등 크게 셋으로 나누고, 이러한 시나리오로 발전할 확률은 각각 30%, 20%, 50%다.

＊「부록」필자는 朴貞東이며 현재 KDI (한국개발연구원) 연구위원으로 재직하고 있다.

나아가 ③항의 「분열 시나리오」는 「민족주의 독재자」, 「민주적인 중국」, 「지령형 사회주의」, 「지역의 할거」, 「완전한 붕괴」라는 다섯 가지 부속 시나리오로 분류된다. [1]

이 연구는 덩 샤오핑의 사후 벌어질 중국의 시나리오를 고찰한 것으로서, 중국에서 권력기관이 분열하고 시장경제로의 이행이 달성되지 않고 심각한 권력계승 문제에 직면하는 모습을 분석했다. 연구의 주된 목적은 세 가지다. ①단기적으로 중국에 영향을 주는 제반문제와 관련하여 중국의 현상을 고찰하는 것, ②덩 샤오핑 사후에 발생하는 각종 시나리오를 고찰하는 것, ③이들 시나리오를 구체적으로 증명하는 것이다.

이 연구는 우리가 「중화제국」으로서의 중국의 세계관을 파악하고 있다는 것을 전제로 이루어진 것이다.

대 중국 정책의 선택가능성에 대한 고찰은 우리의 임무가 아니다.

중국은 광대하고 복합적인 국가다. 이 연구집단은 중국의 장래에 대한 견해를 일치시키려는 시도는 하지 않았다. 연구집단은 신중한 토의를 거친 후 다음과 같은 견해에 도달했다.

- 덩 샤오핑의 사후에는 집단지도체제 시대가 도래할 것이다.
- 과도기에 최고의 권위를 가진 지도자가 나타나지는 않을 것이다.
- 덩 샤오핑이 중시한 경제개혁과 한정정인 정치의 자유화라는

---

[1] 필자는 기본적으로 한 국가의 운명을 이렇게 확률적으로 논할 수 있는가라는 데 의문을 품고 있다. 또한 우리가 이 보고서를 접하면서 주의해야 할 것은, 확률 50%의 가능성을 제시한 시나리오Ⅲ(분열)은 집단지도체제가 발족해 1~2년 후 정책추진에서의 중대한 결함을 전제로 하고 있다는 점이다.

더군다나 시나리오Ⅲ은 그 후의 전개과정으로 다섯 개의 부속 시나리오를 가지고 있다는 것도 간과해서는 안 된다. 따라서 실질적으로 완전한 붕괴 가능성이 가장 낮고, 오히려 민주적인 중국이나 지역할거로 진행될 가능성이 가장 높다고 보는 것이 올바른 해석이 아닐까 생각한다.

노선을 덩 샤오핑 이후의 집단지도부가 변경할 가능성은 거의 없을 것이다.

- 과도기가 지난 후 중국이 소련형 붕괴에 이를 가능성은 반반이다.
- 장래 어떠한 시나리오가 전개된다 할지라도 중국은 현재의 모습과는 다른 형태를 띨 것이며, 중국은 미국의 국익에 도전적인 존재로 대두될 가능성이 있다.

◎ 연구목적

① 5~7년 내에 실현 가능성이 있는 중국의 시나리오를 알아보고 그 형태를 그린다.

② 변화의 징후나 실마리를 알아본다.

③ 여러 가지 가능성이 서방측에 제기하는 의미를 상정해본다.

전　제

중국을 신중하게 고찰해야 할 이유는 무엇인가?

중국은 그 규모나 지리상의 위치로 볼 때 아시아에 이해관계를 갖고 있는 나라에게 커다란 영향을 미친다. 게다가 현재의 중국은 장래가 불확실하므로 그 검토의 필요성은 더욱 절실해진다. 중국의 취약성을 열거하면 다음과 같다. ① 인구와 국토면적, ② 권력분산이라는 역사적인 경향, ③「시민사회」의 결여(정치활동을 중개하는 제도나 노동자 조직이 없고, 요구의 표명도 드러나지 않는 것), ④ 공산당에 의한 지배형태, ⑤ 국영기업의 비용, ⑥ 덩치가 크고 비용이 많이 드는 큰 공공부문이다.

이러한 제반조건은 덩 샤오핑 사후 1~2년 사이에 강력한 1인

지도자가 등장하리라는 견해의 반증이 되는 것이다.

현재 덩 샤오핑에 대한 충성의 기반을 이루고 있는 것은 혁명세대 지도자들에 의한 수십 년에 걸친 경험이다. 덩 샤오핑은 국가운영의 지배권과 자신의 카리스마성을 일체화시킨 개인의 정책을 실현하여, 자신에게 도전하는 지도자들이 권력기반을 활용할 수 없도록 하고 있다. 덩 샤오핑 사후의 지도자들은 관료기구와 군부·경제분야에 영향력을 미치기는 하겠지만 통치에 필요한 광범위한 지지를 얻기는 힘들 것이다. 현재의 체제를 유지할 수 있는 길은 집단지도체체뿐이다.

이 연구집단은 1인이 최고권력을 장악하기 위해 투쟁할 가능성을 배제하지는 않았지만, 결국은 실패하여 붕괴할 것으로 예상한다. 중국지도자 한 사람 한 사람에 대해 상당한 토의를 한 결과, 우리는 어떠한 인물이 부상할 것인가를 예측하는 것보다는 지도부의 행동범위를 폭넓게 파악하는 것이 좋다는 결론에 도달했다.

결정적인 요인은 다음의 두 가지다.

① 우리는 인민해방군이 과도기의 지도체제로서 집단지도체제를 바람직하게 생각할 것이라는 가정을 세웠다. 그 이유는 인민해방군이 영향력을 행사하는 데 융통성을 갖고 있기 때문이다. 개혁이나 붕괴가 급격히 진행되면 인민해방군은 그다지 영향력을 행사할 수 없을 것이다.

② 중국의 지도자들은 모두가 열렬 애국자라는 것에 높은 자부심을 갖고 있다.

◎ 전 제

① 앞으로 7년 간은 중대한 국면이 된다.

② 덩 샤오핑의 사후 강력한 지도자는 한 사람도 나오지 않는다.

③ 정치체제와 사회가 붕괴되기 시작하여 긴장상태를 관리하는 것이 어려워진다.

④ 중앙정부와 지방정부의 긴장이 높아진다.

⑤ 세계의 대국이라는 지위를 추구한다.

⑥ 군사적인 목표는 근대화된 전력을 투입하는 것이다.

⑦ 중국은 외국으로부터 부당하게 박해받고 있다고 인식한다.

중국의 진로를 변경하는 외부의 사건

연구집단의 과제는 중국 국내의 역학관계와 중국지도부가 직면하게 될 상황을 고찰하는 것이다. 우리에게는 중국의 진로를 변경하는 외적 요인을 고찰하는 과제는 주어지지 않았지만, 고려해야 할 외적 요인의 목록을 만들었다.

이 목록에 들어 있는 외부문제의 대부분은 본 보고에 언급되어 있지만, 설명을 더하기 위해 첫번째 예로서 「아시아로부터 미국의 전략적 철수」가 미치는 영향을 검토해보고자 한다.

미국의 철수는 다음과 같은 사태를 촉발할 가능성이 있다. 즉 ① 중·일 간의 군비경쟁, ② 일본의 핵병기 개발 결정, ③ 대만에 의한 중국으로부터의 완전독립선언 결정, ④ 동남아시아에서의 군비경쟁, ⑤ 지역의 다국간 경제·안전보장 약속의 붕괴, ⑥ 정치 분야에서의 중국 인민해방군의 역할 확대, ⑦ 중국 민족주의의 고양이다.

반 중국동맹의 가능성

일본은 중국이 잠재적 위협적인 존재라고 인식하고 있다. 중국을 배제한 형태에서 지역동맹 관계를 위한 일본의 정책과 전략은 중요한 연구대상이다. 예를 들어, 한국·베트남·오스트레일리아는 중국의 패권에 대항하는 동맹관계에서 일본에게 기대하고 있는가?

◎ 중국의 진로를 변경할 수 있는 외부의 사건
① 아시아로부터 미국의 전략적 철수
② 일본의 핵무장
③ 한반도에서의 전쟁
④ 석유사정의 대혼란
⑤ 대만의 독립선언
⑥ 러시아 연방에서 극동러시아의 탈퇴
⑦ 핵무장한 북한

중국의 불안정 요인

이후의 몇 장은 심도 있게 연구해야 할 제반문제와 앞으로의 시나리오 결과에 관계된다고 생각하는 경향에 초점을 맞춘 것이다. 「중국의 장래를 불안정하게 하는 요소」라고 이름붙인 제반문제는 각종 시나리오를 책정할 때 배경으로 고찰되는 것들이다.

◎ 중국의 장래를 불안정하게 하는 요소
① 정부의 불충분한 거시경제 관리
② 에너지와 자원수요의 폭발적 확대
③ 통계와 정보의 불충분한 관리
④ 능력에 맞지 않는 지도부의 이데올로기

〈그림 1〉 지역에 따른 부의 격차(1992년의 1인당 소득)

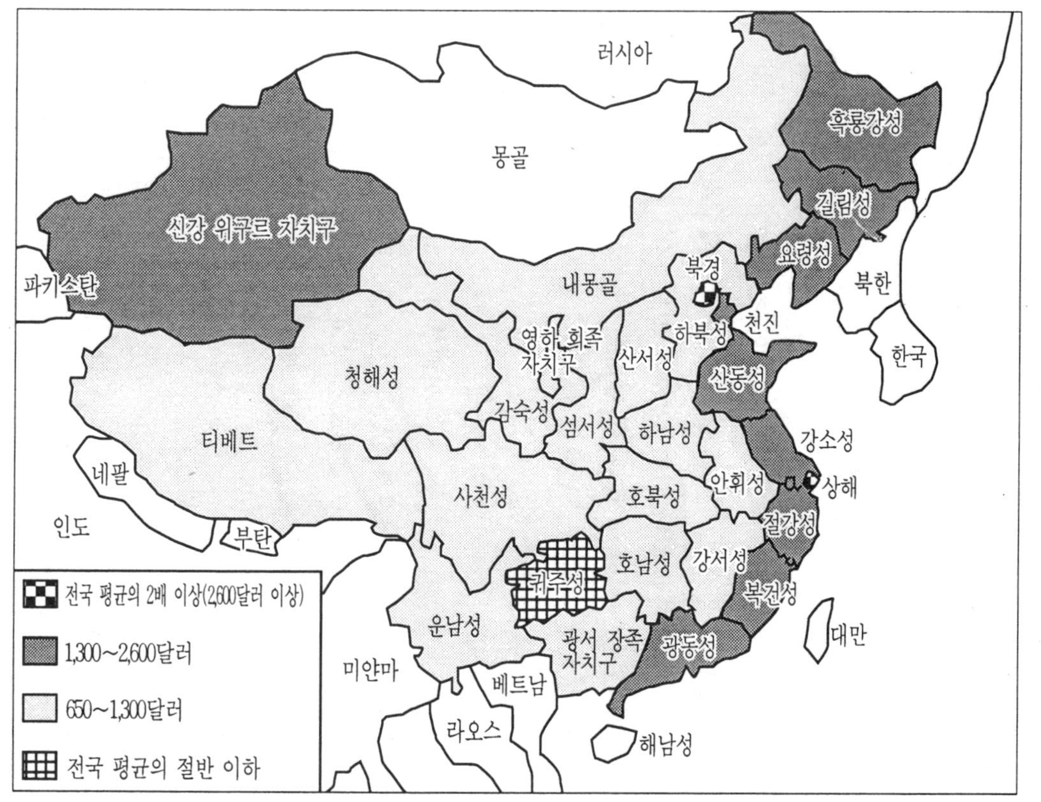

⑤ 중대한 결과를 가져오는 단기적인 정치문제

⑥ 지역분쟁 발발의 높은 가능성

중국의 부의 불균형

1. 다양한 경제혼란의 발생

중국의 성장률과 외국투자 유치 능력 및 야심적인 경제계획은 과소평가해서는 안 된다. 그러나 이것이 초래할 영향력은 지역에 따라 편중되고 있으며, 경제적 공평이라는 사회주의이념과 사회적 책임에 역행하고 있다. 1억 명(2000년에는 2억 명에 달할 것이라고 전망하는 사람들이 많다)에 달하는 대규모 이동노동인구(盲流), 실질적인 경제와 소득배분의 불균형을 내포하고 있는 중국은 중대한 국내문제에 직면해 있다.

소득분포의 지도에서도 알 수 있듯이 ① 하북성과 해남성을 제외하고 전국 평균을 밑도는 성은 연해부에 전혀 없다. ② 북동부의 흑룡강성과 길림성 및 북서부의 신강 위구르 자치구를 제외하고는 전국평균을 상회하는 내륙부의 성이 전혀 없다. ③ 극단적인 예로 북경과 상해는 전국평균의 두 배 이상이다.

2. 장래의 한 가지 문제

중국과 화교와의 경제적인 연결에서 빚어지는 「대중화권(Greater China)」이라는 문제와 수천만 화교들의 중국대륙에 대한 장기적인 충성이 어떻게 전개될 것인가 하는 문제가 발생한다.

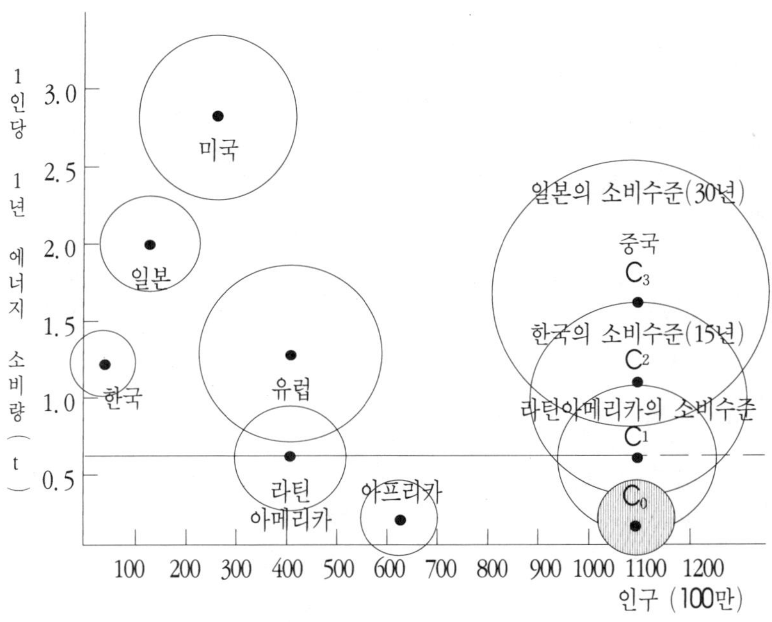

인구와 석유소비

1. 중국에서 에너지 위기의 확대

중국이 단기적으로 직면하는 자원의 취약점 가운데 가장 절박한 제약조건은 석유공급과 그 비용이다. 중국의 1인당 에너지 수요는 경제성장에 따라 계속 크게 늘어나고 있으며 에너지수요에 대한 비용·공급·환경문제에 대한 고려가 갈수록 중요해지고 있다.

중공업 부문과 물류의 확대에 따라 중국의 에너지 수입량은 증가할 것이다. 현재의 추세대로 간다면 2000년에는 중국의 석유수

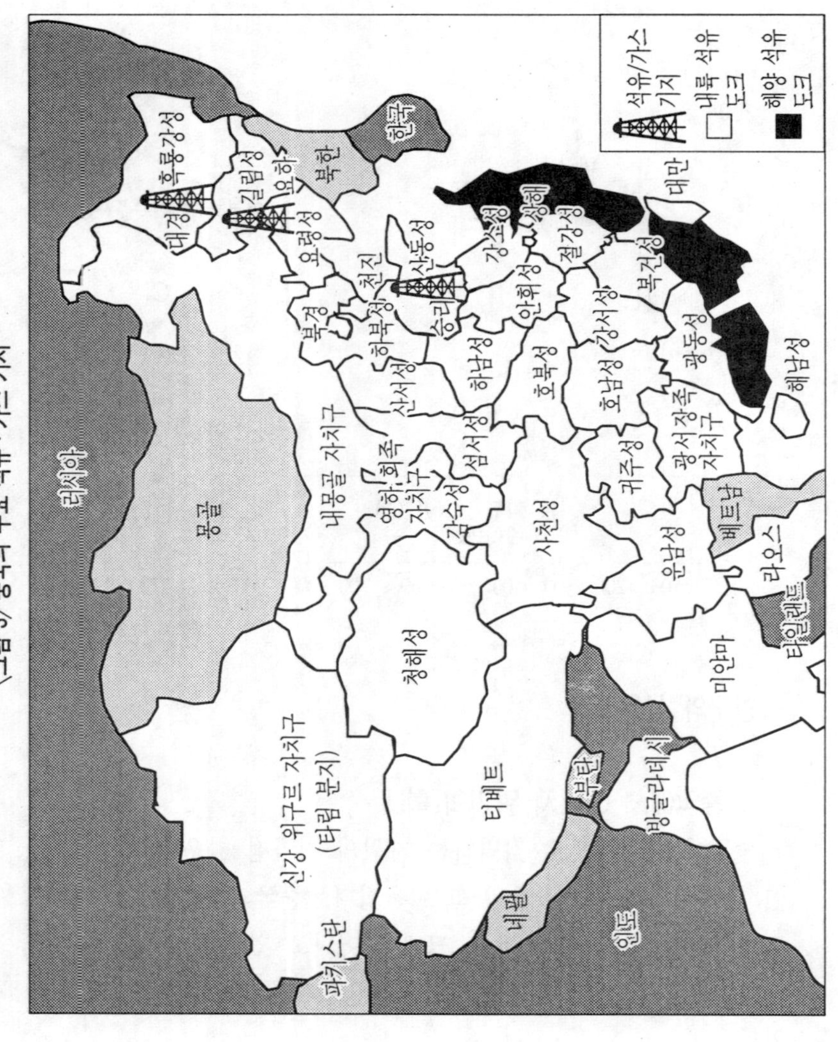

<그림 3> 중국의 주요 석유·가스 기지

입량 가운데 40%는 중동에서 수입되고 비용은 연간 60억 달러씩 증가할 것이다. 국내에서 공급되는 석탄과 석유로는 2000년에는 국내수요량에도 훨씬 밑돌 것이다.

2. 중국의 주요 석유·가스 산지

중국의 석유자원은 모두 외국과의 잠재적인 분쟁을 내포한 지역에 편중되어 있다. 북동부지역은 극동러시아나 북한 간의 문제가 중대성을 더해갈 것이다. 타림 분지는 카자흐스탄과의 불안정한 관계에 위치해 있으며 연안지역과 남사제도도 분쟁지역이다.

중국은 에너지 수요를 충족시키기 위해 외양해군의 육성 및 이란과 같은 중동 산유국과의 교섭을 시도할 것이다.

중국의 GDP에 관한 평가

1. 자료와 통계의 불충분한 관리

중국의 지방정부와 기업은 경제통계를 허위로 보고하고 있는데, 이는 중국의 경제정책을 고찰하는 데 커다란 장애가 되고 있다. 〈그림 4〉는 국제기관과 경제학자에 따라 중국의 GDP에 관한 평가가 크게 다르다는 것을 보여주는 예다. 불충분한 정보관리가 산업계획의 입안을 어렵게 하고 있다.

사회주의 국가에 공통적인 현상이지만, 중국에서는 재정적자가 증가하고 있다. 그 원인은 국영기업의 손실을 메우기 위한 거액의 보조금, 정부의 부적절한 가격정책, 국가공무원과 관계된 경비, 국내채무와 외국채무 상환에 있다.

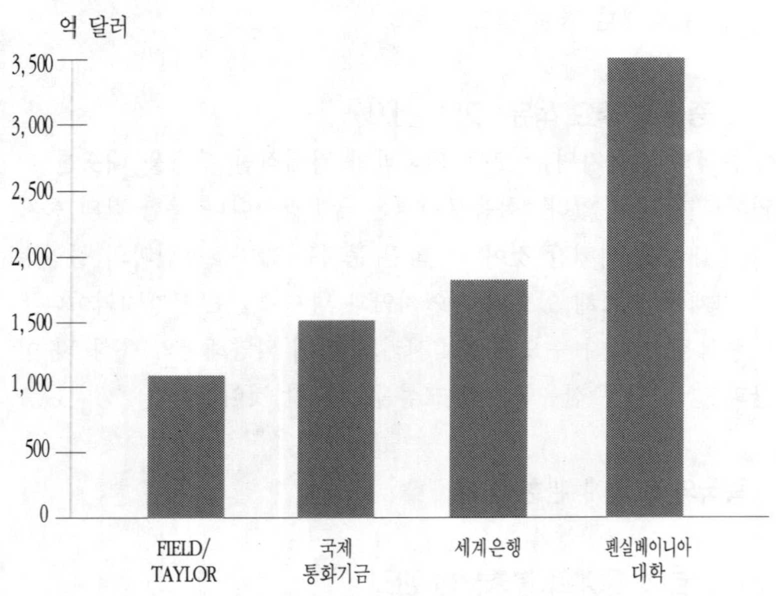

〈그림 4〉 중국의 GDP 추정(1991년)

서방측의 중국 국방예산 분석 비교

1. 불확실한 또 하나의 통계

중국의 국방비 지출은 1987년 이래 현저히 증가했지만 그 지출 목적과 국방자원의 사용에 관한 공개자료는 부족한 실정이다. 국방비지출의 추정에 관한 견해는 〈그림 5〉와 같이 각양각색이다. 이 부문도 정밀한 조사가 필요한 분야다.

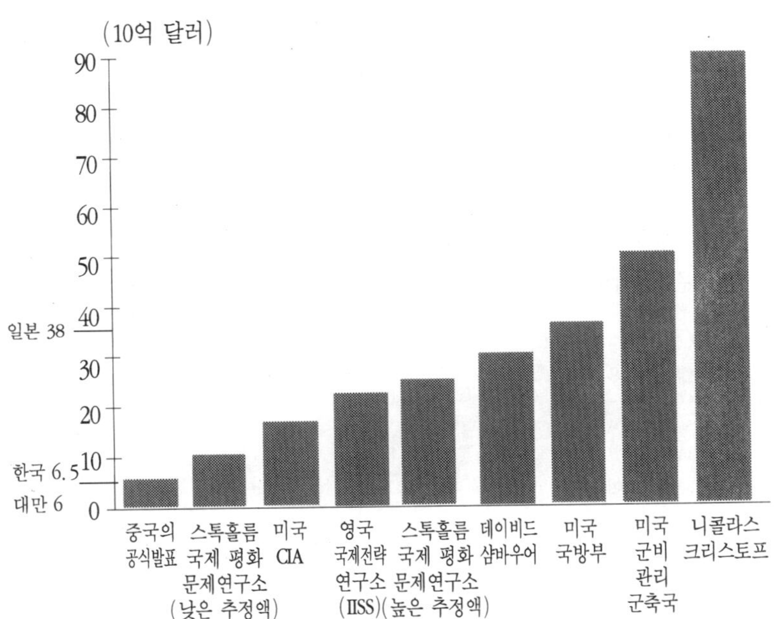

덩 샤오핑 이후 중국 지도부의 사고방식

1. 덩 샤오핑 이후의 중국

덩 샤오핑의 권력은 절대적이며 강력하다. 덩 샤오핑은 개인적인 지도형태로 중국의 목표인 경제개혁과 부분적이지만 정치변혁을 실현, 세계가 그의 관리능력을 인정할 정도로 큰 실적을 남겼다.

그러나 분야별로 세밀히 살펴보면 덩 샤오핑은 아직 완벽한 성과를 거두지 못했음을 알 수 있다. 즉 정치에 일관성이 결여되었으며, 재정·금융 등의 경제개혁이 불완전하고, 중앙과 지방의

〈그림 6〉 포스트 덩 샤오핑 시대의 중국 지도부의 생각

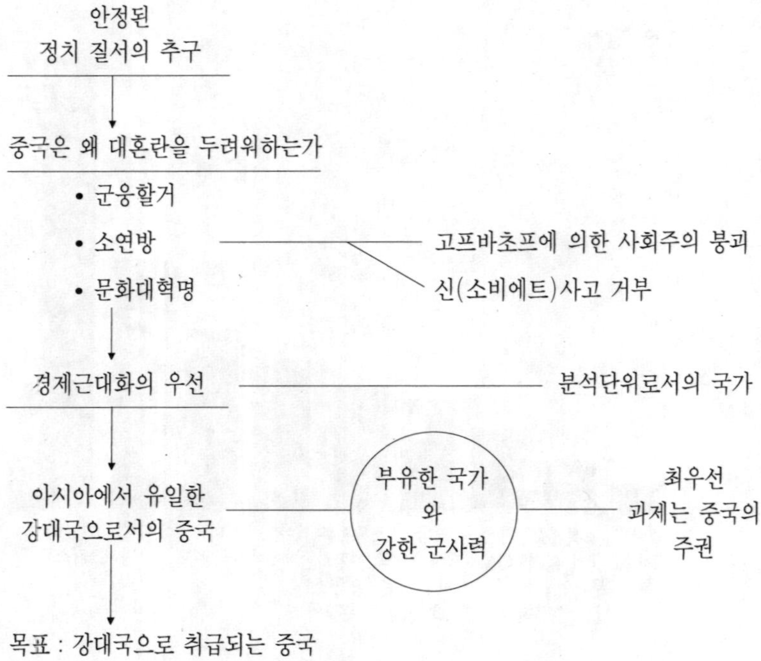

통치균형을 취하는 문제도 해결하지 못한 상태다.

연구집단은 여러 가지 변수에 따라 덩 샤오핑 사후 중국이 대혼란에 빠질 것이라는 예감을 갖고 있다. 덩 샤오핑 사후에는 각종 정치세력 사이의 균형이 사라지면서 보수파와 개혁파 모두에게 정치적인 공백상황이 초래될 것이다. 그러나 이러한 상황에서도 중요당사자는 모두 무질서상태를 회피하는 동시에 자신의 능력에 대한 평가를 결코 인정하려 하지 않을 것이며, 그들 개인 및 가족·연고자의 이익을 지키려 할 것이다. 덩 샤오핑 이후 도래할 과도기의 모습은 대충 다음과 같을 것이다.

- 현상유지가 지도자들의 이해에 관련된다는 것
- 문화대혁명과 같은 지도부 내의 유혈투쟁은 반드시 기피하려는 분위기
- 얼굴이 보이지 않는「집단」지도체제가 공통의 이익을 만족하는 정도

2. 이데올로기

지도부는 중국의 가장 중요한 목표가 경제력과 정치력·군사력에 있음을 깊이 공감하고 있으며, 앞으로 이러한 사고방식에 속박될 것으로 예측된다. 논의가 분분한 것은 목표의 달성방법이다. 지도부는 중국의 분열만은 원치 않고 있다. 전국시대나 너무 앞서 간 문화대혁명, 소련연방의 붕괴는 대혼란이 국력의 저하로 연결된다는 교훈을 주고 있다. 현 지도부는「국가」를 지역이나 세계적인 존재가 아닌 정치적인 분석의 단위로 여기고 있다. 그들은 경제성장은 제로섬 게임(zerosum game)과 같은 형태로 이루어지는 것은 아니지만, 군사력과 정치력은 제로섬 게임으로 인식하고 있다.

단기적인 중요문제

1. 시각표

〈그림 7〉에 나타난 문제는 지도부가 가까운 장래에 해결해야 할 과제다. 북한의 권력승계는 이미 하나의 요소로 자리잡고 있다. 1997년 홍콩 반환과 그 반환이 정치적으로 어떻게 처리될 것인가가 중국의 장기적인 사고방식을 가늠해볼 수 있는 요소 가운데 하나가 될 것이다. 중국과 대만 관계는 항상 미·중 관계의 핵심을

〈그림 7〉 단기적인 주요문제

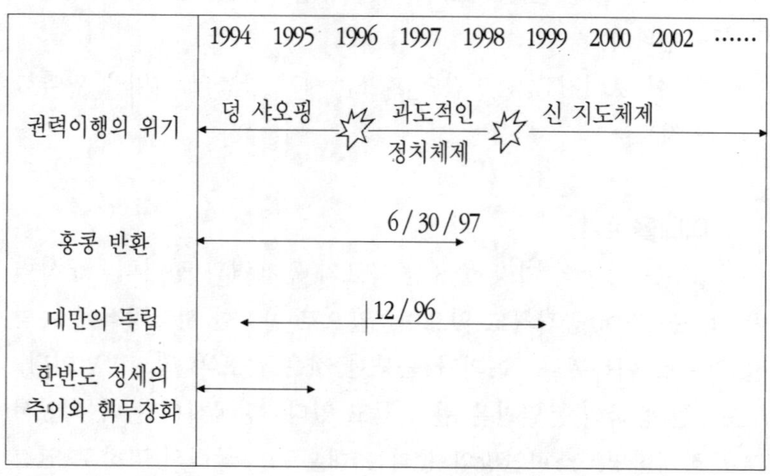

이루고 있다.

2. 권력승계 문제

이는 역사를 살펴보면 잘 알 수 있다. 중국에서 지도부의 이행은 치열하고 장기적인 경향을 띠고 있다. 마오 쩌둥의 등장기(1947~54년)와 덩 샤오핑의 부활기(1978~83년)는 불안정한 시대였다. 덩 샤오핑 이후에는 경제개혁과 관련된 기술자 출신의 고급 관료가 지도자로 등장할 가능성이 가장 높다.

그들은 대외정책에 관한 한 견해 차이가 거의 없고 정책 면의 이해관계가 상당히 한정되어 있다. 그들은 중국 국민이 잔혹한 정치나 군사상황에 별로 관용적이지 않다는 점, 그리고 중국은 복합적인 국가이므로 현재보다 중앙집권화된 체제를 조기에 구축하여 통치한다는 것은 불가능하다는 점을 인식하고 있다.

<그림 8> 위험 지역

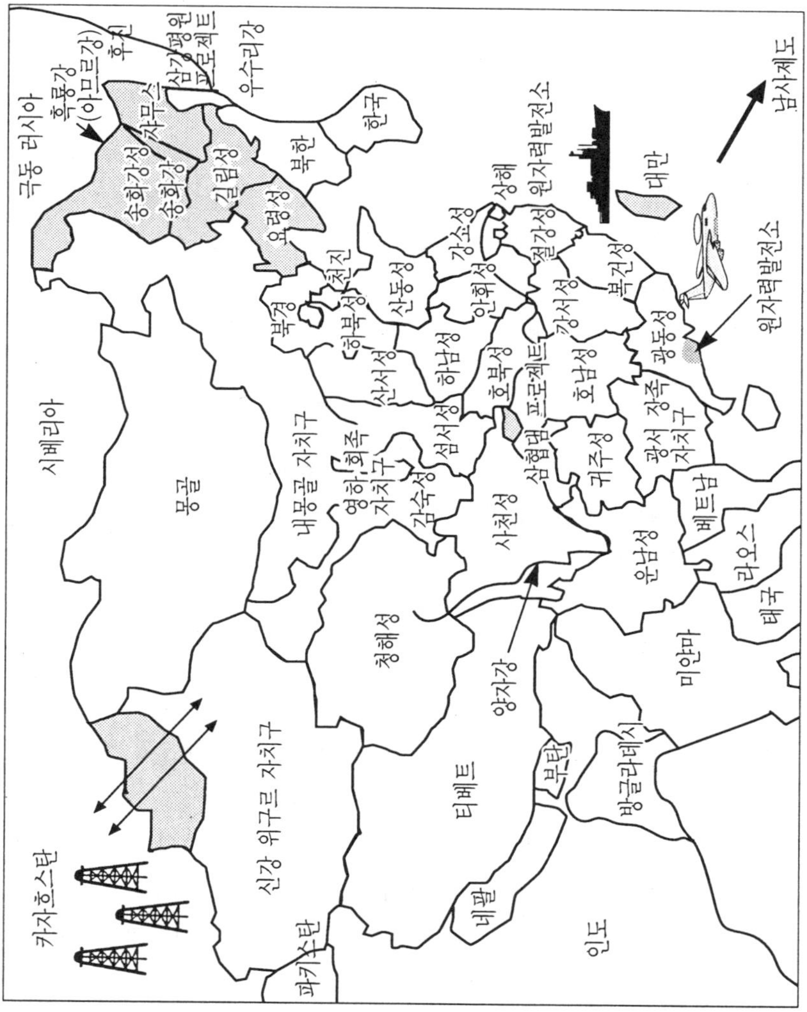

카자흐스탄
시베리아
극동 러시아
흑룡강
(아므르강)
후진
송화강성
샤무스
송화강
삼강평원
프로젝트
길림성
우수리강
몽골
신강 위구르 자치구
요령성
북한
파키스탄
내몽골 자치구
북경
하북성
천진
한국
영하 회족
자치구
산서성
산동성
청해성
감숙성
섬서성
하남성
강소성
안휘성
네팔
티베트
양자강
사천성
호북성
상해
절강성
원자력발전소
삼협댐 프로젝트
부탄
인도
호남성
강서성
방글라데시
귀주성
복건성
운남성
광서 장족
자치구
광동성
대만
미얀마
베트남
라오스
태국
원자력발전소
남사제도

3. 과도기의 공산주의 체제

소련연방과 헝가리, 소련연방 붕괴 후의 구소련 연합국에서 볼 수 있는 교훈은 공산당이 사회를 점점 엄격하게 통제하는 한편, 경제운영의 고삐를 늦추면 체제가 불안정해진다는 것이다.

위기적 지점

1. 주의해야 할 지역

의욕적으로 자원을 갈망하는 중국은, 자원이 풍부하면서도 분열상황에 놓여 있는 러시아와 인접한 지역에서 국경문제를 일으키고 있다. 예를 들면 신강 위구르 자치구에서는 중·러 국경에 걸쳐 살고 있는 분리주의 이슬람교도가 문제를 일으키고 있다. 이 지역의 한민족은 인구 1,600만 명 가운데 38%에 지나지 않고, 나머지 대부분은 터키어를 사용하는 이슬람교도다.

또 1,720만 인구인 카자흐스탄은 대규모의 민영화를 계획하고 있는데, 카자흐스탄에는 1,500만 배럴의 석유와 86조 입방피트의 천연가스가 매장되어 있다. 카자흐스탄은 1993년 구소련 전체에서 생산되는 석유의 5.8%, 석탄의 21%를 생산했다. 이 지역은 금과 같은 광물자원도 풍부하다.

중국에서 대규모 프로젝트가 실패하면 지역의 불안정을 초래하는 요인으로 작용할 것이다. 홍콩에서 가까운 원자력발전소에서 이미 문제가 일어나고 있다. 삼협(三峽) 댐 계획은 사회적·환경적으로 커다란 영향을 미칠 것이다. 흑룡강성에는 대규모 국영기업이 있지만 효율적으로 관리가 되지않고 있으며, 국경을 둘러싼 논쟁이 대립을 초래할 가능성을 갖고 있다. 티베트도 독립을 요구할 가능성이 있다.

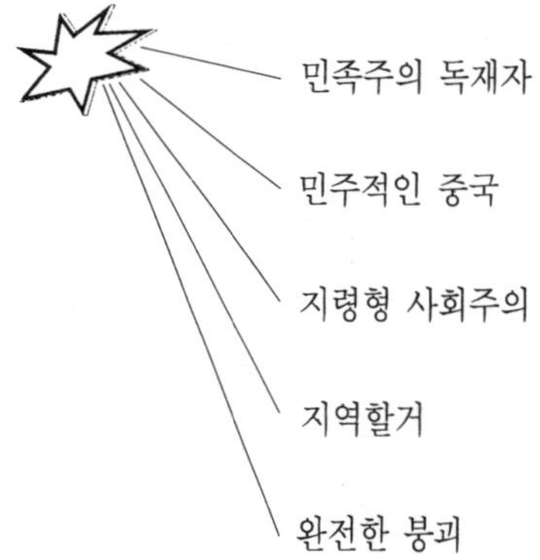

〈그림 9〉 중국의 장래 시나리오

계속적인 장래 본 연구 그룹은 이 가능성을 30%로 본다.
자유로운 개혁 본 연구 그룹은 이 가능성을 20%로 본다.
분열 본 연구 그룹은 이 가능성을 50%로 본다.

2. 장래의 문제

러시아는 거대한 인구를 가진 지역의 경쟁자로서 중국을 보고 있다. 중국과 러시아는 국익이 대립하는 중앙아시아에서 경쟁을 하고 있다.

중국의 장래 시나리오

1. 덩 샤오핑 이후 지도부의 시나리오

본 연구집단은 덩 샤오핑 이후의 시대에 중국지도부가 단결되지 않고 국내에 분쟁이 일어난다는 상황하에서 분열할 가능성은 반반이라고 생각한다. 권력의 중심은 대체적으로 중심에서 멀리 떨어져 나갈 것이다.

시나리오 Ⅰ의「현 노선의 계속」은 현재의 상황과 거의 비슷하

겠지만, 이러한 시나리오가 성립할 확률은 30%다. 시나리오 Ⅱ인
「자유로운 개혁」은 서방국가들이 기대하는 시나리오지만 본 연구
집단의 고찰에 의하면 그 가능성은 매우 희박하다.

　본 연구집단은 시나리오 Ⅲ의「분열」이라는 가정하에 다섯 개의
부속 시나리오를 설정, 이 가운데「민주적인 중국」과「지령형
사회주의」등 두 가지를 제외하고「민족주의 독재자」와「지역의
할거」,「완전한 붕괴」라는 세 가지 부속 시나리오에 초점을 맞추
었다.

2. 선택적인 고찰

　본 연구집단은 이상 세 개의 시나리오 각각의 형태를 활용하여
시나리오의 각 부분이 중첩되는 경우를 고찰했다. 그러나 우리는
분석과 정책의 명확성을 목적으로 하는 입장에 서서 시나리오 각
각의 구체적인 차이로부터 좀더 많은 지식을 얻을 수 있을 것으로
생각했다. 또한 이 보고서에 거론된 시나리오는 다양한 형태로부
터 발생하게 될 중국의 국제적(외교정책과 군사에 관한)인 안전
보장에 대한 위협을 예측하는 데 도움이 될 것이다.

시나리오 Ⅰ : 계속적인 장래(linear future)

1.「계속적인 장래」의 실현 이유

- 덩 샤오핑 이후의 집단지도부가 단결한다.
- 인민해방군과 치안조직이 집단지도부를 지지한다.
- 중추를 형성하는 지도자들은 체제유지를 중시하므로, 압도적
  인 권력을 쥔 지도부의 탄생은 원치 않는다.
- 경제성장과 사회의 안정이 주된 정책목표라고 인식한다.

◎ 시나리오 Ⅰ : 계속적인 장래

지도부의 사상경향

국내정책

▽ 안정과 공산당의 지배가 최우선 사항

▽ 집단지도부 : 약체화를 피해야 된다는 인식

▽ 한정적인 정치개혁과 체포의 계속

대외정책

▽ 군사력은 유익하고도 필요한 것임

▽ 전쟁은 바라지 않지만 피하지도 않음

▽ 중국이 놓인 국제적인 상황에 불만

2. 군사 독트린

「사막의 폭풍」 작전에서 미국이 보여준 첨단과학 병기의 전과는 중국군을 근대화하는 데 새로운 본보기가 되었다. 중국군 간부들은 능력의 차이는 일시적인 것으로 받아들이고, 미국과 어깨를 견줄 세계적인 군사력 확보를 장기목표로 삼아야 한다고 생각하고 있다.

◎ 시나리오 Ⅰ : 계속적인 장래

군사 독트린

▽ 최첨단 국지전쟁을 감당할 능력

능 력

▽ 군비예산의 실질적인 증액

▽ 외양해군의 육성

▽ 핵병기 근대화의 계속[ICBM, 탄도 미사일, 잠수함, 전역(戰域)
핵병기]

▽ 외국으로부터의 기술 이전
▽ 무기매각 시장의 추구

3. 중국의 경제발전은 아시아 모델이라고 불러도 무방할까

— 그렇다. 일본·한국·대만과 마찬가지로 경제가 정치를 좌우하고, 중앙이 지방을 지배해왔다는 의미에서 중국은 아시아의 후발발전국이다. 그러나 이러한 후발적인 발전을 수행하면서 중국의 지도자들이 얻은 교훈 가운데 하나는 발전을 위해 시장기능을 활성화시키면서 권위주의적인 정치체제도 유지할 수 있다는 점이다.

— 아니다. 중국은 여느 아시아 국가들과 같이 인플레이션, 소득의 평등화, 사회불안이라는 문제에 잘 대처할 수 없기 때문이다. 중국지도부는 싱가포르·일본·한국의 근대화를 따라잡으려고 하지만, 중국은 제도 면에서 이들 각국의 능력수준에 도달해 있지 않다.

4. 혼합국가 : 중국의 취약성

중국은 과도기의 지도체제 문제에 덧붙여 국가조직이라는 틀 밖에서 활동하는 새로운 엘리트층(기업인·학생·지적 직업인)을 갖고 있으며, 나아가 도시화·인구의 이동·커뮤니케이션의 확대라는 현상이 일어나고 있으므로, 공산당은 노동자와 농민들을 과거만큼 충분히 관리할 수 없게 되었다.

◎ 시나리오 Ⅰ : 계속적인 장래

사회 면의 경향

▽ 경제격차와 부패의 확대

〈그림 10〉 계속적인 장래

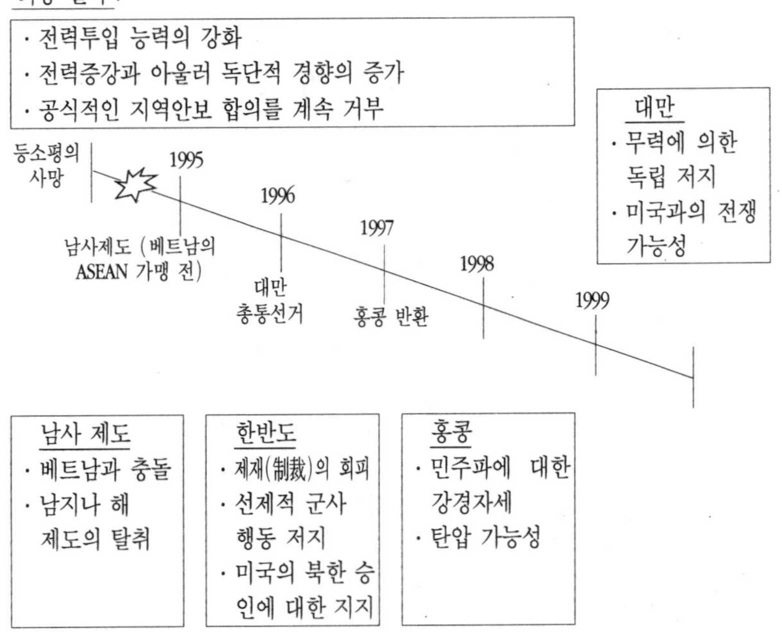

▽ 경제문제를 둘러싼 불만의 탄압

경제 면의 경향

▽ 계획경제와 시장경제의 혼합

▽ 국영기업 민영화의 지체

▽ 대규모 프로젝트의 곤란성(삼협 댐 프로젝트)

▽ 각국의 직접투자는 계속되고 있지만, 그 속도가 느림

▽ 몇몇 국영기업의 폐쇄

1992년 북한의 무역에서 차지하는 중국으로부터의 수입은 전체의 40%, 중국으로의 수출은 15%를 기록하고 있다. 본 연구집단

은 중국이 북한의 위기를 경시하고 있기 때문에 미국과의 협력을 기대하고 있다고 생각한다.

5. 계속적인 장래의 시나리오 : 「단기간」이 경과한 후

「단기간」이 지난 후 이 시나리오는 다음과 같은 사태로 발전한다.

- 국가체계의 동요에 대처할 수 없게 되고, 이것이 정치 면에서 억압, 갑작스런 경기파탄의 도래, 사회불안으로 연결된다.
- 국내와 외국의 분쟁에 건설적으로 대처할 수 없다.

6. 이 시나리오를 방해하는 요소

- 지도부 내의 대립
- 지속적인 인플레이션과 경제불안

시나리오 Ⅱ : 자유로운 개혁

1. 중국의 개혁 시나리오는 실현될까

본 연구집단은 가까운 장래에 이상과 같은 「개혁 시나리오」가 실현될 가능성은 20%에 지나지 않는다고 생각한다.

개혁 시나리오가 실현된다면, 이는 미국의 국익에 합치되는 것이다. 그 이유는 다음과 같다.

- 급진적인 개혁 연합세력이 보수적인 개혁파에 승리한다.
- 1989년 천안문 민주화운동의 탄압이 비판받고, 보수파의 정통성이 상실될 것이다(천안문 사건의 평가는 중국의 정치노선을 좌우하는 중요한 관건이 될 수 있다. 천안문 사건에는 여러 평가가 있다. 즉 「안정강화에 도움이 되었다」, 「중요한 의미

를 갖는 것은 지식인에게 한정된다」, 「중국에서 성공한 최후의 정치탄압이었다」라는 평가다).

- 정치개혁은 공산당을 권력의 자리에 올려놓는 데 필요하다는 관점에서 고려된다.
- 각 성의 지도자들, 치안조직, 인민해방군의 중요분야에서 새로운 지도부를 지지한다.

2. 장기적인 의미

자신감에 차 있으면서도 민족주의적인 색채가 약한 지도체제가 된다고 가정하면, 경제성장이나 정치의 근대화라는 기반 확대와 기술이전 및 범용기술의 발전은 바람직하다. 그러나 이렇게 진전되지는 않을 것이다. 이 「개혁」의 시나리오는 강화된 군사력을 갖는 강력한 중국이라는 형태로 연계된다.

◎ 시나리오 Ⅱ : 자유로운 개혁

　지도부의 사상경향

　국내정책

▽ 정치개혁은 정통성 확립을 위해 불가피하다

▽ 정치개혁은 경제발전과 기술혁신에 불가피하다

　대외정책

▽ 경제가 대외정책을 좌우한다

▽ 다국간주의에 대한 신뢰가 깊어진다

▽ 군사력에 무게를 두지 않는다

▽ 국제질서를 문란하게 하지 않는다

　군사 독트린

▽ 최첨단 국지전의 능력

능 력

▽ 군사력을 제어하는 군비관리를 진행시킨다

▽ 최소한의 억지력을 보유한다는 군사 독트린

▽ 안전보장 정책에 대한 문민 통제를 실시

▽ 군사예산의 투명성 지향

이 시나리오에서는「일본의 발전모델」을 본보기로 다음과 같은 적절한 것들을 중국에서 이미 실현했다.

● 소득의 증가

● 정부에의 대중지지 확대

● 안전의 강화

● 중국이 경제대국의 지위로 부상

◎ 시나리오 Ⅱ : 자유로운 개혁

　사회 면의 경향

▽ 사회적인 혼란과 긴장이 심각한 형태로 발생하지만, 국소적인 것에 그친다

▽ 새로운 사회적 안전 틀의 불확실성을 경감시킨다

　경제 면의 경향

▽ 고도성장의 지속

▽ 새로운 경제전략의 도입

▽ 국유기업의 개혁

▽ 인플레이션의 진정

3. 자유로운 개혁의「최종결과」

여기에서 거론한「최종결과」는, 중국이 지향하는 목표라고 미

국측에서 생각하고 있는 것이다.

(1) **2000년이 지난 후** : 중국은 세계공동체에 위협이 되지 않는 초강대국이 된다.

(2) **경계해야 할 점** : 지도부의 형태가 변화하면 독재체제로 역행할 가능성이 있다. 개혁에 성공하면 강대국으로 될 수 있다는 야망이 반드시 나타난다. 개혁의 성공이란 중국이 과학·기술과 병기 시스템의 개발력을 강화할 수 있는 능력을 갖는다는 것을 의미한다.

4. 이 시나리오를 방해하는 요소

- 경제의 붕괴
- 대중의 기대를 만족시킬 만한 정치개혁의 실현 난항
- 인민해방군과 보수파 세력의 정치개혁 반대

제1국면 이후의 시나리오 Ⅲ : 분열

1. 분 열

본 연구집단은 중국이 어떤 형태로든 분열할 확률이 50％라고 생각한다.

2. 분열에 이르게 하는 요소

- 정치 중심부에서 각 세력 간의 대립이 해소되지 않는 것이다.
- 제도적 근거를 갖춘 각 권력기관이 각각의 권력을 사용한다.
- 지도자들이 개인적으로 권력을 쥔다.
- 각 세력은 다른 세력을 압도할 수 있는 권력기반을 구축할 수 없다.

〈그림 11〉 자유적인 개혁

최종 결과 :

> · 위협이 저하되고, 지역 안전보장에 협력적으로 됨.
> · 싸울 능력은 있지만 싸움을 피하고자 함
> · 전력투입 능력의 강화

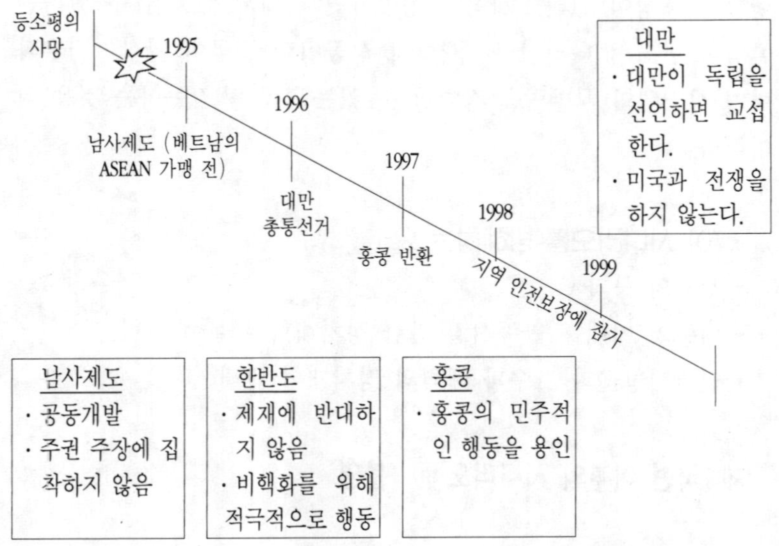

- 각 세력이 서로 정권을 헐뜯기 때문에 정책이 마비된다.
- 중앙권력이 경제수단의 관리 및 정치와 사회에 대한 지배력을 상실한다.

◎ 제1국면 이후의 시나리오 Ⅲ : 분열

분열 시나리오의 주요 의미

▽ 공격적이고 민족주의적인 독재가가 등장할 가능성

▽ 통치조직에 헌법상의 대규모 변경이 가해질 가능성

지도부의 사상경향

국내정책

▽ 상호불신과 권력계승의 정지

▽ 권력과 자원이 제로섬 관계에 있다는 생각

▽ 강력한 지역성의 주장

대외정책을 무력하게 하는 국내분열의 방아쇠

▽ 각 성의 반목

▽ 군부에 대한 통제의 붕괴 징후

▽ 각 성의 연합형성

▽ 성에 의한 조세수입의 보류

▽ 군구 사령관의 인사이동이 없어짐

분열의 각 부속 시나리오

1. 제1국면 이후의 상황

본 연구집단은 분열의 다섯 가지 부속 시나리오에 대해 고찰했는데, 여기에서 상세히 기술하는 것은 「민족주의 독재자」, 「지역의 할거」, 「완전한 붕괴」라는 세 개의 부속 시나리오에 한정한다. 부속 시나리오 가운데 「민주적인 중국」과 「지령형 사회주의」의 결과는 이미 기술한 시나리오 I 의 「계속적 장래」와 시나리오 II 의 「자유로운 개혁」과 별 차이가 없기 때문이다. 그렇다고 해서 「민주적인 중국」과 「지령형 사회주의」가 「계속적인 장래」와 「자유로운 개혁」이라는 두 가지의 시나리오와 동일한 형태라는 의미는 아니다.

부속 시나리오 중 「민주적인 중국」은 비공산주의체제를 취하고 나아가 인민해방군과 치안조직으로부터 지지되고 있는 형태다. 이러한 정체(政體)는, 혼란이 확대되고 인민해방군이 변혁을 요

〈그림 12〉 분열―부속 시나리오

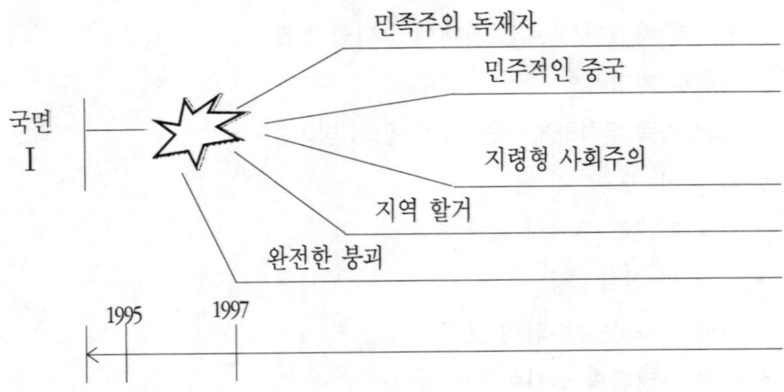

구하는 대중의 요구에 저항할 수 없다는 인식을 갖게 됨으로써 실현된다. 이 때의 「최종결과」는 국제관계에 대한 건설적인 관여다.

「지령형 사회주의」는 「종이호랑이」라는 부속 시나리오다. 이 시나리오는 「계속적인 장래」라는 시나리오 I 과 세계적 민족주의의 중간에 해당한다. 「지령형 사회주의」는 이론적으로는 공격적이지만, 비교적 약한 형태다. 이 시나리오에서는 인민해방군이 보수파인 공산주의의 각 파를 영입한다. 이 시나리오의 「최종결과」인 사회 안정은 고도경제성장을 희생으로 하여 달성된다. 이 때의 중국은 전력투입능력을 갖고 있지만, 지역적인 안전보장의 문제에 관해서는 협력적이다.

부속 시나리오 : 민족주의 독재자

1. 「민족주의 독재자」는 어떻게 나타날 것인가
● 중앙의 각 세력 간 대립이 해소되지 않은 채 남아 있다.

● 인민해방군은 분열을 두려워하여 대중이 지지하는 한 사람의 독재자에 의존한다.

◎ 부속 시나리오 : 민족주의 독재자

　지도자의 사상경향

　국내정책

▽ 대중의 지지 및 인민해방군과 치안조직의 묵인을 얻는 비공산주의 지도자는 나타나지 않는다

▽ 엘리트층의 반대의견을 허용하지 않는다

▽ 정치는 제로섬이다

　대외정책

▽ 한민족사상

▽「대중국」민족주의

▽ 민족통일의 주장

▽ 반 미국 진영(일본을 포함)

　군사 독트린

▽ 국경을 넘어 진행되는 국지적인 장기전쟁

　능　력

▽ 군사비지출의 현저한 증가

▽ 외양해군

▽ 수륙양용 전력

▽ 공수력에 의한 신속한 대응전력

▽ 핵전쟁 능력을 획득하기 위한 시도

▽ 지상군의 증강

　사회 면의 경향

▽ 불만의 억압

〈그림 13〉 민족주의 독재자

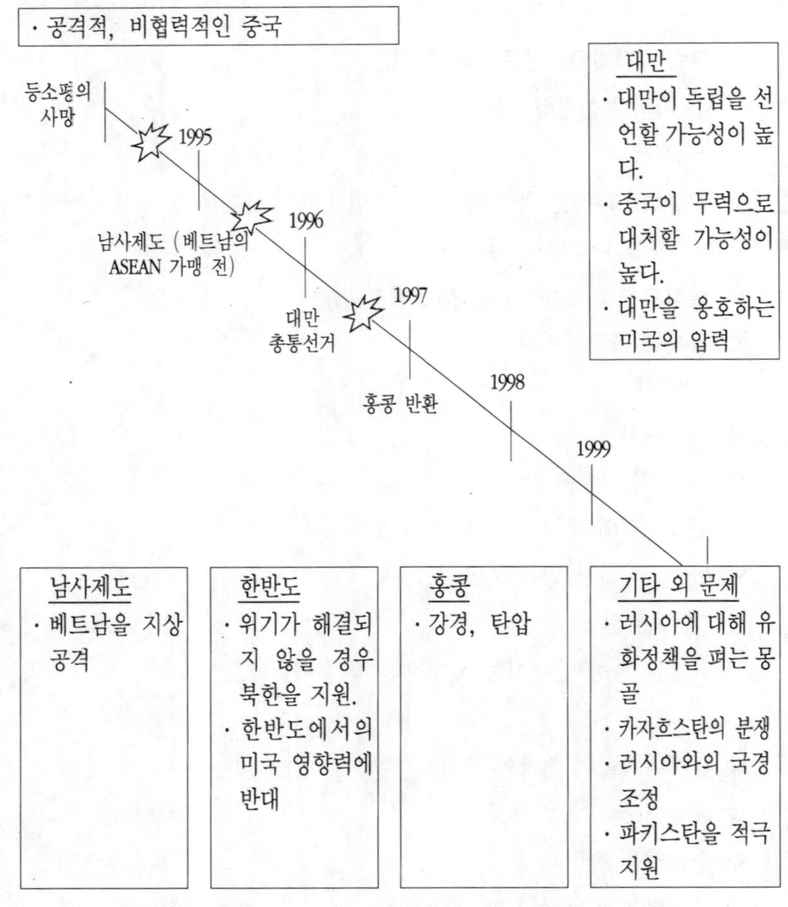

▽ 애국주의를 부채질하는 캠페인

경제 면의 경향

▽ 경제중상주의

▽ 경제성장은 군사력에 공헌

대만의 독립과 이 과정에서 미국의 관여문제 때문에 이 시나리오는 중대성을 갖는다. 안전보장을 둘러싼 미·일 사이의 견해대립도 대만의 주권문제에서 비롯되고 있다. 중국과 대만의 무역에 관한 협력 및 주민의 왕래와 어업 분쟁을 해결하기 위해 최근 약간의 발전이 있었음에도 불구하고, 대만의 주권문제는 현재 첨예한 사안으로 부각되고 있다. 중국은 대만을「배신자의 성(省)」으로 보고 있다.

2. 이 시나리오를 방해하는 요소

- 인민해방군의 반대
- 경제 붕괴
- 암살과 쿠데타

분열의 시나리오

1. 중국 분열의 논리

혹시 중국이 중앙의 통제력을 상실할 때 동맹관계와 지역의 할거 현상이 일어나리라는 것을 어떠한 징후나 판단기준으로 알 수 있을까? 지배적인 힘을 가진 중핵적인 성(省)은 존재할 것인가? 인구 12억 가운데 한민족이 차지하는 비율은 90% 이상이므로 민족문제가 커다란 요소로 작용하지는 않을 것이다. 〈그림 14〉는 가능성이 있는 각종 구성원리를 나타낸 것이다.

2. 검토의 필요성 : 분열의 여러 형태

소련연방 모델은 중국 분열의 시나리오를 가정하는 경우 전혀 도움이 되지 않는다.

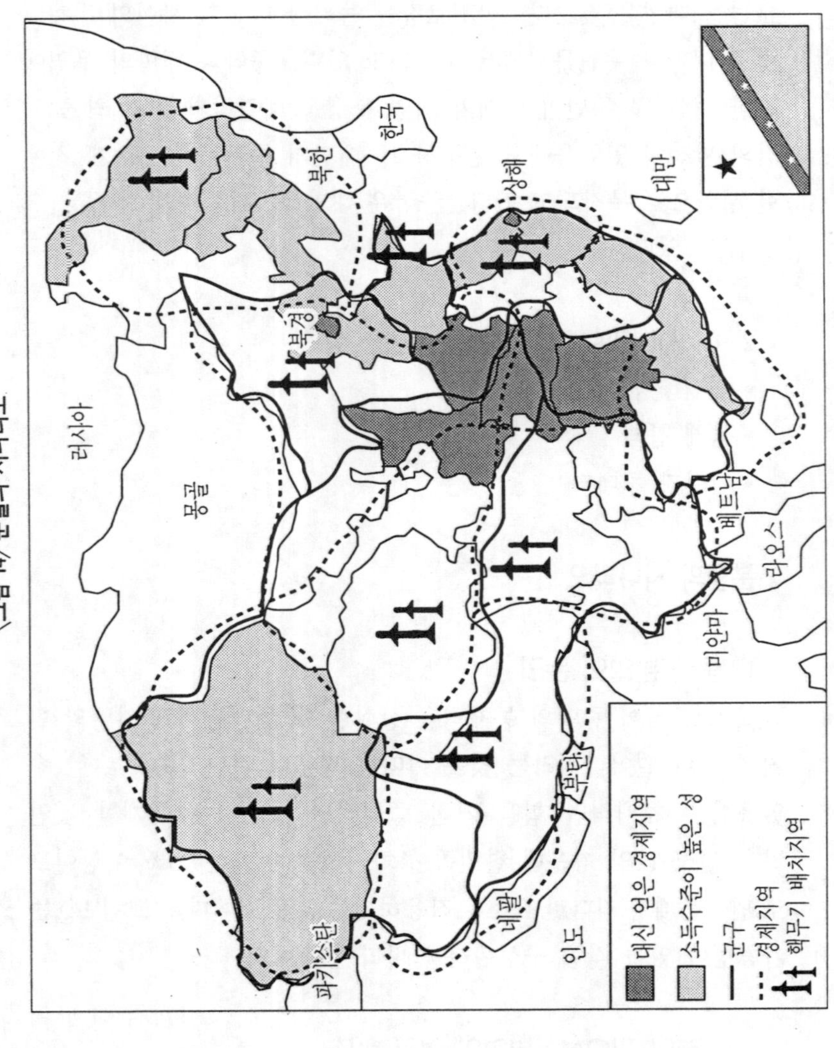

〈그림 14〉 중국의 산업지역

연구집단이 〈그림 14〉에서 「대신 얻을 수 있는 경제지역」으로
나타낸 유기적인 경제지역과 같이 전문가가 여러 가지 경제지역으
로 분류하는 경제분석의 이론적 기법에서 확실한 것은 소득의 지
역적 격차로 판단하는 데에는 한계가 있다는 점이다.

현재의 군구 및 군 중앙의 관리 아래 놓여 있는 것으로 보이는
이동식 미사일의 배치구역도 경제의 이해관계를 초월하고 있다.

부속 시나리오 : 지역의 할거

「지역의 할거(regionalism)」는 각 군벌이 할거하는 형태가 아닐
뿐더러 내란상황을 의미하는 것도 아니다. 이것은 원만한 연방의
형태로서, 정치 · 경제의 권위가 지역권력과 중앙권력 사이의 교
섭에 의해 재분배되는 형태다.

◎ 부속 시나리오 : 지역의 할거

　지도부의 사상경향

　국내정책

▽ 지방별 특성과 충성을 의식

▽ 내란보다 지역자치를 희망

　대외정책

▽ 지역이 외국과 연결

▽ 분쟁은 회피

　군사 독트린

▽ 경계선의 방위, 지역에서의 탈피를 규제

　능　력

▽ 중앙정부의 예산감소

▽ 전력조정이 불충분
▽ 전력투입 능력의 약체화

사회 대혼란은 중국의 지도부가 우려하는 현상이지만, 이 대혼란은 중앙의 통제력 상실이라는 사태를 동시에 초래한다. 그 결과 새로운 정치 엘리트와 안전보장 분야의 엘리트가 출현할 것이다. 이들 엘리트층은 지방기관과 폭력조직을 질서유지에 이용할 것이다. 그 결과 경제에 대동요가 발생하고 외국자본도 빠져나갈 것이다.

◎ **부속 시나리오 : 지역의 할거**
   사회 면의 경향
▽ 사회의 대혼란
▽ 폭력단과 비밀결사가 영향력을 확대
   경제 면의 경향
▽ 중앙정부의 재정위기 심각
▽ 지역통화가 발행되고 인플레이션이 심화
▽ 지역 간의 교역관계 강화

중앙정부의 전력투입 능력은 북경-상해의 권력축에 집중되고, 지방정부가 정책을 따르지 않아 국소적인 경계분쟁과 지역분쟁이 확대된다. 이 결과 「러시아형」 지방국가들의 집합체가 형성되어 각 국가들이 독립적인 경제정책과 안전보장정책을 추구할 것이다.
이 시나리오를 역전시킬 수 있는 것은 내전 또는 강력한 중앙지도부의 출현뿐이다.

〈그림 15〉 지역 할거

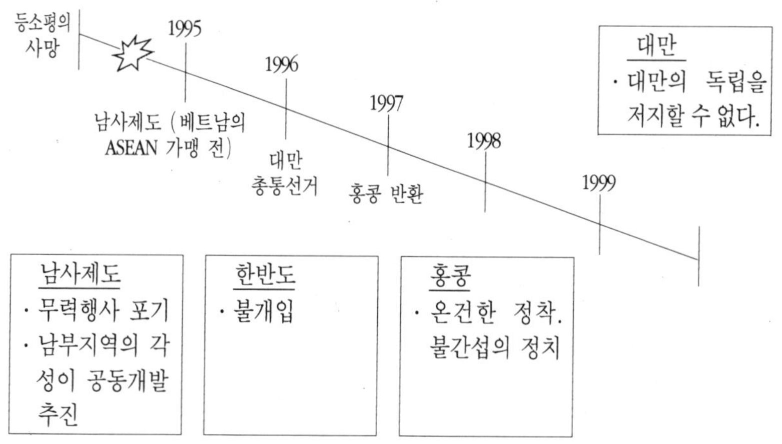

부속 시나리오 : 완전한 붕괴

「완전한 붕괴」는 분열 시나리오의 마지막이다. 이 「계속적인 분열」은 중앙의 각 세력 간 해소되지 않는 장기적이고 심화된 대립과 인민해방군의 분열로 인한 것이다.

◎ 부속 시나리오 : 완전한 붕괴

　지도부의 사상경향

　국내정책

▽ 개인공격과 보복에 대한 공포

▽ 군부의 충성을 얻으려는 시도

　대외정책

▽ 마 비

　군사 독트린

▽ 지방영토의 통제, 지방의 경쟁상대로부터의 보호, 외국의 침입자

　배척

　능 력

▽ 핵병기 관리 불확실

▽ 지방의 병기구입

1. 중국의 제도적 허약성 노출

- 정치체제는 무력해진다.
- 경제체제는 중앙통제의 메커니즘이 존재하지 않는다.
- 사회에는 문제를 해결하기 위한 조직화된 메커니즘이 존재하지 않는다.

◎ 부속 시나리오 : 완전한 붕괴

　사회 면의 경향

▽ 대혼란과 예측 불가능한 현상이 발생한다는 의식

▽ 난민과 지역탈출 노동자의 폭동

　경제 면의 경향

▽ 경제의 동요

▽ 삼협 댐 프로젝트를 둘러싼 부패현상과 관리 실패

▽ 외국의 투자 감소

▽ 내륙부 각 성의 농민폭동

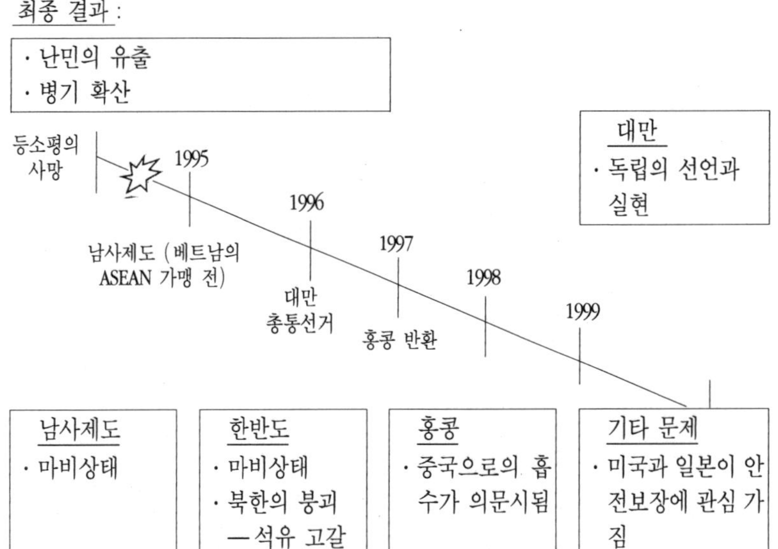

〈그림 16〉 완전한 붕괴

2. 전 분야의 정책 마비

중국은 미국과 일본의 투자안전 면에서 위협이 된다.

중국의 분열은 국가로서의 특성과 정치권력이 최종적으로 중앙에 대한 재집권을 노리면서 장기적으로 우려할 만한 사태로 발전한다.

이 시나리오를 저지할 수 있는 것은 강력한 중앙지도부의 탄생뿐이다.

고찰 결과로서의 견해

1. 분쟁의 회피

앞으로 벌어질 상황을 전망해본다면 가까운 장래에 미국은 몇 가지 형태의「양상을 달리하는」중국에 대처해나갈 것이다. 또 어떠한 종류의 변화든 간에, 중국은 세계의 안전보장상 예측할 수 없는 위협으로 작용할 가능성이 있다. 아시아의 상황도 유럽의 공산주의 국가가 붕괴될 때의 상황과는 달리 나타날 것이다. 미국이 중국에 영향을 미칠 수 있는 방법으로는 다음과 같은 몇 가지가 있다(이미 서술한 것도 있다).

- 아시아에서 군사 억제력을 계속 유지한다. 미·일 안전보장 조약을 유지한다.
- 중국을 협조적 경제체제와 안전보장에 관한 신뢰조성 조치에 편입시킨다. 단지 중국의 내정문제에는 간섭하지 않는다.
- 대만 독립과 무기매각에 관한 미국 정책의 애매한 점을 해소한다.
- 양질의 정보를 수집하고 다양한 시나리오를 상정하여 세계 일류의 군사력을 갖는다는 중국의 목표를 감시함으로써 중국의 다양한 정세 전개에 대비한다.

◎ 고찰 결과로서의 견해

모든 시나리오를 전제로 우리는 지금까지 경험해보지 않은 중국에 대한 대처방안을 강구할 것이다.

세 개의 시나리오는 각기 다른 도전을 제기하고 있다.

▽「계속적인 시나리오」에 근거한 중국은 경제적·군사적으로 훨씬

강력하고 독단적인 존재로서 미국의 국익문제에 관한 한 지금까지보다 비타협적인 자세를 취할 것이다.

▽「자유로운 개혁 시나리오」에 의해 그려볼 수 있는 것은 경제력과 군사력이 지금보다 강력하지만, 위협 정도가 낮은 중국이라는 형태다. 이러한 중국은 지역과 세계의 평화 및 안정에 강한 관심을 갖게 된다.

▽「분열 시나리오」의 결과로 가장 가능성이 높은 것은「자유로운 민주체제」에서「극단적인 민족주의」, 더 나아가서는「붕괴」까지 이르게 될 것이다.

II. 포스트 덩 샤오핑 시대의 대 중국 진출전략

1992년 이후 중국은 종래의 노동집약적 산업을 중심으로 한 제 3국 수출 위주의 외국인 직접투자 유치전략에 일대 수정을 가했다. 신경제정책은 국내시장 개방이라는 유인 조건을 내세워 외국 기업들의 중국 내 투자지역과 업종을 다양화하겠다는 것이 그 골자다. 이러한 여러 가지 정책변화의 결과 1992년에는 과거 13년 동안의 합계를 상회하는 581억 달러, 그리고 1993년에는 그 두 배에 달하는 1,108억 달러, 1994년에는 814억 달러(계약 기준)의 외국인 직접투자가 중국에 집중되는 이른바 「초중국 붐」 상태가 지속되고 있다. 더구나 이들 투자는 아시아·유럽·미국 등 전 세계의 기업들에 의해 이루어지고 있는데, 세계의 기업가들이 중국 경제의 밝은 장래에 대해 확신하고 있다는 하나의 증거이기도 하다.

외자기업 유치전략의 새로운 전환점을 맞아 대 중국 투자에 많은 관심을 가지고 있는 우리 기업들로서는 과연 어떠한 대응책이 필요한가? 이 글에서는 외국인 직접투자가 중국 경제에 미친 공헌과 새로운 구조조정을 하게 된 배경을 살펴보고, 새로운 정책조정에 대한 우리 기업의 대응전략을 제시해보고자 한다.

종래의 외국인 직접투자 정책의 성과와 그 한계

개혁·개방정책과 함께 시작된 중국 외자기업 유치정책의 여러 가지 성과와 새로운 구조조정 및 정책변화의 배경을 살펴보면 다음과 같다.

1. 성　과

중국의 경우 사회 고정자산 투자(정부 투자+민간설비 투자) 가운데 외국인 직접투자가 차지하는 비율은 1981년에 3.7%에서, 1991년에는 5.7%로 증가했다. 그러나 이것은 공정환율에 의거해 계산한 수치로서, 실세를 반영한다고 볼 수 있는 외화조절센터 환율에 의거해 계산하면 외국인 직접투자가 차지하는 비율은 이보다 훨씬 클 것으로 보인다.

과잉노동력의 흡수를 통한 고용확대 효과를 살펴보면, 1991년 말 현재 전국에 조업 중인 외자계 기업은 8만 4,371개 회사로, 이곳에 고용되어 있는 중국인 종업원은 164만 8,451명에 달한다. 이는 도시부문의 전 고용자의 3.8%나 차지하는 것이다. 그 밖에도 전국에 걸쳐 약 300만 명으로 추정되는 위탁가공 관련 기업의 노동자 수까지 합하면 그 비율은 크게 늘어난다.

수출진흥에 의한 외화수입 증가를 살펴보면 1987년의 12억 달러(수출 총액의 3%)에서 1991년에는 120억 달러(수출 총액 16.7%)로 열 배가 증가했다.

2. 구조조정의 배경

외국인 직접투자는 실제로 중국 경제의 고도성장에 적지 않은 공헌을 했다. 하지만 중국 경제의 새로운 도약을 위한 산업구조의 고도화 요구는 외자기업 유치에 대한 새로운 전략을 요구하게 되었다.

1) 투자의 지역적 편중 현상

종래 외국인 직접투자의 지역 간 분포는 극히 편중된 양상을 나타내고 있다. 중국을 동부·중부·서부[1] 세 개의 경제지대로 구분할 경우 1991년 현재 외국인 직접투자의 92.5%(투자액 기준)가 동부 지대에 집중되어 있다. 특히 광동성에 대한 편중이 심한데, 전체 투자의 41.6%가 집중되어 있다. 외국인 직접투자의 이러한 지역적 편중은 개혁·개방의 과정에서 발생한 지역 간 격차를 더욱 심화시키는 결과를 초래하고 있다. 한 예로 1981년과 1991년 두 시점의 1인당 농공업 총생산액을 비교해보면 동부 지대를 1로 할 경우 동부 : 중부 : 서부 3개 경제지대의 비율은 1 : 0.54 : 0.25에서 1 : 0.49 : 0.24로 그 격차가 확대대되었다.

2) 투자의 소규모와 업종적 편중

외국인 직접투자에서 제조업이 차지하는 비율은 80.3%에 달한다(1991년 계약 기준). 하지만 이들 기업은 대부분 전기·전자·방적·의류 등 노동집약적 가공산업(1건당 평균투자규모 92.3만 달러)으로서 중국이 기대하고 있는 첨단기술산업형과 고부가가치 수출형 투자는 극히 적다. 이와 같이 노동집약적 산업에 대한 편중된 투자는 중국의 부품산업 육성에 별 도움이 되지 못했다.

---

1) 동부 : 요령, 하북, 천진, 북경, 산동, 강소, 상해, 절강, 복건, 광동,
   해남, 광서
   중부 : 흑룡강, 길림, 내몽골, 산서, 하남, 안휘, 호북, 호남, 강서
   서부 : 섬서, 감숙, 영하, 사천, 운남, 귀주, 청해, 신강, 서장

3) 미비한 선진기술 관리방법의 이전

일반적으로 진출기업에 고용되어 있는 근로자들은 중학교 졸업 정도의 학력 소지자로서 20세 전후의 젊은 여성들이다. 또한 이들은 대부분 임시직(1년 계약)으로서 기업과 계약을 맺고 있기 때문에 이직률이 매우 높다(연평균 약 30%). 따라서 소규모 조립공장이 대부분을 차지하는 외국인 투자 기업들은 이들을 위한 장기적인 특별교육 프로그램이나 시설을 갖추고 있지 않다. 사내 교육도 대부분 각 생산현장에서 직무를 통해 실시하는 종업원 훈련방식(on the job training : OJT) 시스템에 의해 이루어지고 있다.

이렇듯 교육 시스템이 결여된 구조하에서는 외국인 직접투자를 유치하면서 중국이 기대했던 선진기술과 선진경영방법의 이전은 사실상 기대하기 힘든 상황이다.

새로운 외국인 직접투자정책의 특징

앞에서 살펴본 새로운 도약을 위해서는 구조조정이 필요하다는 인식 아래, 중국 정부는 외자기업의 대 중국 투자에 새로운 인가 기준을 담은 「외자도입 지침」을 설정하여 외국인 직접투자를 선별적으로 인가해주기로 방침을 정했다. 즉 노동집약적인 업종에 대해서는 산업기반이 낙후된 내륙 국경지역을 중심으로 투자를 인가하는 한편, 생산능력이 부족한 소재산업과 첨단기술 산업 등 기술집약형 산업의 투자에는 저리융자, 세금감면 등 새로운 보상조건을 부여해 투자확대를 모색한다는 것이다.

투자장려 업종으로는 ① 농업·에너지·교통·중요 원자재 등 국민경제의 기간적 프로젝트, ② 철강·석유화학·자동차·건축업 등 중국 내에서 부족현상을 빚고 있는 요소산업, ③ 제품의 성

능개량, 에너지와 자원 절약형 프로젝트, ④ 고부가가치형 수출산
업 프로젝트 등이다. 이러한 산업·지역 간의 구조조정 외에도 내
수시장의 개방, 이중환율제도의 폐지, 경제특구의 신설 불허, 경
제특구에서의 노동집약적인 위탁가공계약의 갱신 불허, 외국 투
자기업에 대한 우대조치 철회[2], 증치세(增値税) 수출환급률 인
하[3], 수입할당량 및 수입허가증 관리대상품목 축소[4], 관세인하[5]
등도 외자도입을 유인하기 위한 주요 정책으로 지적할 수 있다.

중앙 정부의 이러한 외자도입 정책의 변화에 발맞춰 이미 1992
년 내륙 국경지역의 여러 도시가 개방되었고 많은 외자가 이 지역
에 계속 투자되고 있다. 1992년의 경우 내륙지방에 대한 투자가
외국인 직접투자의 약 20%를 차지했다. 이러한 외자정책 조정에
대한 각국의 반응을 살펴보면 홍콩 기업들은 종래에는 위탁가공·
보상무역·소규모 제조업이 대 중국 투자의 주류를 이룬 데 반
해, 최근에는 장강실업(長江實業)·구룡창(九龍倉)·신세계(新
世界) 등의 대규모 기업집단이 대 중국 투자의 주류를 이루고 있
다. 또한 이들의 투자분야도 과거와 같은 단기회수형이 아닌 건설
업과 도시재개발과 같은 장기회수형으로 바뀌고 있다. 또한 투자
지역도 기존의 주강 삼각주 지역 위주에서 중국 내수시장을 겨냥

---

2) 구체적인 철회 내용은 다음과 같다.
   연해 14개 경제개발구의 기술개조를 위한 설비수입관세, 보상무역을 위한 기계설
   비, 원료 또는 보조재료의 수입관세, 외국 기업의 양도물에 대한 관세, 3자(三
   資) 기업의 투자총액 내 수입 기계설비, 부품과 기타 자재 수입관세, 외국기업의
   업무용 차량 수입관세 등이다. 철회 시기는 1996년 4월1일부터다. 또한 외국 기
   업에 대한 법인세 우대조치도 철폐할 움직임을 보이고 있다.
3) 1996년 1월1일부터 종전 최고 17%의 환급률을 최고 9%까지로 환급했다. 공업제
   품 9%, 농산가공품 6%, 농산품 3%.
4) 1996년 1월1일부터 총 354개 수입할당량 및 수입허가 관리품목 가운데 176개 품
   목을 관리대상에서 제외했다.
5) 쟝 쩌민 중국 국가주석은 1995년 11월 APEC 정상회담에서 4,000여 개 품목에 대
   해 30% 이상의 관세인하를 시사했다.

해 상해·북경·대련 등지로 북상하는 추세를 보이고 있다.

연해 지역을 중심으로 한 대 중국 직접투자에서 홍콩·마카오에 이어 2위를 차지하고 있는 일본의 경우 과거에는 연해지역을 중심으로 한 가공수출형의 제조업이 주류를 이루었는데, 최근에는 대형유통업체[6]·건설업체[7] 등이 중국 내수시장을 겨냥해 상해·북경·광주 등 대도시로의 투자를 확대하는가 하면, 자동차·가전업체들도 내륙에 있는 중국 기업들과의 합작형태를 통해 중국 진출을 적극적으로 꾀하고 있다.

최근 대 중국 진출에 적극적인 대만 기업도 과거에는 복건성·광동성에 대한 투자가 전체의 80%를 차지했으나 최근에는 내수시장을 노린 북경·산동·상해에의 투자가 급격히 증가하고 있다. 투자업종도 과거에는 자전거·체육용품·플라스틱 제품 등 소규모 산업에서 최근에는 대기업 중심의 자동차부품·석유화학·컴퓨터 등 자본·기술 집약 산업과 부동산·금융·관광·농업 등으로 그 영역을 크게 늘리고 있다. 뿐만 아니라 대만의 기간산업을 장악하고 있는 국영기업들도 대 중국 투자를 모색하고 있는 것으로 알려졌다.

우리 기업들의 대응전략

한국 기업의 대 중국 투자는 1985년부터 시작되었으나 1988년 이전까지는 제3국의 해외 현지법인을 통한 우회투자였으며, 직접

---

6) 중국은 유통시장 개방시책에 맞춰 연해 개방도시 등의 외자계 백화점 및 도·소매점에 대해 총매출액의 50% 이내에서 외국 제품의 수입판매를 허용하고 있다.
7) 일본은 1979~95년까지 3차에 걸쳐 비료·전화설비 및 발전소·철도·댐 건설 등 총 1조 5,700억 엔의 차관을 공여 중에 있다.

〈표 1〉 한국기업의 대 중국 연도별 투자추이

(단위 : 백만 달러, 건)

구 분	허가기준		이행기준	
	투자 건수	투자 금액	투자 건수	투자 금액
1988	2	3. 4	0	0
1989	12	9. 8	7	6. 4
1990	38	54. 5	23	16. 0
1991	112	84. 7	69	42. 5
1992	269	221. 9	171	141. 2
1993	629	622. 3	376	262. 2
1994	1, 064	818. 9	836	630. 9
1995	877	1, 231. 9	725	814. 3
누 계	3, 003	3, 047. 4	2, 207	1, 913. 5

자료 : 한국은행 외환관리부, 〈해외투자 현지법인 현황〉, 한국은행, 1995. 12. 31.

투자는 1988년 최초로 두 건의 투자가 이루어진 이래 1989년 발생한 천안문 사태 등의 영향으로 1990년까지는 미미한 수준에 머물렀다. 1991년부터 천안문 사태에 대한 미국 등의 대 중국 경제제재가 해제되고 개혁·개방정책이 본 궤도에 진입하면서 본격적으로 시작된 우리 기업의 대 중국 투자는 1992년 한·중 수교 이후 급격하게 늘었다. 1990년까지 총 52건으로 6, 800만 달러에 불과하던 우리나라의 대 중국 직접투자가 1995년 말 현재 약 3, 004건에 30억 4, 872만 달러(허가기준)로 급증했다(〈표 1〉 참조). 더구나 최근에는 해외총투자의 50%가 중국으로 집중되고 있어 중국은 이제 우리나라 최대의 투자대상국으로 부상하게 되었다. [8]

---

8) 이와 같은 통계 중 상당수가 제3국을 경유한 우회투자 및 국내 미허가투자를 포함하고 있지 않기 때문에 실질적인 투자는 이보다 훨씬 많을 것으로 보인다. 실제로 중국대외무역경제합작국이 발표한 외국인 투자유치 현황에 의하면 1995년 6월 현재 한국의 대 중국 투자는 5, 073건에 금액 면에서는 48억 9, 275만 달러에 달하고 있으나 같은 기간 한국은행 통계에 의하면 각각 2, 410건에 22억 2, 100만 달러로 배 이상 차이가 나고 있다.

〈표 2〉 한국 기업의 대 중국 지역별 투자추이

(단위 : 천 달러, 건)

구 분	허가기준		실행기준	
	투자 건수	투자 금액	투자 건수	투자 금액
산 동	725	837,143	602	631,694
요 령	604	320,594	472	199,809
길 림	304	119,480	210	78,050
흑룡강	165	117,845	125	80,177
북 경	190	247,938	154	144,680
천 진	280	354,539	239	223,747
하 북	82	62,957	62	34,836
상 해	74	195,017	63	138,313
광 동	67	88,513	57	70,092
기 타	257	397,125	209	284,936
합 계	2,748	2,741,159	2,193	1,886,334

자료 : 한국은행 외환업무부, 〈해외투자 현지법인 현황〉, 한국은행, 1995. 12. 31.

1. 투자지역 선정

한국의 대 중국 직접투자는 1995년 말 현재 산동성을 위시한 발해만 지역이 가장 큰 비중을 차지하고 있다. 다음으로 요령성, 길림성, 흑룡강성 등 동북 3성이 그 뒤를 이어 전체의 12.8%를 차지해, 이들 두 지역이 전체 대 중국 직접투자의 80% 이상을 점유하고 있다(〈표 2〉 참조). 이처럼 한국의 대 중국 직접투자가 발해만 지역과 동북지역에 집중되어 있는 것은, 한국의 투자기업들이 생산에 필요한 원·부자재를 한국에서 수입해서 저렴한 노동력을 활용해 조립 또는 가공한 완제품을 한국으로 역수입하는 구조적인 특성과 지리적 근접성을 큰 이유로 들 수 있다. 또 문화적 근접성을 들 수 있는데, 특히 동북 3성에 많이사는 조선족의 활용으로 경비도 크게 절감할 수 있어 이 지역을 선호하기 때문이다.

이러한 현상은 한국의 대 중국 직접투자가 시작된 이래 계속되어온 현상이다. 물론 우리 기업들의 대 중국 투자가 동북 3성에 집중된 배경에는 이들 지역이 성 정부 차원에서 한국과의 교류에 적극적이었다는 점도 간과할 수 없다. 1993년 이후 사업성격에 따라 상해·광동성·양자강 내륙지역 등으로의 진출이라는, 약간의 지역다변화 현상이 나타나고 있지만 아직은 발해만 지역과 동북지역에 대한 비중이 압도적이다. 이는 홍콩·대만·일본 등 다른 국가들의 대 중국 투자가 1990년대 들어 특정지역 편중에서 벗어나 내륙지역 등으로 확산되는 경향을 보이고 있는 것과 좋은 대조를 이룬다. 따라서 우리 기업들도 이제부터는 특정지역 집중 경향에서 탈피하여 중국 내수시장을 겨냥한 상해·북경·광주 등 대도시 및 내륙으로의 진출도 적극 검토해야 할 것이다. 뿐만 아니라 특정지역에 집중되는 투자형태는 업계 간의 불필요한 과당경쟁이나 인력 빼가기 등 부작용을 유발할 위험도 큰 만큼 이러한 측면에서도 투자진출지역 다양화는 적극 고려되어야 할 것으로 생각한다.

2. 투자규모 및 업종 선정

한국의 대 중국 직접투자를 규모별로 보면 1994년 현재 전체의 81%인 1,255건이 건당 100만 달러 미만의 소규모 투자다(〈표 3〉 참조). 이는 한국 제조업의 해외 직접투자 평균 규모(건당 175만 달러)보다 적고, 아시아 평균(건당 120만 달러)보다도 적은 규모다. 특히 농축산업·수산업·임업·광업·무역업·기타 서비스 등 비제조업종의 대부분과 음·식료품·섬유·의복·목재·가구·종이·인쇄·기타 제조 등 노동집약적 제조업종은 평균 투자금액이 건당 70만 달러 이하다. 이는 같은 기간 중국이 유치한

〈표 3〉 한국 기업의 대 중국 건당 평균 투자규모 추이

(단위 : 백만 달러)

구 분	1988	1989	1990	1991	1992	1993	1994	1995	누계평균
허가 기준	1.7	0.82	1.43	0.76	0.82	0.99	0.77	1.40	1.01
이행 기준	0.0	0.91	0.70	0.62	0.83	0.70	0.76	1.12	0.86

자료 : 한국은행 외환관리부, 〈해외투자 현지법인 현황〉, 한국은행, 1995. 12. 31.

외국인 투자의 건당 평균 금액 133.5만 달러의 64%에 불과한 규모다.[9]

한편 한국의 대 중국 직접투자를 업종별로 보면 1995년 말 현재 제조업 부문이 2,383건에 23억 3,840만 달러(허가 기준)로 전체의 85.3%를 차지하고 있다(〈표 4〉 참조). 제조업 중에서도 자동차부품·전자·화학·시멘트·기계 등 일부 자본·기술집약적 업종을 제외하면 섬유·의복·신발·가죽·기타 제조 등 노동집약적 경공업 부문에 집중되어 있다. 이처럼 한국의 대 중국 직접투자가 소규모 제조업, 특히 노동집약적 업종에 집중되어 있는 것은 우리 기업들의 대 중국 투자진출이 대부분 저렴한 노동력을 이용한 제3국 또는 한국으로의 역수출을 목적으로 하기 때문이다. 이러한 경향은 홍콩·대만·일본 등의 기업들이 종래 노동집약형 산업의 대 중국 진출 형태에서 탈피해 기술·자본집약형 산업, 서비스업, 부동산산업, 발전소, 도로, 항만 등 사회간접자본 등으로 투자종목의 확장을 꾀하고 있는 것과 좋은 대조를 이룬다.

---

9) 최근 대기업들이 중국 투자에 적극적으로 나서고 있어 투자규모의 대형화와 투자 업종의 다양화가 점차 나타나고 있다. 현재 중국과 진행 중인 주요 프로젝트를 보면 삼성(중장비·VCR·항공기), 현대(자동차·반도체·컨테이너), LG(VCR·컬러브라운관·교환기), 대우(자동차·시멘트·호텔), 선경(정유공장·비디오테이프), 쌍용(정유공장·시멘트), 포철(철강) 등이다.

〈표 4〉 한국 기업의 대 중국 업종별 투자현황(1994년 말)

(단위 : 백만 달러, 건)

구 분	허가기준		이행기준	
	투자 건수	투자 금액	투자 건수	투자 금액
광 업	17	14. 7	13	6. 6
임 업	2	0. 3	2	0. 3
수 산 업	29	7. 6	23	5. 2
제 조 업	2, 383	2, 338. 4	1, 908	1, 668. 5
건 설 업	26	63. 8	17	38. 7
운수 · 보관업	21	34. 8	20	23. 5
무 역 업	41	12. 1	27	6. 5
기 타	229	269. 5	183	137. 0

자료: 한국은행 외환관리부, 〈해외투자 현지법인 현황〉, 한국은행, 1995. 12. 31.

3. 투자기업들의 경영전략

투자지역이나 업종 · 규모 등의 선정이 끝나고 나면 우리와 다른 경제체제를 운영하고 있는 중국에서 과연 어떻게 하면 효율적인 기업경영을 할 것인가하는 문제가 대두된다. 이것은 투자형태나 업종에 따라 큰 차이가 있지만 일반적으로 볼 때 다음과 같이 요약할 수 있다.

1) 100% 또는 그에 가까운 출자를 해야 우리측의 의도대로 기업을 운영할 수 있어 유리하다.

과거에는 한 · 중 간의 미수교로 인한 정치적 불안 등을 이유로 중국측과 합영하는 형태로 진출하는 기업이 많았는데 이제는 그럴 필요가 없어졌다. 또한 기업경영 측면에서 보더라도 합영기업의 형태를 취하게 되면 기업경영의식의 차이에서 파생되는 인사 · 노무 · 품질관리 등을 둘러싼 중국측 경영자들과의 마찰이 끊이지 않는다. 따라서 노동자들의 신규채용을 포함한 모든 의사결정권을 우리측이 갖기 위해서는 100% 출자가 바람직하다. 단, 100% 단독출자로 인해 야기될 수 있는 행정부서와의 마찰을 줄이기 위해 중국측의 부분적인 출자를 허용하는 것은 고려해볼 만하다.

예를 들면 산두 경제특구에 진출한「A」회사의 경우 일본 90%, 중국 10%라는 합영형태를 취하고 있다. 이것은 100% 일본 자본만으로 진출할 때 발생될 수 있는 행정관청과의 마찰을 모두 독자적으로 해결하기보다는 10% 정도의 중국 자본을 참여시켜 중국측 동업자에게 문제해결을 맡기는 편이 기업경영에 수월하다고 판단했기 때문이다. 하지만 단독으로 100% 출자를 한다해도 한국에서 해왔던 경영방식을 중국에서 그대로 운영할 경우 기업을 성공적으로 할 수 있다는 보장은 없다.

현실적으로 보면 중국에서 비교적 성공한 것으로 평가되는 홍콩이나 대만계 이외의 외국 투자기업들은 대부분 홍콩이나 대만에서의 오랫동안 투자경험을 바탕으로 중국 대륙에 진출한 경우다. 임금제도 하나만 보더라도 이들 기업에서는 실적에 따라 큰 차이를 보이는 능력급 제도를 실시하고 있으며, 직무교대(job-rotation)나 연공서열제에 의한 인사제도 등도 거의 찾아볼 수 없다. 따라서 우리 기업들의 대 중국 진출에서도 이러한 측면은 충분히 고려되어야 할 것이다.

2) 중국측과의 합영일 경우에도 인사·노무관리는 우리측이 담당하는 것이 좋다

합영의 경우 중국측이 기업경영에 직접 관여하게 되는데 이런 경우 인사·노무관리가 노동자들의 생산성을 향상시키는 방향으로 이루어져야 함에도 불구하고, 현실적으로는 국영기업체제에서 파생된 고질적인 평균주의의 병폐 때문에 생산성 향상과는 무관하게 이루어지는 경우가 대부분이다. 따라서 중국측과의 합영일 경우 기업경영 전반에 걸친 역할분담을 계약 당시 확실하게 정해두는 것이 중요하다. 그렇지 않으면 급여체계·승진·인사고과 등을 들러싸고 중국측 경영자들과 계속 마찰을 빚게 될 것이다. 그리고 중국에서 기업경영을 합리적으로 수행하기 위해서는 설령 다른 부분에 대한 권한을 양보하는 한이 있더라도 인사·노무관리만은 우리측이 담당하는 것이 바람직하다고 생각한다.

3) 장학금제도 등을 통해 지역사회와 우호적인 유대관계를 갖는 것이 중요하다

중국과 같이 혈연이나 인맥이 중요시되는 사회에서는 특히 이 점이 중요하다. 예를 들어, 하문에 진출한 「B」 회사는 텐트류를 생산하고 있는 100% 한국계 기업인데, 진출 당시(1989년 11월)만 하더라도 한국과 중국이 미수교 상태였기 때문에 100% 한국 자본진출은 거의 불가능한 상황이었다. 하지만 「B」 회사는 중국에 진출하기 이전부터 현지인들에게 좋은 인상을 주기 위해 장학금제도를 실시해왔다. 즉 하문 제6중학교와 하문대학에 매년 3~4만 위안의 장학금을 기증한 것이다. 이러한 장학금제도를 이용해서 시 정부와 현지인들에게 좋은 인상을 심어놓은 다음, 하문시 정부와 기업진출에 관한 상담을 시작한 것이다. 시 정부는 100% 한국 자본진출도 크게 환영했을 뿐만 아니라, 기업활동에도 적극적으로 협력하겠다고 약속했다. 장학금제도는 기업진출 후에도 계속되고 있으며, 지금은 하문 제6중학교의 실습학교로서 「B」 회사가 선정되어 우수한 학생들은 졸업 후에도 계속해서 「B」 회사에서 근무하고 있다. 동시에 하문대학 출신자 가운데에서도 우수한 인재들을 선발하여 채용하고 있다.

4) 지역에 연고〔戶籍〕가 있는 노동자들을 모집하는 것이 장기적으로 유리하다

중국에서는 지역 간의 이주규제를 호적제도로 관리하고 있는데, 1953년 식량통제와 함께 시작되어 아직까지 계속되고 있다. 이주허가는 진학·군대·결혼·공무원 등 극히 제한된 형태로 한정되어 있다. 따라서 지역에 호적이 없는 노동자들은 임시직으로만 계약할 수 있기 때문에 장기간 근무하는 데 많은 제약이 따른다.[10]

평균 2~3년 근무하면 대부분 결혼문제 때문에 출신지로 돌아간다. 결혼 후에는 자녀문제·부부생활문제 등의 이유 때문에 근무지로 다시 돌아오기는 현실적으로 불가능하다. 그래서 숙련공 양성이라는 장기적인 측면에서 보면 가능한 한 그 지역의 호적을 가진 노동자들을 모집하는 것이 바람직하다.

5) 교육은 OJT 시스템으로 생산현장에서 실시하는게 좋다

노동자들의 학력이 대부분 중졸 정도이기 때문에 특별한 교육 프로그램이나 시설을 갖춘 교실교육보다는 현장실습 위주의 교육이 더 효과적이다. 단순조립 위주의 노동집약적 산업일수록 특히 그러하다. 또한 임시직들이 많아 노동자들의 근무기간이 지나치게 짧으면 교육효과가 무산되기 때문에 회사로서는 의미 없는 투자가 되는 경우가 있다. 따라서 해외연수와 같은 인재양성을 위한 특별교육은 장기근속이 가능하고 원하는 이들을 중심으로 실시하는 것이 좋다.

---

10) 임시직이라도 호적이 없을 때 받게 되는 불리한 점 —— 식량·주택 배당·직업알선·자녀교육·복지시설의 이용 —— 을 감수하면 법률적으로는 장기 거주가 가능하다.

6) 임시직들이 많은 경우에는 직무교대 방법을 피하고 승진도
   연공서열제보다는 능률주의 우선이 효과적이다

대 중국 진출에 성공한 기업들은 대부분 일반공들에 대해 직무
를 고정시키고 있다. 이는 일을 고정시켜 노동자들을 숙련시키는
것이 생산성을 높일 수 있다는 기업의 판단 때문이다. 또한 이러
한 직무고정은, 가령 한 공정에서 일을 그만두는 사람이 생기더라
도 같은 기능을 갖고 있는 사람이 많아 업무수행에 지장을 줄 염
려가 없기 때문이기도 하다.

예를 들어 「C」 회사의 경우 설립 초기에는 중국의 사정을 잘
몰랐기 때문에 일본에서와 마찬가지로 직무교대를 했으나 노동자
들어 숙련되기도 전에 그만두는 사례가 늘어남에 따라 많은 곤란
을 겪었다. 이러한 곤란을 겪은 후부터는 일반공에 대해서는 작업
을 고정시키고 있다. 마찬가지로 승진도 연공서열제보다는 능률
주의를 우선하고 있다. 이 문제에 대해 오랜 경험을 가진 현지 담
당자는『아직 중국은 평균주의가 만연해 있기 때문에 만약 연공서
열제로 하게 되면 시간만 때우려는 악습이 되살아난다』라고 경고
하고 있다.

7) 품질관리를 위해서는 숙련공 양성, 검사원에 대한 철저한
   교육, 엄격한 사내규칙 정비가 필수적이다

품질관리를 어떻게 하느냐에 따라서 제품의 질이 달라지고 회
사의 이익에도 직접적으로 영향을 미친다. 실제로 각 기업들은 나
름대로 품질검사를 실시하고는 있지만 별로 효과를 거두지 못하고
있다. 주요한 이유로는 ① 숙련공들이 적고, ② 품질관리 교육이
철저하지 못하고, ③ 검사원들의 교육이 미흡하며, ④ 환경이 청
결하지 않은 것 등을 들 수 있다. 품질관리에 성공한 「D」 회사의

경우 다음과 같은 사내규칙을 정해놓고 위반하면 벌금을 물리고 있다. 즉「쓰레기를 버리면 안 됨」, 「작업장에 음식을 들고 들어가서는 안 됨」, 「작업모와 신발을 반드시 착용할 것」 등 아주 자세한 항목을 정해놓고 있다.

8) 성과급·임금·수당제도의 적극적 활용이 노동자들의 근로의욕을 고취시킬 수 있다

성과급제는 고정급제를 실시할 경우 발생될 소지가 있는 평균주의의 병폐를 피할 수 있다는 측면에서 효과적인 제도라고 볼 수 있다. 기업의 성격상 성과급제를 실시하기 어려운 곳에서는 기본급을 최대한 줄이고 업무실적에 따라 차등수당을 지급하는 제도를 도입하는 것이 효과적이다. 예를 들어, 「E」 회사의 경우 1일 8시간 노동을 착실히 수행했을 때의 목표량을 설정해놓고 목표량을 80%까지 달성하면 정해진 임금을 모두 지급한다. 그리고 100%를 초과하면 보너스를 지급하며, 80% 이하로 떨어지면 정해진 임금의 일부를 삭감하는 제도를 채택하고 있다.

1994년 11월 독일의 벤츠·포르세·미국의 GM, 포드, 일본의 도요타·닛산 등 세계 유수의 자동차회사(18개 회사)들이 북경에서 개최된「중국 패밀리 카 심포지엄」에 참가했다. 1994년 7월 발표된 신자동차 정책으로 인해 새로운 자동차 회사를 유치하겠다는 중국측의 발표에 각 회사가 앞다투어 참가한 것이다. GM은 거액의 전기자동차까지 중국에 선물했다. 자동차 조공무역(朝貢貿易)이라고까지 불렸던 이 행사에서 우리는 다시 한번 중국의 매력을 느낄 수 있다.

12억의 중국 시장은 확실히 대단한 것일 수밖에 없다. 하지만 한편으로는「초중국 붐」이 계속되는 가운데 중국 투자에 대한 위험성을 지적하는 목소리도 만만치 않다. 계속되는 정세불안 속에서 20%를 넘는 물가상승률은 진정기미를 보이지 않고 있다. 노동자들의 임금은 계속 상승하고 있으며, 부품의 대부분을 수입에 의존할 수밖에 없는 현 상황에서 중국 내수판매가 과연 얼마나 채산성 있는 사업인가에 대한 지적이 많다. 우리는 대 중국 투자가 매력적인 만큼 위험성도 크다는 점을 명심하면서 충동심리에서 유발된 투자가 되지 않도록 항상 신중을 기해야 할 것이다.

마지막으로 우리 기업의 대 중국 진출에서 명심해야 할 또 하나의 문제는 중국의 정책변화에 대한 세심한 주의가 필요하다는 것이다. 지난 1992년부터 중국의 내수시장을 노린 대규모의 외국인 직접투자가 쇄도하고 있는데, 그 이면에는 통화 위안(元)의 교환성에 대한 기대감이 있기 때문이다.

실질적으로 중국은 1994년부터 통일적인 외환시장을 형성하면서 통화교환을 가능하게 했는데, 나중에 외자계 기업들은 여기에서 태제시켰다. 그래서 외자계 기업들은 아직까지 외자계 기업끼리의 외화거래밖에는 할 수가 없다. 언젠가는 외자계 기업들도 통화교환이 가능해지겠지만 심각한 외채부담에 시달리는 지금의 상황으로서는 그 시기가 불투명하다. 따라서 이러한 정책변화에 대해서도 충분히 유의하면서 우리 기업들의 대 중국 투자가 이루어져야 할 것이다.

〈부표 1〉 중국의 외국인 직접투자 관계 주요통계

〈1-1〉 중국의 외국인 직접투자 유치 추이(1979~94년)

(단위 : 억 달러)

구 분	1979~89	1990	1991	1992	1993	1994	1995
계약 금액	338	66	120	581	1,108	814	3,027
실행 금액	209	38	72	110	260	338	1,027

자료 : 국가통계국(편), 〈중국통계연감〉, 각 연도.

〈1-2〉 중국의 성·시별 외자유치 비율(실행 기준)

(단위 : %)

구 분	1987	1989	1991	1993
광 동	27.8	35.1	41.6	27.2
상 해	8.1	11.2	3.1	11.4
복 건	2.1	9.2	10.1	10.4
강 소	3.3	3.4	4.7	10.2
산 동	2.5	4.3	4.6	6.7
요 령	3.4	3.3	7.8	4.6
북 경	4.0	.85	5.2	2.4
기 타	48.8	25.0	22.9	27.1
합 계	100.0	100.0	100.0	100.0

자료 : 중국대외경제무역연감 편집위원회(편), 〈중국대외경제무역연감〉, 각 연도.

〈1-3〉 중국의 건당 투자규모 추이

(단위 : 만 달러)

구 분	1991	1992	1993	1994
건당 투자규모	92. 3	117. 8	133. 1	171

자료 : 중국대외경제무역연감 편집위원회(편), 〈중국대외경제무역연감〉, 각 연도.

〈1-4〉 중국의 산업별 외자유치 비율(계약 기준)

(단위 : %)

구 분	1987	1989	1991	1993
농 업	3. 4	2. 2	1. 8	1. 1
제 조 업	47. 9	83. 3	80. 3	45. 9
건 축 업	1. 5	1. 2	1. 2	3. 6
통 신 업	0. 4	0. 9	0. 9	1. 3
상업, 요식업	0. 8	1. 2	1. 2	4. 1
부동산, 공공시설, 서비스	39. 7	9. 4	9. 4	39. 3
기 타	6. 3	1. 8	1. 8	4. 7
합 계	100. 0	100. 0	100. 0	100. 0
(억 달러)	(3. 7)	(56)	(120)	(1, 114)

자료 : 중국대외경제무역연감 편집위원회(편), 〈중국대외경제무역연감〉, 각 연도.

〈부표 2〉 심천 경제특구에서의 기업경영 실태

〈2-1〉 조사대상 기업 일람표

형식별·산업별 회사분류/ 항 목	중진국에서 진출한 기업			
	100% 외자기업		합병기업	
	노동집약적 기업	기술집약적 기업	노동집약적 기업	기술집약적 기업
회 사 명	A사	B사	C사	D사
소 재 지	심천	심천	심천	심천
설립 시기	1988. 10.	1989. 2.	1989. 8.	1984. 5.
투 자 선	홍콩 100%	한국 100%	한국 50% 중국 50%	한국 20% 홍콩 20% 중국 60%
진출 목적	저임금. 홍콩에서 가깝다.	저임금.	장래의 시장 개척. 저임금. 홍콩에서 가깝다.	장래의 시장 개척. 저임금. 중국에서 가장 개방적인 도시다.
자 본 금	1,200만 홍콩 달러	–	14만 5,000달러	600만 달러
면 적	3,000㎡	2,000㎡	880㎡	2,000㎡
생산 품목	가발	컴퓨터용 부품	가방	TV

형식별·산업별 회사분류/ 항 목	선진국에서 진출한 기업				
	위탁 가공	100% 외자기업		합병기업	
	노동집약적 기업	노동집약적 기업	기술집약적 기업	노동집약적 기업	기술집약적 지업
회 사 명	E사	F사	G사	H사	I사
소 재 지	심천	심천	심천	심천	심천
설립 시기	1987. 12.	1988. 4.	1983. 3.	1990. 3.	1984. 7.
투 자 선	중국－건물, 토지 홍콩－기계, 자본	일본 100%	일본 100%	미국 50% 중국 30% 홍콩 20%	일본 50% 중국 50%
진출 목적	저임금. 풍부한 노동력. GSP의 이점	저임금. 풍부한 노동력. 홍콩에서 가깝다	세금 면에서의 이점. 장래시장 개척의 가능성	저임금. 시장 개척.	시장 개척.
자 본 금	100만 달러	1,300만 엔	1억 400만 홍콩 달러	100만 달러	1,000만 달러
면 적	8,600㎡	4층 건물, 공장 6층 건물, 기숙사	42,000㎡	6층 건물 2동	4층 건물
생산 품목	인형	인형	계산기, CDP 모터, 스피커 등	인형	TV, 녹음기, 캐비닛

형식별·산업별 회사분류/ 항 목	선진국에서 진출한 기업		중국계 기업		
	위탁 가공		전인민소유제 기업		집단소유제 기업
	노동집약적 기업	기술집약적 기업	노동집약적 기업	기술집약적 기업	노동집약적 기업
회 사 명	J사	K사	L사	M사	N사
소 재 지	심천	심천	심천	심천	심천
설립 시기	1984. 7.	1989. 11.	1987. 12.	1982. 3.	1989. 8.
투 자 선	중국−건물, 토지 홍콩−기계, 자본	중국−건물, 토지 일본−기계, 자본	중국 100%	중국 100%	중국 100%
진출 목적	풍부한 노동력. 저임금. 세제 상의 혜택. 홍콩에서 가깝다.	저임금. 느슨한 공해 규제. 주거래처에서의 요구[1]			수출확대, 선진기술의 도입, 세제 상의 혜택. 정비된 기본건설, 용이한 기업경영[2]
자 본 금	1,000만 엔	5,000만 엔	222만 위안	1,000만 위안	100만 위안
면 적	4,215㎡	3,300㎡	3,000㎡	10,000㎡	880㎡
생산 품목	지갑, 핸드백 등	프린터, 프린터용 조작반, 프린터용 전원	인형	음향기기	여성용 블라우스

주 : 각 회사의 이름은 모두 가명으로 처리했다.

1) 이 회사의 가장 큰 거래처인 일본의 모 전기회사가 중국 진출을 요청했다. 그런데 대기업의 사회주의국가 진출에 대한 일본 국내의 정치 문제 때문에 모 전기회사가 직접 진출하는 대신 K사를 중국에 진출시켜 K사로 하여금 중국에서 모 전기회사 제품을 생산케 한 것이다.

2) 심천에는 노동자들의 대부분이 임시직이기 때문에 언제나 해고가 가능하다. 그리고 내륙지방에 있는 기업과 같이 사원들의 생활상 문제를 돌보아줄 필요가 없기 때문에 상대적으로 심천에서의 기업경영 활동은 내륙지방보다 용이하다고 볼 수 있다.

〈2-2〉 기업별 노동력 조달

(Ⅰ)

항목/기업명		A사	B사	C사	D사
노동력 조달	종업원 수	520명	462명	80명	640명
	성 별	여 : 70%, 남 : 30%	여 : 90%, 남 : 10%	여 : 81%, 남 : 19%	여 : 70%, 남 : 30%
	사무실 직원	20명	6명	4명	90명
	평균 연령	21세	20세	19～20세	19～22세
	학 력	초등학교 80% 중학교 15% 고등학교 이상 5%	초등학교 20% 중학교 70% 고등학교 이상 10%	초등학교 3명 중학교 67명 고등학교 이상 10명	초등학교·중학교 40%, 고등학교 50%, 전문대와 대학교 10%
	출신 지역	광동성 50% 다른 성 출신 50%	광동성 60% 다른 성 출신 40%	광동성 71명 흑룡강성 5명 하남성 2명 호남성 1명 강서성 1명	일반공원은 90%가 광동성, 10%가 기타. 관리직은 10%가 광동성, 90%가 기타
	모집 방법	신문, 벽보, 친구들의 소개. 경험은 고려 안 함. 관리직만 경험자 우대.	신문, 벽보, 친구들의 소개에 의한 모집. 관리직은 경험자 우대.	신문, 벽보, 친구들의 소개에 의한 모집. 무경험자 채용. 미싱공, 관리직은 경험자 선발	신문, 벽보, 친구들의 소개에 의한 모집 40%. 노동국 경유의 간접모집 60%
	고용 형태	임시직 100% (2년 계약)	고정직 5% 임시직 95% (1년 계약)	임시직 100% (3년 계약 후 매년 갱신)	고정직 20% 임시직 80% (2년 계약 후 매년 갱신)

(Ⅱ)

항목/기업명		E사	F사	G사	H사	I사
노동력 조달	종업원 수	904명	850명	3,440명	296명	1,591명
	성 별	여 : 90%, 남 : 10%	여 : 88%, 남 : 12%	여 : 83%, 남 : 17%	여 : 85%, 남 : 15%	여 : 48%, 남 : 52%
	사무실 직원	20명	15명	236명	10명	128명
	평균 연령		18～23세	21.7세	18～22세	27～28세
	학 력	초등학교 20%, 중학교 50%, 고등학교 이상 30%	초등학교 10%, 중학교 85%, 고등학교 이상 5%	초등학교 25%, 중학교 70%, 전문대·대학교 5%	초등학교 65%, 중학교 30%, 고등학교 이상 5%	초등학교 4%, 중학교 30%, 고등학교 40%, 전문대·대학교 26%

노동력 조달	출신지역	광동성 400명 호남성 200명 그외 304명	호남성 50% 복건성 25% 광동성 25%	광동성 90% 다른 성 출신 10%	광동성 212명 다른 성 출신 84명	광동성 80% 다른 성 출신 20%
	모집방법	기본적으로는 공단관리위원회를 통해서 모집, 가끔씩 직접 모집하는 경우도 있음.	일반공원 : 신문, 벽보, 친구의 소개. 관리직 : 신문광고·미혼자만 채용, 미싱공은 23세까지	시 노동국을 통해 모집 채용조건 : 18세 이상, 시력 1.0 이상, 신장 155cm 이상, 손·발 이상 없어야 함	신문, 벽보, 친구들의 소개에 의해	신문, 벽보, 친구들의 소개에 의해
	고용형태	고정직 3명 임시직 901명 (1년 계약)	고정직 15% 임시직 85% (1년 계약)	고정직 25% 임시직 75% (3년계약25%, 1년 계약 50%)	고정직 4명 임시직 292명 (1년 계약)	고정직 637명 임시직 954명 (1년 계약 50%)

(Ⅲ)

항목/기업명		J사	K사	L사	M사	N사
	종업원 수	800명	390명	220명	380명	153명
	성 별	여 : 75%, 남 : 25%	여 : 97%, 남 : 3%	여 : 92%, 남 : 8%	여 : 75%, 남 : 25%	여 : 80%, 남 : 20%
노동력 조달	사무실 직원	19명				
	평균 연령	20세	19세	20세	22세	20세
	학력	초등학교50%, 중학교 30%, 고등학교 이상 20%	초등학교 360명, 고등학교 10명, 전문학교 10명, 대학교 10명,			
	출신지역	광동성 785명 기타 15명	호남성 50% 기타 50%	광동성 40% 기타 60%	광동성 98% 기타 2%	다른 성 출신 100%
	모집방법	시 노동국 통해 모집	일반직은 소개에 의해, 대졸자는 신문광고	신문, 벽보, 친구들의 소개에 의한 모집과 시 노동국 통해 간접 모집	시 노동국을 통해 모집	시 노동국과 산서성의 노동국을 통해 모집
	고용형태	고정직 4명 임시직 796명 (1년 계약)	임시직 100% (1년 계약)	고정직 5% 임시직 95% (3년 계약)	고정직 33% 임시직 67% (1년 계약)	임시직 100% (1년 계약)

〈2-3〉 기업별 인재육성

(Ⅰ)

항목/기업명		A사	B사	C사	D사
근무상태	1일 근무시간	8시간＋잔업 3~4시간 (1교대)	8시간＋잔업 3시간 (1일 2교대, 24시간 근무)	8시간＋잔업 4시간 (1교대)	8시간＋잔업 3~4시간 (1교대)
	1년 중 근무일	326일 (구정, 국가공휴일, 월 2회 일요일 휴무)	연중 무휴 (공휴일은 희망자만 쉼)	290일	295일
	제복·신발	없다	있다	없다	있다 (상의만)
	결근율/일	거의 없다	1%	3~4명	3%
	이직률/연	30% 이상	30% 이상	30% 이상	─
	노동조합	있다	있다	있다	있다
교육훈련		OJT교육. 교실교육 없음. 반장급 이상에 대해서만 주 4시간 기업경영에 관해 교육. 실습기간 3개월간은 현장에서 보조역할.	OJT교육. 교실교육 없음. 입사 전 1~3주간 교육 후 시험에 합격하면 채용 (약 1/2이 불합격).	OJT교육. 교실교육 없음.	OJT교육. 교실교육 없음. 사원의 해외파견 계획 없음. 새로운 모델이 도입되면 각 공정에서 현장교육 실시.

(Ⅱ)

항목/기업명		E사	F사	G사	H사
근무상태	1일 근무시간	8시간＋잔업 5~6시간 (1교대)	8시간＋잔업 5~6시간 (1교대)	8시간＋잔업 (1교대)	8시간＋잔업 3시간 (1교대)
	1년 중 근무일	310일	330일	일요일과 국가공휴일은 원칙적으로 휴무	310일
	제복·신발	없다	없다	있다	없다
	결근율/일	20명/월	거의 없다	거의 없다	거의 없다
	이직률/연	30% 이상	30% 이상	30% 이상	40%
	노동조합	있다	있다	있다	있다
교육훈련		입사 전에 주간교육. 현장에 배치되면 반장이 교육. 교실교육은 없음. 사원의 해외파견도 없음.	OJT교육. 교실교육 없음. 사원의 해외파견도 없음. 실습기간 3개월간은 현장에서 보조 역할.	실습기간 3개월간 OJT교육. 사원의 해외연수 없음. 교육은 각 사업부에서 각 1회 실시.	입사 때 기능별로 시험 후 선발. 특별한 교실교육은 없음.

(Ⅲ)

항목/기업명		I사	J사	K사	L사	M사	N사
근무상태	1일 근무시간	8시간+잔업 (1교대)	8시간+잔업 (1교대)	8시간+잔업 2시간(1교대)	8시간+잔업 (1교대)	8시간+잔업 (1교대)	8시간+잔업 4시간(1교대)
	1년 중 근무일	295일	일요일과 국가공휴일은 원칙적으로 휴무	일요일과 국가공휴일은 원칙적으로 휴무	일요일과 국가공휴일은 원칙적으로 휴무		
	제복·신발	있다 (상의만)	있다 (상의만)	있다 (상의만)	없다	있다 (상의만)	없다
	결근율/일	3%	4%	1%	3%	아주 낮다	1%
	이직률/연			30% 이상	30% 이상	임시공은 2~3년 안에 거의 그만둠.	2~3년 안에 대부분 그만둠.
	노동조합	있다	있다	있다	있다	있다	있다
교육훈련		OJT 교육. 교실교육 없음 관리직에 대해서만 2주일 간의 일본 연수	OJT 방식을 취함. 교실교육 없음. 관리직은 야간대학에 보냄(2년째부터 수업료의 절반을 회사가 지불)	일반공은 OJT, 반장들은 일본에서 온 기술자들이 직접 지도. 교실교육 없음. 사원의 해외 파견도 없음.	OJT 교육 교실교육 없음.	입사해서 1주간은 기초교육 실시. 그 후는 OJT 교육, 관리직에 대해서는 1년에 3개월(1주간 10시간 정도) 간의 집중교육 실시	처음부터 숙련공을 모집하기 때문에 특별한 교육은 행하지 않음. 필요할 경우 OJT 교육.

〈2-4〉 기업별 생산관리

(Ⅰ)

항목/기업명	A사	B사	C사	D사	E사
생산기술 도입	외국인 기술자에 의한 직접 지도	외국인 기술자에 의한 직접 지도	외국인 기술자에 의한 직접 지도	외국인 기술자에 의한 직접 지도(예정)	외국인 기술자에 의한 직접 지도
생산조직	홍콩인 사장 밑에 3명의 중역이 있다(1명은 중국인, 2명은 외국인). 각 생산부문 책임자는 모두 외국인	사장, 생산관리부장, 품질관리부장은 한국인, 생산부 5개 부문의 책임자는 중국인	조선계 중국인이 공장장, 2명의 외국인 기술고문, 생산부 4부문의 책임자는 중국인	사장 중국인, 부사장 한국인, 생산부문의 책임자는 모두 중국인, 한국에서 기술자 파견 예정	사장 부사장이 모두 외국인, 중간관리자(주임·반장·조장)는 모두 조선계 중국인
근무 교대	기본적으로 없다. 단, 반장급 이상만 약간 시행	있다. 시험에 합격하지 못하면 다음 단계로 옮겨감.	있다	기본적으로 없다. 단, 반장급 이상만 약간 시행	없다
승 진	능력 우선주의	각 단계에서 근무연수와 능력을 갖춘 자에 한해 시험으로 결정	능력주의	지금까지는 적당히 판단해서 결정했는데 이후로는 연공서열제를 실시	기본적으로 능력주의, 봉제부·관리부는 처음부터 따로 모집
중간관리자의 권한	반장은 일에 대한 지도·통솔권을 가짐. 인사에 대해서는 각 부문의 총책임자가 추천	반장은 기술지도·생산관리를 함과 동시에 지각, 조퇴, 결근 등을 체크	반장은 기술지도, 생산관리와 함께 지각, 조퇴, 결근 등을 체크	반장은 일에 대한 지도·관리만 함.	반장은 일에 대한 지도·관리, 포상권, 인사권(고용과 해고)을 가짐
품질관리	임금체계가 성과급제로 되어 있기 때문에 각 생산부문에 검사원이 있음	조립 완료된 제품에 대해 3회의 검사가 있음	각 생산부문에 검사원이 한 명씩 있음	삽입공정과 조립공정에 각각 검사계가 있고 완성된 제품에 대해 4시간의 검사(음색, 주파수)	사장이 정한 합격기준에 의거. 품질관리부에서 일괄적으로 검사
불량률	3%		한국보다 높다	3%	생산과정에서 10%, 최종적으로는 2%

(Ⅱ)

항목/기업명	F사	G사	H사	I사	J사
생산기술 도입	일본·한국·대만인 기술자에 의한 직접 지도	일본인 기술자에 의한 직접 지도	일본인 기술자에 의한 직접 지도	일본인 기술자에 의한 직접 지도	일본인 기술자에 의한 직접 지도
생산조직	사장과 품질관리 책임자는 일본인, 디자인 담당은 한국인 (2명). 생산부의 책임자는 모두 중국인	52명의 외국인 (일본인 26명, 홍콩인 26명)이 있다. 대부분은 기술지도 요원. 관리부에는 일본인 홍콩인이 각각 4명 있다.	사장, 부사장, 디자인개발부장이 외국인	사장 밑에 13명의 외국인이 있다(일본인 6명, 홍콩인 7명).	사장과 기술지도원(2명)이 일본인
교대 근무	기본적으로 없다. 단, 관리직 후보자만 시행	기본적으로 없다. 단, 관리직 후보자만 시행	없다	없다	기본적으로 없다. 단, 관리직 후보자만 시행
승 진	경험, 기술, 근무태도, 회사에 대한 충성심	완전한 능력주의	기본적으로 능력주의 중심	능력주의	능력주의. 무경험자 채용
중간관리자의 권한	반장은 일에 대한 지도·관리, 휴가권, 포상권, 인사권 (고용·해고)을 가짐	반장은 일에 대한 지도·지시만 함	반장은 일에 대한 지도·관리권과 인사권 (고용·해고)을 가짐. 인사부는 노동자들의 수만 체크	반장은 일에 대한 지도·지시뿐만 아니라 인사권도 가짐	반장은 일에 대한 지도·지시권만 가짐
품질관리	각 생산부문에 검사원이 한 명씩 있음	기계검사에는 일본과 별 차이가 없지만 외관검사는 일본보다 몇 배 더 엄격	각 분야에 검사원이 있음. 미싱부문 4명, 완성부문 4명, 최종검사부 2명, 사장이 마지막 품질검사	관리자만 월1회 품질관리 교육. 최종검사보다는 생산현장에서의 검사가 중심	각 생산부문에 검사원이 있고 출하 직전에 다시 검사. 불량품(5%)은 일본으로 가져가 재작업
불 량 률	품목에 따라 다르지만 평균 15%	최종적으로는 적지만 생산과정에서 상당한 불량품 발생	최종적으로 3%	생산과정에서의 불량률이 상당히 높음	생산과정에서 불량률이 상당히 높음. 전체적인 품질은 일본의 80%

(Ⅲ)

항목/기업명	K사	L사	M사	N사
생산기술 도입	일본·한국인 기술자에 의한 직접 지도	인형생산은 상해가 가장 발달되어 있기 때문에 개발실, 생산관리실 모두 상해에서 영입	90%가 중국기술	모두 산서성에서 영입
생산조직	사장은 일본인. 생산부 7개 부문의 책임자는 일본인 1명과 중국인 1명이 한 조로 되어 있다.	외국인 없음. 조직은 같은 제품을 생산하는 외국 기업과 동일	외국인 없음. 조직은 같은 제품을 생산하는 외국 기업과 별 차이가 없지만 수리부와 품질관리부가 따로 구성되어 있는 것이 특징	외국인 없음. 조직은 같은 제품을 생산하는 외국 기업과 동일
교대 근무	없다	반장 이상만 시행	없다	기본적으로 없다. 그러나 생산품목에 따라 이동시키는 경우가 있다.
승 진	능력주의. 일반직과 관리자 따로 모집	능력주의. 각 부문별로 경험자 모집	완전한 능력주의. 간부들은 외부에서 영입	능력주의. 각 부문별로 기술자 모집
중간관리자의 권한	반장은 일에 대한 지도·지시뿐 아니라 인사권도 가짐	반장은 일에 대한 지도·지시권만 가짐	반장은 일에 대한 지도·지시권만 가짐	반장은 일에 대한 지도·지시권만 가짐
품질관리	처음 1개월 간은 매일 30분씩 품질관리 교육. 품질관리 전문요원들에게는 주1회 1시간의 특별교육실시. 입하검사 20명, 출하검사 20명, 제조부문검사 50명	각 생산부문에 검사원이 있음	삽입공정에 4명의 검사원, 조립공정에 2명의 검사원이 있음. 그리고 기술부문에서도 다시 한번 검사	각 생산부문에 검사원이 있음
불 량 률	생산과정에서의 불량률 15%	최종불량률 5%, 생산과정에서는 20%	생산과정에서 30%, 최종적으로는 3%	

〈2-5〉 기업별 전후방 연관효과

(Ⅰ)

항목/기업명		A사	B사	C사	D사	E사
생산설비/원재료 조달 실태	생산설비	100% 한국에서 수입	100% 싱가포르에서 수입	90% 한국에서 수입, 10%는 일본에서 수입	일본·대만·홍콩에서 수입, 일부 중국산도 있음	100% 한국에서 수입
	원재료	100% 외국에서 수입	100% 수입 실린더 : 한국에서, 마그네틱 철사(wire), 얼레(bobbin), 관(tubing) : 일본에서 에폭시 수지 : 미국에서	상자만 중국에서 조달, 나머지는 전부 수입	수출제품은 부품의 70% 수입. 30% 국내 조달. 중국 국내판매용은 40% 수입, 60% 중국 내에서 조달(합병기업에서의 조달)	상자만 중국에서 조달. 나머지는 모두 수입
	판매선	100% 수출. 여성가발 100% 미국. 인형가발 50% 미국, 50% 기타	100% 한국에 수출	국내판매권을 30%가지고 있지만 지금은 100% 미국에 수출	수출 70%, 국내 판매 30% (모두 OEM 생산)	100% 수출 미국 : 30% 유럽 : 70%

(Ⅱ)

항목/기업명		F사	G사	H사	I사	J사
생산설비/원재료 조달 실태	생산설비	미싱 100대는 일본에서 수입, 나머지는 홍콩에서 수입	100% 홍콩 또는 일본에서 수입	100% 한국에서 수입	100% 일본에서 수입	처음에는 일본에서, 현재는 대만에서 수입
	원재료	상자만 중국에서 조달. 나머지는 모두 홍콩에서 구입.(홍콩에서 수입하지만 한국과 대만제가 많고, 일부 중국제 실·면화도 있음)	상자 등 포장재 이외에는 모두 외국(한국·싱가포르·일본)에서 수입. 상자도 합병기업에서 수입	95% 한국에서 수입, 5% 중국에서 조달(상자, 실 등)	수출용은 26%가 현지 조달, 국내 판매용은 40%가 현지조달(합병기업 외에서의 조달은 상자뿐임)	100% 수입 일본 : 70% 기타 : 30%
	판매선	100% 수출 일본 : 60% 미국 : 40%	100% 수출	70% 수출 30% 국내 판매	100% 수출 일본 : 80% 한국·대만·싱가포르 : 20%	100% 수출 일본 : 70% 유럽·미국·홍콩 : 30%

(Ⅲ)

항목/기업명		K사	L사	M사	N사
생산설비/원재료 조달·실태	생산 설비	100% 홍콩·일본에서 수입	미싱은 중국제, 나머지는 모두 수입	90% 중국제 10% 일본제	50% 중국제 50% 수입
	원 재 료	현지 조달은 상자뿐임. 나머지는 모두 수입(일본 30%, 홍콩 50%, 대만·한국 20%)	50% 수입 50%는 현지 조달	C류는 일본에서 수입, 나머지는 모두 중국제	100% 중국제
	판 매 선	100% 수출. 프린터 본체의 30%는 미국, 70%는 일본·아세안, 부품은 대부분 영국으로 수출	중국 국내 판매가 많음	100% 중국 국내 판매	홍콩 수출이 많음

〈2-6〉 기업별 경영실적

(Ⅰ)

항목/기업명		A사	B사	C사
임금체계	기본임금	사무직은 월급제 일반직은 성과급제	기본급＋직무급[1]	미싱부문은 성과급, 그외는 고정급(250위안부터)
	잔업수당	사무직은 기본급의 150%, 일반직은 성과급의 150%, 일요일·국가공휴일 근무는 기본급의 200%	기본급의 150%	미싱부문은 성과급의 150%. 기타는 기본급의 150%
	보너스	없다	－	－
	퇴직금	없다	－	－
	기타 수당	만근수당, 식사수당, 의료수당	－	－
	평균 급료 (1개월)	사무실직원 600위안 정도, 일반직 400위안 정도	－	미싱부문은 380~650위안, 기타 300~400위안
생활환경	식 당	기숙사 1층에 있다 TV 1대	기숙사 1층에 있다 TV 1대, 세탁기 공용	기숙사 1층에 있다
	식 사	아침은 회사가 지급	－	식사비의 20% 회사 부담
	기 숙 사	50㎡의 공간에 2단침대로 16~18명이 생활. 샤워·화장실 공동, 기숙사비는 회사 부담	40㎡의 공간에 16명 생활. 전원이 기숙사 생활	40㎡의 공간에 16명 생활. 기숙사비는 본인 부담
	사내 모임	없다	없다	없다
	회사의 행사	없다	없다	없다
	의 견 함	없다	없다	없다
	복지후생	없다	없다	탁구대 1대
경영실적/과제	노동생산성	한국의 33%. 싼 인건비에 의해 극복 전반적인 생산비는 한국의 50%	한국의 50%	한국의 50%
	이익발생 시점	－	－	1년
	경영과제	높은 이직률, 품질개선	노무관리 교육문제 품질관리문제 높은 이직률	운송시간이 너무 소요됨 높은 이직률 품질관리문제

(Ⅱ)

항목/기업명		D사	E사	F사
임금체계	기본임금	기본급(70%)+능률급(30%)(생산량에 연동함)	고정급	고정급 2)
	잔업수당	관리직은 1.5위안/시간 생산직은 1위안 이하/시간	일반공은 2홍콩 달러/시간, 조장·반장은 3홍콩 달러/시간	기본급의 150%
	보너스	없다	20홍콩 달러	1년 이상 근무자만 1개월
	퇴직금	없다	없다	없다
	기타 수당	–	기술수당 8)	만근수당
	평균 급료 (1개월)	사무직 600~800홍콩 달러, 생산직 900~1,000홍콩 달러	일반직은 400위안 반장 이상은 1,150 홍콩 달러	–
생활환경	식 당	기숙사 1층에 있다 TV 1대	없다	기숙사 1층에 있다
	식 사	식사비는 회사 부담	식사비의 33% 회사 부담	식사비의 70% 회사 부담
	기 숙 사	20㎡의 공간에 8명 생활. 기숙사비는 회사 부담	30㎡의 공간에 10명 생활. 샤워·화장실 공동	35㎡의 공간에 10~14명 생활. 기숙사비의 50% 회사 부담. 반장 이상의 기숙사비, 식사비는 회사 부담
	사내 모임	없다	없다	없다
	회사의 행사	연1회 노래자랑대회	없다	없다
	의 견 함	없다	없다	없다
	복지후생	탁구대, 출산휴가 (7개월 무급)	없다. 의료비는 본인 부담, 의사의 월급은 회사 부담	의료비의 50% 회사 부담
경영실적/과제	노 동 생산성	한국의 40%	한국의 30%	한국의 50%
	이익발생 시 점	–	1년 6개월	1년 6개월
	경영과제	낮은 생산성문제 관리문제	낮은 생산성 높은 이직률	높은 이직률과 품질문제

(Ⅲ)

항목/기업명		G사	H사	I사
임금체계	기본임금	기본급＋직무급＋능률급[3]	고정급[4]	기본급[5]（20％）＋능률급（80％, 매출액에 연동）
	잔업수당	기본급에 연동시켜 150％ 지급	반장 2.5위안/시간 조장 2~3위안/시간 일반공 1.5위안/시간	0.5위안/시간＋능률에 따라 결정
	보 너 스	－	없다	1개월
	퇴 직 금	－	1개월	－
	기타 수당	만근수당, 식사수당, 물가수당	－	－
	평균 급료 （1개월）	－	일반직은 300~380위안 반장 이상 550위안	900홍콩 달러
생활환경	식 당	있다	기숙사 1층에 있다	기숙사 1층에 있다
	식 사	식사비의 33％ 회사 부담	식사비의 33％ 회사 부담	아침식사만 부담
	기 숙 사	28㎡의 공간에 8명 생활. 기숙사비 가운데 4위안 회사 부담	20㎡의 공간에 8명 생활. 기숙사비 본인 부담. 샤워·화장실 공동	20㎡의 공간에 7~8명 거주. 기숙사비의 50％는 회사 부담
	사내 모임	음악, 탁구, 축구, 배구 등	없다	없다
	회사의 행사	노래자랑대회	춤 파티	춤 파티, 노래자랑대회
	의 견 함	있다	없다	없다
	복지후생	도서실	출산휴가 4개월(무급) 노동재해 회사 부담	탁구대, 출산휴가 2개월（기본급 지급）, 의료비 회사 부담
경영실적/과제	노 동 생산성	－	－	일본의 50％
	이 익 발생시점	초년도	1년 6개월	－
	경영과제	높은 이직률과 불량률 문제	품질관리, 낮은 생산성	품질개선

(Ⅳ)

항목/기업명		J사	K사	L사
임금체계	기본임금	고정급[6]	고정급	성과급제
	잔업수당	6홍콩 달러/시간	2위안/시간	평시와 같음
	보 너 스	1개월	1개월	–
	퇴 직 금	없다	없다	–
	기타 수당	기술수당[9]	만근수당(20위안) 우수 노동자 수당[10]	만근수당(30위안/월)
	평균 급료 (1개월)	–	300위안	400위안
생활환경	식 당	기숙사 1층에 있다	기숙사 1층에 있다	기숙사 1층에 있다
	식 사	식사비는 본인 부담	식사비의 30% 회사 부담	식사비 가운데 60위안 본인부담
	기 숙 사	20m²의 공간에 7~8명 거주. 샤워(냉수만) 공동	50m²의 공간에 14명 거주. 샤워·화장실은 20명에 하나. 90%가 기숙사 생활. 기숙사비 중 50위안은 본인 부담	30m²의 공간에 7명 거주. 화장실은 35명에 하나. 전원 기숙사 생활. 기숙사비 중 15위안은 본인 부담
	사내 모임	탁구, 음악, 등산 등	없다	없다
	회사의 행사	노래자랑대회	없다	영화제
	의 견 함	있다	없다	없다
	복지후생	없다	없다	의료비의 8% 회사 부담
경영실적/과제	노 동 생산성	일본의 50%	–	–
	이 익 발생시점	초년도	3개월	2년
	경영과제	높은 이직률 품질관리	높은 이직률 행정관청과의 마찰	높은 이직률과 품질관리 시장개척

(Ⅴ)

항목/기업명		M사	N사
임 금 체 계	기본임금	기본급(10%)＋직무급(30%)＋ 장려금(60%)	성과급제[7]
	잔업수당	–	평시와 같음
	보 너 스	–	–
	퇴 직 금	없다	–
	기타 수당	물가, 만근수당 등을 모두 합해 100위안/월	만근수당 120위안/월
	평균 급료 (1개월)	400위안	400~600위안
생 활 환 경	식 당	기숙사 1층에 있다(TV 1대)	기숙사 1층에 있다
	식 사	식사비는 본인 부담	식사비의 40% 회사 부담
	기 숙 사	방 1개에 8명 거주, 고정직들은 결혼 하면 주택 배당	전원 기숙사 생활, 20m²의 공간 에 6명 거주, 기숙사비는 회사 부담
	사내 모임	등산, 음악, 독서 등	없다
	회사의 행사	없다	없다
	의 견 함	없다	없다
	복지후생	의료비 회사 부담, 탁아소 경영(3세까지)	의료비 12위안/월 지급
경 영 실 적 / 과 제	노 동 생산성	–	–
	이 익 발생시점	–	–
	경영과제	높은 불량률, 시장개척, 고정공에 대한 관리가 어렵다	노동자들의 호적문제

주 : 1) 기본급은 95. 4위안, 직무급은 훈련기간에는 없고, WindⅡ기간(6개월)—90위안, WindⅢ
기간(6개월)—120위안, WindⅣ기간(5개월)—160위안, 품질관리기간(2개월)—200위
안, 반장—300위안. 2) 각 부문별로 등급이 정해져 있다. 각 부문별 하루 임금은 재단 5.
5~10. 5위안, 봉재 6~11. 5위안, 완성 5. 5~10. 5위안. 3) 기본급은 최초 120위안, 3개월
후 158위안, 직무급은 1~20등급. 이것은 홍콩 달러로 지급, 능률급은 기준을 완성하면 1
개월에 60위안. 4) 재단은 최고 14. 5위안까지, 그외는 13. 5위안까지임. 5) 50위안부터 시
작. 1년 후는 55위안. 6) 1년 반 이상 364위안, 1년~1년 반은 318위안, 1년 이하 273위
안. 7) 각 생산과정에서 점수를 매김. 1점당 0. 03위안으로 계산, 만점인 경우 300위안인데
만약 성적이 만점을 초과하면 1점당 0. 04원으로 계산. 8) 예를 들면 재단사의 경우는 50 홍
콩 달러/월. 이와 같은 기술수당을 받는 사람은 100명. 9) 홍콩 달러로 지급. 지급대상에
있는 사람은 350명. 최고액을 받는 사람의 경우 기본급의 다섯 배 정도. 10) 지급대상은 전
체의 5%(100~500홍콩 달러)

Ⅲ. 덩 샤오핑식 개발전략의 핵―경제특구의 허와 실

　　중국은 1978년 11월 중국공산당 제11기 3중전회에서 「대외 경제개방, 대내 활성화」 정책을 실시할 것을 결정했다. 이러한 정책 변경은 문화대혁명의 와중에서 파괴된 경제 재건과 근대화를 위해 필요한 경제제도를 모색하는 과정에서 채택한 것으로서, 중국이 과거의 마오 쩌둥 노선과 결별하고 서방 의존형의 경제노선을 통해 근대화(공업화)를 달성하기 위한 것이다. 이러한 의미에서 이 글에서 취급하게 될 경제특구[1]의 건설이라는 경제발전 전략은 과거 자력갱생에 의한 경제발전 모델에서 탈피하기 위한 제일보라고 할 수 있다.

　　중앙 정책당국은 경제특구에 대해 ① 경제개발에는 외국자본을 주로 이용할 것, ② 경제활동은 주로 시장 메커니즘에 의해 조절할 것, ③ 진출 기업들에게 우대조치를 부여할 것, ④ 특구 관리위원회에 자주권을 부여할 것 등의 경제적 특수성을 부여했다. 동시에

---

1) 경제특구는 지식·기술·관리의 대외정책 창구로서, 그리고 국내 경제체제 개혁의 실험장으로서 먼저 1979년 7월~80년 10월까지 심천·주해·산두·하문에 설치되었다. 그리고 준특구로 취급되던 해남도는 1988년 4월 전 지역이 경제특구로 지정되었다.

중앙 정책당국은 경제특구가 ① 홍콩·마카오의 중국 반환, 대만과의 통일문제 해결, ② 국내 경제체제 개혁의 실험장, ③ 고용확대·외화획득·기술이전 등의 경제효과를 수행할 것을 기대했다.

이 글에서는 경제특구의 성장과 그 요인을 분석해봄으로써 지난 16년 간 중국 경제에서 경제특구가 어떠한 역할을 해왔는가? 그리고 홍콩·마카오에서의 주권회복과 대만 문제의 해결이라는 과제를 안고 있는 현재의 중국에게 어떠한 의미를 부여하는가에 대해 알아보려고 한다.

경제특구의 경제발전과 성장요인

1. 경제발전

1993년 말 현재 5개 경제특구의 국내 총생산액은 810억 6,103만 위안에 달한다. 그 가운데에서도 특히 심천 경제특구의 발전은 눈부시다. 심천 경제특구는 1980~93년 동안 연평균 약 33%의 실질성장을 실현했다. 같은 기간 중국 전체의 연평균 실질 경제성장률은 9.3%였다. 경제특구의 이러한 초고속 성장은 그 성장의 귀결로써 대규모 고용창출을 가능하게 했다. 예를 들면 1980~93년의 기간 동안 심천 경제특구의 연평균 인구증가율은 21.6%에 달했다. 또한 재정수입의 증가를 살펴보면, 1980년의 심천 경제특구의 재정수입(예산 내 수입)은 3,043만 위안인 데 비해, 1993년에는 56억 9,633만 위안으로 187배나 증가했다. 이러한 재정수입의 약 80%는 공상세(工商稅)[2] 수입에 의한 것이다.

---

2) 공상세는 제품판매액, 서비스업 수입 등에 부과되는 유통세다. 과세는 공산품의 경우에는 생산시점, 농산품·수입품의 경우에는 도매시점에서 이루어지고, 소매판매수입에 대해서는 과세하지 않는다.

외국자본 유치에서도 1980~93년까지 심천 경제특구에 도입된 외자는 52억 7,558만 달러(실제투자액 기준)에 달한다. 외화수입도 크게 증가하여 1992년 심천 경제특구의 외화수입은 20억 3,160만 달러로 1980년보다 10배나 증가했다.

직원 노동자들의 연평균 임금도 8,335원(1993년)으로 1980년보다 7.4배나 증가했다. 이와 같은 급속한 경제성장의 결과 심천은 한낱 조그만 어촌에 불과했던 변경 마을에서 지금은 전국 제일의 소득수준을 자랑하는 중심적 공업도시로 발전했다.

2. 성장요인

외자도입에 의해 경제성장을 이룩하는 것이 경제특구의 목표였다. 각 성장요소별 외국투자(특히 직접투자)의 기여도를 살펴보면 다음과 같다.

1) 외자도입과 고용창출

경제특구의 고용창출 효과라는 측면에서 볼 때 외국자본의 기여는 높지 않다. 노동집약적 외자기업이 가장 많이 진출해 있는 심천 경제특구조차도 외자기업에 종사하는 노동자 수는 전체의 30%에 지나지 않는다. 주해·산두·하문·해남도의 경우는 더욱 낮아서 각각 15.8%, 13.2%, 10.6%, 0.8%에 지나지 않는다.

고용 면에서 외자기업의 기여도가 별로 높지 않은 이유는 ① 중국측이 기대한 만큼의 외자도입에 성공하지 못했으며, ② 진출한 기업들이 재투자를 별로 하지 않았고, ③ 외자기업들의 생산기술이 상대적으로 고용확대에는 적합하지 않았기 때문이다.

2) 외자도입과 임금획득

외자도입에 의한 임금획득 효과도 전체에서 차지하는 비율 면에서 볼 때 그다지 크지 않다. 비교적 높은 곳이 심천(27.6%)이고, 다른 지역은 대부분 10% 전후이며, 해남도의 경우는 1.3%에 지나지 않는다. 이는 외자기업과 그 밖의 기업(전인민소유제 기업, 집단소유제 기업) 사이의 임금차이가 적다는 것을 의미한다. 예를 들어, 심천 경제특구의 경우 홍콩·마카오·대만계 기업의 연평균 임금이 7,456위안인 데 반해, 전인민소유제 기업의 경우에는 9,119위안으로 오히려 1,663위안이 더 많다. 홍콩·마카오·대만계 이외에 가장 임금이 높은 외자기업의 경우도 연평균 임금은 9,499위안으로 전인민소유제 기업과는 380위안 밖에 차이가 나지 않는다. [3]

외자도입에 의한 산업구조 개선 효과도 그리 높지 않다. 이는 도입외자 가운데 공업 부문에 대한 투자가 적고, 대신 부동산·공익사업·관광업·서비스업에 대한 투자가 많았기 때문이다. 1993년 심천 경제특구의 도입외자 가운데 공업 부문에의 투자는 38%에 지나지 않았다.

3) 외자도입과 무역수지 개선

외자기업들의 수출에 대한 수입의존도는 점차 감소되고 있지만, 그 밖의 소유형태 기업들과 비교해보면 아직도 외자기업들이

---

3) 임금 수준에서 차이가 별로 없음에도 불구하고 많은 사람들이 외국기업에 취업하기를 원하는 이유는 ① 외자기업이 여느 소유형태의 기업보다 잔업이 많기 때문에 결과적으로 많은 돈을 벌 수 있다. ② 외자기업의 대부분은 잔업수당을 홍콩 달러로 지불하기 때문에 이를 암시장에서 인민위안으로 교환하게 되면 공식환율보다 높게 받을 수 있다. ③ 외자기업의 작업환경이 여느 소유형태의 기업보다 양호하다는 점 등을 들 수 있다.

현저히 높다. 예를 들어, 심천 경제특구의 경우 1993년 현재 외자기업의 수출에 대한 수입의존도가 82％인 데 비해, 중앙소속 기업은 43％이다. 이는 수출품 한 단위를 생산하기 위해 외자기업이 다른 소유형태의 기업보다 더 많은 원재료와 중간재를 수입하고 있다는 것을 의미한다. 뿐만 아니라 수입한 원재료 또는 중간재를 이용해 생산된 완제품 가운데 상당 부분이 수출되지 않고 중국 국내에서 유통되고 있다는 것을 의미하기도 한다. 이는 외자기업의 무역수지가 아직도 적자상태에 있다는 것만 보더라도 잘 알 수 있다.

4) 기타 성장요인

경제특구의 경제발전을 뒷받침해준 가장 중요한 요소로 중국 내륙기업의 경제특구 진출을 들 수 있다. 심천 경제특구의 경우 1993년 말 현재 서장(西藏) 자치구를 제외한 전국 28개 성, 직할시, 자치구, 중앙의 40여 개 각 부위(部委), 총국, 총공사 등에서 진출한 중국 내 기업은 심천 경제특구 전체 기업 수의 약 3분의 1에 달한다.[4] 이들 기업은 내지와 자금·영업 면에서 밀접히 연결되어 경제특구의 성공을 외곽지역으로 확산하는 역할을 수행했다. 그 밖에 중앙정부로부터의 투자, 국내 각종 금융기관으로부터의 차입, 홍콩과 중국 내륙을 연결하는 중계무역지로서의 이점 등이 경제특구의 성장을 뒷받침해온 중요한 요소로 작용한 것이다.

---

4) 중국 기업의 특구로의 진출배경으로는 「전국지원특구, 특구복무전국(전국은 특구를 지원하고, 특구는 전국을 위해 봉사하자)」이라고 하는 특구지원을 위한 중앙으로부터의 독려를 지적하지 않을 수 없다.

기업구조와 기술·관리방법의 이전

1. 노동력 조달

기업의 소유형태에 관계 없이 종업원들의 평균 연령은 20세 전후이고, 여성들이 압도적으로 많다. 이는 경제특구에 있는 기업의 대부분이 조립공장이라 남성보다 여성들을 선호하고 있기 때문이다. 학력별로 보면 중학 졸업이 가장 많고, 노동자들의 출신지역은 광동성 출신자들이 압도적으로 많다. 이는 경제특구가 광동성에 위치하고 있다는 지리적 요인도 있지만, 더욱 중요한 것은 광동성 출신 이외의 사람들을 고용하는 것에 대한 시 정부의 엄격한 규제 때문이다. 노동자들은 대부분 자신의 호적은 농촌에 남겨 놓은 채 임시직이라는 신분(1~2년의 계약)으로 경제특구에서 일하고 있다.

2. 인재육성

하루 근무시간은 정규 8시간에 잔업 3~4시간이 일반화되어 있어 상당히 긴 편이며, 연간 노동일수도 연 평균 320일 정도로서 상당히 많다. 휴식시간은 일반적으로 식사시간뿐이다. 이와 같이 고된 노동에도 불구하고 결근율은 낮다. 왜냐하면 결근은 그들의 급료와 바로 직결되기 때문이다. 하지만 노동자들의 이직률은 대단히 높아 연평균 약 30%에 달한다. 열악한 노동조건과 중국 특유의 호적문제가 그 요인으로 지적된다. 이직률이 높고 단순 조립공장이 많은 관계로 대부분의 기업은 노동자들을 위한 특별교육 프로그램이나 시설을 갖추고 있지 않다. 사내 교육은 대부분 현장주의로 이루어지고 있다.

3. 전후방 산업연관

중국산 기계의 성능 미비와 지켜지지 않는 납기, 기업 간의 내부거래 등으로 인해 진출기업들의 생산설비나 부품·원재료 등은 거의 수입에 의존하고 있다. 한편 생산된 완제품은 합법, 비합법의 여러 경로를 통해 중국 국내에서 유통되는 경우가 많다. 특히 의류를 중심으로 하는 생활필수품의 경우 이러한 경향이 강하다. 이는 수입원자재와 완성품에 대한 조세 조사과정에서 부정이 만연해 철저히 관리되지 못하기 때문이다. 그 밖에 도 중국의 경우 노동력 시장이 완전한 구매자 시장이라는 이유로 인해 노동환경에도 문제가 많다. 즉 복지시설은 거의 없고, 노동규칙은 지켜지지 않으며, 노동조합은 그 기능을 발휘하지 못하고 있다. 주거환경 또한 매우 열악해 잠만 자기 위한 공간밖에 제공 되지 않는다. 따라서 이와 같이 열악한 근로조건과 높은 이직률, 부품조립 중심의 기업구조, 그리고 생산기계 및 원재료의 높은 해외 의존이라는 구조하에서는 중국측이 경제특구를 처음 설립할 때 기대했던 선진기술과 경영기법의 이전이 극히 어려울 수밖에 없다. [5]

중국 경제에서의 경제특구의 의미

지금까지 중국의 경제특구를 외자도입, 기술이전 등의 수출가공구역이라는 관점에서 살펴보았는데, 경제특구에 대한 평가는 이것만으로는 부족하다. 왜냐 하면 중국 경제 전체에서 차지하는

---

5) 최근 중국은 이러한 제반 문제의 해결을 위해 경제특구에 진출한 위탁가공기업들의 계약갱신 불허, 노동조합 결성 의무화 등의 정책을 이미 발표했다. 아울러 최저임금제, 국유기업 수준의 보조금 지급, 사회보험 제공, 근로자 해고시 노조측과 사전 협의 등의 정책도 곧 추진할 것으로 알려졌다.

경제특구의 존립의의를 규정짓지 않으면 안 되기 때문이다. 존립의의를 논하는 경우 가장 중요시되는 것은 다음의 두 가지다. 첫째, 홍콩·마카오·대만과 경제특구 사이의 경제관계, 둘째 경제특구와 중국 내 각 지역 간의 경제관계다.

경제특구의 성장에 홍콩·마카오·대만은 중요한 역할을 담당했다. 이들 지역으로부터의 기업진출이 중국 내 기업들을 경제특구로 유치하는 데 매우 중요한 역할을 했기 때문이다. 마찬가지로 경제특구도 홍콩·마카오·대만의 경제성장에 중요한 역할을 해왔다. 홍콩의 경우는 특히 그렇다. 만약 경제특구가 없었다면 현재 홍콩의 경제성장은 이루어지지 않았다 해도 과언이 아니다. 그리고 대만도 직접투자·무역 등을 통해 적지 않은 이익을 향유했다.

경제특구와 홍콩·마카오·대만은 지난 16년 동안 서로 공존공영하면서 일체화되어가고 있다. 1997년 홍콩, 1999년 마카오의 중국 반환, 그리고 앞으로의 대만 관계를 생각할 때 경제특구를 매개로 한 홍콩·마카오·대만과 중국 간의 경제교류 진전은 무엇보다 중요한 경제특구의 성과라고 할 것이다.

또한 경제특구는 연해 지역과의 경제관계를 긴밀화시킴으로써 연해 지역의 눈부신 경제발전에 큰 공헌을 했다. 이와 같은 경제의 외연적 확대는 ASEAN을 포함한 동아시아 경제권으로까지 연결되고 있다. 이는 경제특구가 지역 간의 상호연관 관계를 긴밀화시킴으로써 「화남(華南)경제권」으로 불리는 경제권의 형성을 매개하는 데 큰 역할을 했다는 것을 의미한다.

정·경 일체라는 사회구조 안에서 정치가 우선되고, 경제는 그 부속물로서 존재했던 지금까지의 중국 경제구조에 비추어볼 때 「화남 경제권」은 시장이론에 입각해 형성된 최초의 경제권이라

할 수 있다. 그리고 이것은 중국 경제가 중국적 틀에서 벗어나 홍콩·마카오·대만 등을 비롯한 외국과의 경제교류, 특히 비교우위의 생산요소를 기반으로 한 국제분업에 입각해 성장을 꾀하는 구조로 변화했다는 점에서 중국의 경제사에 획기적인 전기를 마련했다고 할 수 있다.

Ⅳ. 세기의 개발사—박정희와 덩 샤오핑

가난한 농부의 아들로 태어나 교사로서, 장군으로서, 대통령으로서의 파란만장한 인생을 살았으면서도 영광스러운 조국의 번영된 모습을 채 보지도 못하고 심복의 손에 죽음을 당한 고 박정희 대통령의 재임기간 18년. 장정, 연안시대, 내전승리를 거치면서 사회주의 혁명을 이룩하고 마오 쩌둥 시대의 격동을 경험하며 부침을 거듭하는 우여곡절 속에서도 좌절하지 않고 결국 중국을 경제대국으로 인도하면서 이제는 서서히 그의 시대를 마감하고 있는 개혁·개방의 기수 덩 샤오핑(최고지도자로서의 재임기간 18년?).

이들 두 사람에 대한 평가는 시기와 사람에 따라 각양각색이다. 그리고 경우에 따라서는 개인의 이해관계에 좌우되어 평가를 내리는 경우도 적지 않다. 하지만 20세기를 마감하는 현 시점에서 이들 두 사람을 재조명해보는 것은 21세기를 목전에 두고 있는 우리로서는 매우 중요한 작업이라고 생각한다. 현대사의 거물인 이들 두 사람의 공통점은 경제건설을 국가의 나아갈 방향으로 설정했다는 것이다. 이로 인해 최근 중국에서는 박정희에 대한 관심이 고조되고 있고 그에 관한 출판물들이 중국어로 소개되고 있다.

한·중 두 나라의 근대화의 초석을 이룩한 박정희와 덩 샤오핑의 공통점을 살펴보자. 먼저 지적할 수 있는 것은 「조국근대화」
와 「4개 현대화」의 달성이라는 과업을 성취하기 위해 박정희와 덩
샤오핑은 적지 않은 고통의 나날을 보내야만 했다는 것이다. 즉
시대가 그들의 야망을 쉽게 용인하지 않았다는 것이다. 43세까지
의 군인생활에서 어느 날 갑자기 혁명가로 변신한 박정희나 74세
라는 고령에도 불구하고 자신의 꿈을 성취하기 위해 와신상담했던
덩 샤오핑의 전력이 이를 단적으로 말해주고 있다. 그리고 우연의
일치이긴 하지만 두 사람 모두 세 번의 결혼경력을 갖고 있다.

　덩 샤오핑은 1928년 첫 결혼 후 2년 만에 산후조리가 나빴던 부
인(북경 명문가의 딸, 당원)과 딸을 모두 잃었다. 1932년 재혼했
으나 이 결혼생활 역시 오래 가지 못했다. 1년 후 덩 샤오핑이 정
치적인 문제에 휘말리게 되자 덩 샤오핑의 처 진 웨이잉(金維
暎, 당원)은 그를 버리고 당시 극렬하게 덩 샤오핑을 공격하고 있
던 리 웨이한(李維漢)과 재혼했다. 이러한 두 번의 실패 끝에
1939년 항일전쟁기간 중 지금의 처 쥬오린[卓林 : 운남의 유복한
햄 소시지 가공업자의 딸, 푸(浦)라는 성이 자산가인 아버지를
연상시켰던 탓인지 덩 샤오핑과 결혼 후 성은 생략]과 세 번째로
결혼해 슬하에 2남 3녀를 두고 있다. 박정희는 1935년 부모의 강
요에 의해 억지로 김호남 씨와 첫 결혼을 했다. 박정희가 18세,
김 씨가 15세였다. 마음에 없는 결혼이었던 관계로 결혼생활이라
고 할 수 있는 것은 거의 없었다. 이어 1948~50년 이화여대를 중
퇴한 이모 여인과 2년 간에 걸친 사실혼 시절이 있었지만 이 역시
박정희가 좌익에 연루되는 바람에 끝나고 말았다. 박정희가 감옥
에서 석방되어 집에 돌아왔을 때 이모 여인은 이미 떠나버린 후였
다. 덩 샤오핑과 너무나 비슷한 운명이다. 1950년 6·25전쟁 중
박정희는 육영수와 세 번째로 결혼했는데, 전처와의 사이에서 태

어난 딸을 포함해 1남 3녀를 두었다.

빈농의 아들에서 권력의 정상까지

덩 샤오핑은 1904년 8월22일 중국 남서부 최대의 행정구인 사천성에서 농부의 아들로 태어났는데, 어릴 때 이름은 시앤성(先聖)이었다. 샤오핑(小平)이란 이름은 혁명가로서 본격적인 활동을 시작한 이후 불려진 이름이다. 1920년 8월 덩 샤오핑은 숙부를 포함한 100여 명의 동지와 함께 근로학생이라는 신분으로 프랑스에 건너갔는데, 그에게 이 항해는 혁명가로서의 첫 출발이었다.

프랑스로 건너간 이후 슈나이더 공장의 견습공, 고무공장의 공원, 기관차의 기관사 조수, 식당의 잡일꾼, 르노 자동차공장 등을 전전하면서 형편없는 봉급과 1주일에 50시간 이상의 중노동을 해야 했다.

덩 샤오핑이 정치에 투신하게 된 데는 이러한 빈곤과 불안정한 생활이 배경으로 작용했다. 그의 전기에는 당시 상황에 대해 다음과 같이 적혀 있다. 『프랑스에서는 불경기로 인해 직업을 구하기가 무척이나 어려웠다. 운이 좋아 큰 공장에 일자리를 얻은 중국인 학생들조차 보통 프랑스인의 절반에 해당하는 임금밖에 받지 못했다. 불운이 겹쳐, 가족은 샤오핑에게 돈을 보내줄 수 없게 되었다. 이제 그는 자력으로 살아나가야만 했다. 유학에 걸었던 그의 희망은 냉엄한 현실에 부딪쳐 무산되고 말았다. 그러나 새로운 사상이 이 젊은이의 마음을 사로잡았다. 러시아 10월 혁명의 영향으로 프랑스의 노동운동은 활기를 띠게 되었고, 마르크스 주의를 비롯한 여러 사회주의 사상이 점점 지지기반을 넓혀나갔다. 진보적인 중국인 학생 다수가 마르크스 주의를 받아들여 혁명의 길을 걷기 시작했다. 샤오핑도 자오 셔이앤(趙世炎), 저우 언라이 등 선배들의 영향을 받아 마르크스 주의를 공부하며 선전활동에 나섰다.』

그 후 그는 등사판 담당에서 시작하여 기관지 편집장, 이어 중국인 학생과 노동자 상대의 정보선전 담당, 당 지부의 책임자로 활약하면서 프랑스에서 5년의 세월을 보냈다. 1926년 초에는 모스크바로 건너가 11개월 동안 머물면서 공산주의 대학에서 혁명이론과 실천을 배웠다. 당시 이 대학에는 류 사오치(劉少奇), 린 비셔(任弼時) 등 수백 명의 중국인 공산주의자가 공부하고 있었다. 내전이 한창 진행 중인 1927년 덩 샤오핑은 조국으로 돌아왔다.

1917년 11월14일 경상북도 선산군 구미면 상모리에서 가난한 농부의 아들로 태어난 박정희는 어린시절 왕복 40리 거리의 학교를 걸어다니면서, 영양실조로 밤눈조차 어두웠다고 한다. 초등학교 시절 그의 건강상태에 대한 평가는『나이에 비해 키와 체중이 떨어지고 체력도 약하다』라고 기록하고 있다. 훗날 박정희 스스로도 어린시절의 가난 때문에 자신의 발육이 제대로 되지 않은 것 같다고 이야기할 정도였다. 가난에 대한 이와 같은 뼈저린 경험은, 훗날 그가 국가발전의 우선 목표를 경제건설에 두게 된 중요한 동기가 되었다.

덩 샤오핑이 젊은 시절을 프랑스, 소련 유학으로 보냈던 것과 마찬가지로 박정희에게도 6년 간의 만주 군관학교, 일본 육사, 만군 장교시절이 있었다(1940년 봄~1946년 5월). 박정희가 대구사범, 문경공립보통학교 교사로 만족하지 않고 만주로 가게 된 가장 큰 배경은 군인에 대한 그의 동경이었다. 군인이란 직업이 상징하는 남자다움과 권력, 정복과 지배, 멋스러움을 그는 동경했던 것이다.

6년 간에 걸친 군 생활은 박정희에게 두 가지 영향을 미친 것으로 보인다. 첫째, 철저한 위계질서와 대의(大義)에 생을 불사를 수 있다는 생사관이다. 몇 번의 죽을 고비에서 보여준 대담하고 의연한 자세(5·16이나 10월 유신과 같은 중대사에서의 언행과 분위기)가 그의 그런 생사관을 말해준다. 둘째, 국가 장래에 대한 확고한 이상을 갖는 기회가 되었다. 그가 이룩한 경제개발의 작품들, 즉 고속도로 건설과 현대조선소·포항제철 설립 등이 그 예다.

덩 샤오핑은 1927년 귀국 후 초기에는 서안에 있는 펑위 샹(馮玉祥)의 군사학교에서 정치국장을 역임했으나, 좌·우파의 싸움이 격화되면서 1927년 6월 펑위 샹에게서 도망쳐 무한(무창+한구)으로 갔는데, 거기에서 저우 언라이가 좌장을 맡고 있던 당 군사위원회의 중앙위원회 서기로 취임했다. 그 해 9월 말 당 본부가 무한에서 상해로 옮겨감에 따라 그도 상해로 향했다. 7년 동안의 유랑생활에 종지부를 찍고 본격적인 활동이 시작된 것이다.

내전을 거치면서 죽을 고비를 수없이 넘겼던 덩 샤오핑도 당 내의 노선싸움에는 별 도리가 없었다. 덩 샤오핑의 최초 실각은 1933년 이루어졌다. 내용은 마오 쩌둥의 노선에 반대하여 대도시 공격에 대한 당의 방침을 어겼고, 홍군을 100만 명으로 확대함으로써 당 지도부에 대한 신뢰를 결여했으며, 코민테른에 대한 불신을 나타냈다는 것이다.

이 사건으로 그는 투옥은 면했으나 자아비판서 제출을 강요당했고 무기를 빼앗겼으며, 지방 당 위원회의 선전국장으로 좌천되었다. 하지만 몇 주 후 모스크바 귀국자 모임의 한 사람인 왕 지야샹(王稼祥)과 군인 루오 롱후환(羅榮桓)의 노력으로 홍군의 총 정치부로 전속되어 비서장이 되었고 장정이 끝나면서 제1군단의 정치부 부주임으로 승진했다. 이후 16년 간 그는 군과 당에 이름을 떨치며 국가의 지도자가 될 자질의 소유자로 널리 알려지게 된다. 당시 그는 중국의 대표적인 군인이자 정치가였다.

덩 샤오핑은 8년 간의 중·일 전쟁과 내전을 거치면서 한편으로는 전투를, 다른 한편으로는 점령지에 대한 근거지 건설을 해왔다. 즉 우선 군이 지역을 지배하고, 그 지배가 확립되면 당이 들어가서 그 곳에 새로운 근거지를 만든다. 당은 마을 단위의 자문위원회와 집행위원회로 구성되는 새로운 정부구조를 조직하고 지대와 금리를 내리고 과세를 재분배함으로써 그 지역 권력자의 권한과 부를 축소시켜 빈민층의 생활을 개선했다.

1949년 9월 공동강령을 기초로 신민주주의 청사진이 채택되고, 중국은 여섯 개의 대행정구 —— 동북·화북·화동·중남·서남·서북 —— 로 나뉘었다. 덩 샤오핑은 1952년 7월 북경으로 가기 전까지 서남 지구에 대한 법과 질서의 확립, 경제부흥의 촉진, 토지개혁 등을 추진했다. 북경에 도착한 후 덩 샤오핑은 부총리, 재무경제위원회 부주임, 재정부장, 정치국 위원, 당 중앙위원회 총서기 등 출세가도를 달리며 당의 역할과 정책에 대한 자신의 견해를 뚜렷이 밝히기 시작했다.

덩 샤오핑은 1956년 9월의 제8기 전국당대회 때『중국의 기본적 모순은 더 이상 노동자 계급과 부르주아 간의 모순이 아니라, 급속한 경제적·문화적 발전을 바라는 인민의 요구와 현재의 경제적·문화적 상황 사이에서 발생하는 모순이다. 또한 국가가 직면하고 있는 급선무는 생산력의 증대와 공업화에 전력을 쏟아 끊임없이 늘어나는 인민의 물질적·문화적 요구를 서서히 채워나가는 것이다』라고 지적했다.

또한 덩 샤오핑은 1962년 7월7일 공산주의 청년단 총회에서 행한 연설에서도 『황색 고양이든 검은색 고양이든 간에, 쥐를 잡아주는 동안은 좋은 고양이다』라는 리우 바이성의 말을 인용하면서 「농가생산청부제」 채택을 지지했다. 이것은 훗날 문화대혁명 기간 증 덩 샤오핑이 「백묘흑묘론(白猫黑猫論)」으로 비판받게 되는 계기가 된 연설이다. 하지만 당시 덩 샤오핑은 마오 쩌둥의 노선에 정면으로 대항하지는 않았다. 1962년 7월7일 위에서 언급한 연설이 끝난 직후 마오 쩌둥은 호남시찰에서 돌아와 농촌에서의 계급투쟁과 집단경제의 강화 필요성을 강조했다. 사태가 이렇게 진전되자 덩 샤오핑은 곧바로 후 야오방 당시 공청단(共靑團) 제1서기에게 전화를 걸어 자신의 연설에서 「백묘와 흑묘」 부분을 삭제해줄 것을 요구했다. 그리고 이어 두 번째 전화에서는 집단경제의 강화에 대한 내용을 보충하도록 지시했다. 또한 마오 쩌둥의 지적에 의하면 당시 덩 샤오핑은 자신을 피해다니면서 지시받기를 거부했고, 회의석상에서도 멀리 앉아서 잘 들리지 않는 시늉을 했다는 것이다.

그 당시 마오 쩌둥에 대한 덩 샤오핑의 대응을 잘 상징하고 있다고 할 수 있다. 하지만 이러한 그의 태도 때문에 문화대혁명 시절 덩 샤오핑은 「자본주의의 길을 걷는 실권파」 제2호로 비판받게 되었고, 1969년 10월 강서성 신건현(新建縣)으로 송환되어 현 트랙터 공장에서 일했다.

당시 덩 샤오핑은 『나는 마오 쩌둥 사상의 연구와 선전, 그리고 적용을 모두 무성의하게 해왔다. 내 자신이 부르주아의 「쓸모 없는 지식인」으로 「세계관」이 변하지 않는 인간이라는 자세를 보여왔다. 사회주의 교육운동을 향한 마오 쩌둥의 작전을 고의로 방해하고, 총서기로서 해야 할 마오 쩌둥에 대한 보고를 태만히했으며, 나의 정치활동이 마치「독립왕국」인 것 같다는 마오 쩌둥의 경고를 무시했다. 내 자신이 이대로 과거의 생각, 직무형식, 정치관에 따라 당 지도부로서 일을 계속한다면 당과 인민에게 고통을 줄 것이다. 그것을 속죄하는 단 하나의 길은 마오 쩌둥 사상을 정확하게 학습하고 그것을 실천하는 것, 즉「탁월한」린 뱌오를 배우는 것이다」라고 철저히 굴욕적인 자아비판을 행했다.

이는 정치적으로는 굴욕적인 항복이며, 그의 지지를 기대하고 있던 많은 사람들에게 자신은 더 이상 힘이 될 수 없다는 선언이며, 몇 년에 걸쳐 노력해온 모든 일을 공식적인 자리에서 부정한 것이었다. 권력 앞에서의 무상함을 다시 한번 느끼게 한다.

1971년 9월 그의 제1정적이었던 린 뱌오의 사망, 두 번에 걸친 마오 쩌둥에게의 편지, 저우 언라이의 추천 등을 계기로 마오 쩌둥은 덩 샤오핑을 재등용하게 되었다. 1973년 2월 덩 샤오핑은 북경으로 돌아와 3월 부총리로 복귀하면서 활동을 재개했지만 문혁 말기인 1975년 말부터 1976년 1월에 걸친「덩 샤오핑 우파 반격풍조」에 대한 비판투쟁, 그리고 4월7일에 있은 천안문 사건(제1차 천안문 사건)의 배후조종 세력으로 지목되면서 당 내외의 모든 직무를 박탈당했다.

이렇게 해서 덩 샤오핑은 세 번째의 실각을 경험하게 된 것이다. 하지만 세 번째 실각은 문혁 중의 체험, 반성과는 그 성격을 달리하는 것이었다. 즉 세 번째 해임은 본인 스스로 의도한 것이라는 측면이 강했다. 왜냐 하면 마오 쩌둥은 1975년 11월 문화대혁명에 대한 인식을 통일시키기 위해 덩 샤오핑에게 3할의 결점, 7할의 성과를 내용으로 하는 문화대혁명 긍정론을 정리하도록 부탁했다. 하지만 덩 샤오핑은『저는 문혁기간 중 멀리 지방에 가 있었기 때문에 그와 같은 결의의 대표자로서는 부적격이라고 생각합니다』, 『저는 위·진(魏晉)은 물론이고 한(漢)에 대해서조차도 아는 것이 없습니다』라고 정중히 거절했다. 당시 그는 마오 쩌둥의 죽음과 4인방(江靑, 張春橋, 姚文元, 王洪文)의 실각이 머지 않았다는 점을 충분히 계산했을 것이다. 4인방 체포계획도 쟝 평후와(張平化), 예 젠잉(葉劍英) 등을 통해 그가 뒤에서 조종했다고 전해지고 있다.

쟝 평후와에 의하면 당시 덩 샤오핑은 4인방의 숨통을 끊기 위해 전투까지 할 생각을 했다는 것이다. 즉 덩 샤오핑은 그를 찾아온 방문자들에게 『우리는 학살당할 운명에 몸을 맡겨 당과 국가가 피폐하도록 놔둘 것인가? 선대의 프롤레타리아 혁명가들의 마음과 혼으로 세운 국가를 저 네 사람 때문에 파멸시켜 역사를 100년 후퇴시킬 것인가? 아니면 목숨이 붙어 있는 한 놈들과 투쟁을 계속할 것인가? 만약 우리가 승리한다면 만사가 해결된다. 설령 진다 해도 살아남을 수 있다면, 산속이나 해외로 도피하여 또 다른 기회를 기다릴 수도 있다. 지금 우리는 적어도 광주 군구, 복주 군구, 그리고 남경 군구의 힘을 놈들에 대한 대항수단으로 이용할 수 있다. 그러나 우물쭈물하고 있으면 이 유일한 수단을 잃게 될지도 모른다』라고 그의 각오를 피력했다고 한다.

덩 샤오핑은 이 기간 동안 4인방 타도와 자신의 부활을 준비해 나갔으며, 다른 한편으로는 새로운 시대에 대한 구상을 갈고 닦았다. 화 궈펑·예 젠잉·왕 둥싱의 노력으로 4인방이 체포되고 화 궈펑이 정권을 장악했다. 덩 샤오핑은 화 궈펑에게 두 차례 편지(1975년에 범한 자신의 잘못을 인정하고, 그 잘못에 대한 마오 쩌둥의 비판을 받아들인다)를 쓰면서 자신의 과오를 인정했고, 화 궈펑 역시 문화대혁명으로 파괴된 경제를 재건하기 위해서는 덩 샤오핑의 경험이 필요했기 때문에 1977년 7월의 당 중앙위원회 회의에서 덩 샤오핑을 복권시켰다. 이어 1978년 11월 중국공산당 제11기 중앙위원회 제3회 총회에서 덩 샤오핑은 중국의 최고지도자로 복귀하게 된다.

덩 샤오핑이 당 내의 노선싸움에 휘말려 적지 않은 고통을 당한 것과 마찬가지로 박정희도 좌익사건에 연루되어 매우 힘든 시절을 보냈다. 즉 30대 초반의 박정희는 혼란과 전란, 사상투쟁과 동족상잔으로 상징되는 1946~51년 사이의 격동기를 맞바람을 맞으며 헤쳐나가야만 했다. 친형의 피살·투옥·고문·파면·어머니의 죽음·연인과의 이별 등 재앙의 연속 속에서 비록 상처투성이긴 했으나 박정희는 어쨌든 살아남는 데 성공했다.

1946년 5월6일 6년 간의 만주와 북중국 생활을 청산하고 귀국한 박정희는 약 3개월 간의 공백기를 거쳐 9월24일 조선경비사관학교 제2기생으로 입학했다. 그는 또다시 군인의 길을 선택한 것이다. 졸업 후 육군사관학교 교관으로 근무하게 된 박정희는 여순반란사건의 군 숙정과정에서 남로당에 가입했다는 죄명으로 구속되었다. 하지만 당시 수사관계자들의 증언에 따르면 박정희는 이념적 공산주의자가 아니라,. 인간관계에 얽혀서 또는 대구 폭동 때 경찰의 총에 맞아 죽은 형 박상희에 대한 복수심 때문에 남로당에 가입한 감상적 공산주의자였다고 한다. 당시 숙군 수사를 총괄한 육군본부 정보국 특무과 과장 김만일 소령은 『박정희 소령은 군부 내 남로당 조직도상으로는 상당히 중요한 자리에 있었지만 활동한 흔적이 거의 없었고 자술서를 통해 남로당 조직원들을 많이 노출시켰으므로 살 수 있었다』라고 술회하고 있다. 정보제공을 통해 사형수에서 환생하는 박정희의 이러한 모습은, 덩 샤오핑이 복권을 위해 마오 쩌둥과 화 궈펑에게 각각 두 차례에 걸쳐 마음에도 없는 자아비판서를 쓴 것과 흡사하다.

박정희가 비록 군 내부의 적색침투 정보를 제공하고 살아나긴
했지만, 그렇다고 해서 결코 생명을 구걸하지는 않은 듯하다. 김
만일 소령은 당시 상황에 대해『그는 자포자기하지 않았다. 그렇
다고 특별히 생명에 애착이 있는 것 같지도 않았다. 살려달라고
구걸하지도 않았다. 그렇다고 의식적으로 태연한 척하는 것도 아
니었다. 보통사람 같으면 생사가 엇갈리는 그런 순간 얼이 빠져
있었을 텐데 박 소령은 자연스럽고 담담했다. 그래서 백선엽 국장
에게 살려주자고 제의하게 된 것이다』라고 설명하고 있다.

박정희의 이러한 좌익 경력은 후일 두고두고 문제가 되었다.
하지만 그가 사상적으로 진짜 좌익이었느냐 하는 데는 논란의 여
지가 많다. 이에 대해 〈월간조선〉의 조갑제 기자는『박정희가 남
로당에 들어간 다른 이유를 그의 성격에서도 찾을 수 있다. 가난
했던 어린시절, 대구사범 재학시절, 문경 보통학교 재직시절, 만
군 장교시절, 그리고 해방 뒤의 청년장교 시절에 걸쳐 일관되게
드러나는 박정희의 성격은 현실에의 불만, 기성질서에의 반항,
외세에 대한 거부감, 그리고 사회에 대한 개혁의지 등으로 요약할
수 있다. 그러한 박정희에게 남로당은 하나의 유혹이었다. 진보
적 성향, 독립운동의 전통, 그리고 반외세를 상징하고 있던 남로
당에 들어간 것은 박정희의 사상적 표현이라기보다는 그의 기질에
맞는 선택이었던 것 같다』라고 지적하고 있다(조갑제, 《박정희
①》, 까치, 1992년).

박정희는 1948년 12월 말 서대문형무소에서 석방된 후, 1949년
초 전투정보과장으로 취임했다. 취임 후 얼마 지나지 않아 박정희
는 파면되었고, 그 이후 박정희는 민간인 신분으로 전투정보과에
서 일했다. 1950년 6·25의 발발과 함께 박정희는 다시 소령(전투
정보과 과장)으로 복직되었다.

그 후 박정희는 제9사단 참모장, 육군정보학교 교장, 육군본부 작전교육국 차장, 광주포병학교, 제3군 포병단장, 미 육군 포병학교 유학생, 제2군단 포병단장, 광주 포병학교 교장, 제5사단장, 육군대학, 제7사단장, 1군 사령부 참모장, 6관구 사령관 등을 거치면서 그의 혁명성공에 큰 역할을 한 인맥을 구축하게 된다.

만주군관학교 출신 선후배, 육본 정보국에서 인연을 맺은 김종필 등 육사 8기 출신들, 사관학교 중대장 시절 그가 가르쳤던 5기 출신들, 포병학교장 시절에 인연을 맺은 포병장교들, 그리고 그의 밑에서 일했던 직속부하들이 그들이다. 박정희는 10여 년 간의 주도면밀한 인간관계를 통해 뜻을 같이할 수 있는 인물들을 파악해놓고 있었다. 그와는 육사 2기 동기생 관계였던 한웅진은 『5·16의 개혁은 1년 전부터 이뤄진 것이지만, 박정희는 적어도 위관 장교 시절부터 이 사회를 뒤엎어 개혁할 꿈을 꾸고 있었다』라고 증언하고 있다. 혁명을 위해 준비하는 박정희의 이러한 모습은 덩 샤오핑이 몇 차례의 위기에서도 저우 언라이·예 젠잉·리 셴녠·전 원·왕 전·리우 바이성 등 동지들의 도움으로 위기에서 탈출하는 모습과 흡사하다.

문화대혁명 말기 덩 샤오핑이 마오 쩌둥에 대해 소극적 저항을 했던 것과 마찬가지로 박정희도 철저한 개인적 결백과 적당한 저항의 자세로 당시의 이승만 정권에 대응했다. 즉 그는 그 때까지만 해도 군복을 벗어버릴 만큼 현실에 정면도전하는 무모함은 범하지 않았다는 것이다. 부정에 항의하고 바른 말을 하되 어떤 한계를 알고 지키는 사람이었다. 자기가 나갈 수 있는 한계를 알고 그 한계 안에서 과감하게 행동함으로써 부하, 동료들을 감복시키고 상관들에게는 만만치 않은 존재라는 사실을 인식시킬 줄 아는 능력의 소유자였다. 하지만 3·15부정선거 등을 통한 부정과 부패가 노골화되면서 이승만 정권에 대한 반감은 더욱 깊어지고 급기야 5·16에까지 이르게 된 것이다.

4·19의거로 죽은 학생들을 위한 합동위령제에서 읽은 조사가 당시 박정희의 결의를 잘 나타내주고 있다. 『… 이 나라의 진정한 민주주의의 초석을 위해 꽃다운 생명을 버린 젊은 학도들이여! … 여러분의 애통한 희생은 바로 무능하고 무기력한 선배들의 책임인바, 나도 여러분 선배의 한 사람으로서 오늘 같은 비통한 순간을 맞아 뼈아픈 회한을 느끼는 바입니다. 로마는 하루아침에 이루어지지 않았습니다. 여러분이 흘린 고귀한 피는 결코 헛되지 않을 것입니다. 그러한 연유로 오늘 여러분들의 영결은 자유를 위한 우리들과의 자랑스러운 결연임을 저는 확인합니다. … 여러분들이 못다 이룬 소원은 기필코 우리들이 성취하겠습니다. 부디 타계에서나마 영일의 명복을 충심으로 빕니다.』

아직 이승만이 권좌에 앉아 있고, 그 자신이 계엄업무의 책임자이면서, 또 비밀리에 쿠데타 모의를 하고 있는 가운데 그는 이처럼 노골적인 친학생, 반정부적인 조사를 했던 것이다. 박정희의 이러한 결전의 모습은, 덩 샤오핑이 1976년에 4인방을 상대로 전투를 각오했던 결의를 연상케 한다. 이 조사가 있은 지 정확히 꼭 1년 23일 후 5·16이 일어났다.

근대화의 시발은 농촌개혁부터

정권을 장악한 이후 박정희는 1961년 5월16일~1979년 10월26일까지의 집권 18년 동안 「농민이 잘 사는 정책」을 경제정책의 주요 지주로 삼고, 이를 통한 「조국 근대화」를 꾸준히 추진해왔다. 즉 박정희는 취임 초 『나는 농민의 아들로 가난한 농가에서 태어났다. 어릴 때부터 우리 농민들이 얼마나 고생하는지, 농촌에 어떠한 어려운 문제가 있는지 뼈에 사무칠 정도로 체험해왔기 때문에 무엇보다도 우리 농촌의 부흥을 빨리 서둘러야 한다고 결심하게 되었다. … 농·수산업의 발전은 공업화를 촉진하고, 그것은 자립경제 건설의 불가결한 초석이다』, 『우리 근대화작업의 열쇠가 비록 공업입국에 있다 할지라도 농업의 진흥 없이는 공업의 발전을 기대할 수 없다. 따라서 농업근대화야말로 조국 근대화의 지름길이다. 농촌의 근대화 없이 조국의 근대화는 불가능하다』라고 농어촌 근대화에 대한 자신의 확고한 소신을 밝히고 있다.

5·16 당시 한국 사회는 자생적 민주주의를 발아시키기에는 그 경제적 기반이 너무나 열악했다. 당시의 사회상에 대해 박정희는 『1949년 4월∼1950년 3월까지의 조사에 의하면 국민의 1인당 평균소득이 70달러밖에 되지 않는다고 한다. 이 형편없는 소득도 그 가운데 67달러만이 국민의 생산소득이고 3달러는 외국 원조에 의한 소득이라고 한다. 국민의 평균소득이 100달러 미만이라면 아마 세계에서 최저 소득일 것이라고 생각한다. 더구나 전 인구의 70%를 점유하는 농민의 빈곤상은 더욱 혹심하다』라는 인식을 가지고 있었다. 실제로 5·16 당시의 사회상은 1인당 GNP 80달러 내외(당시 북한이 100달러 내외였기 때문에 남북한 간의 체제경쟁에서도 불리한 상황이었다), 생필품의 절대부족, 식량부족으로 미국의 잉여농산물 원조 없이는 국민의 경제생활이 불가능했으며, 정부예산의 90%를 대충자금(對充資金)에서, 그리고 한국군 유지비의 99%를 미국의 원조에 의존했다.

중국 역시 덩 샤오핑이 중국의 특색 있는 사회주의 건설을 주창하기 전인 1970년대 말의 농촌 상황은 매우 심각했다. 당시 인구의 80%를 점하고 있던 농민들의 생활수준에 대해 홍콩의 중국계

〈표 1〉 중국의 농업노동자 1인당 곡물 생산량

(단위 : kg)

연 도	1952	1957	1962	1965	1970	1975	1976	1977	1978	1979	1980	1981
생산량	947	1,010	752	831	863	966	972	963	1,036	1,129	1,061	1,139

자료 : 국가통계국 편, 〈중국통계연감〉, 중국통계출판사, 1985년 판.

잡지 〈70년대(七十年代)〉는 『수십 년 간 인민의 임금은 오르지 않았고, 오히려 물자 부족으로 인해 물가는 실질적으로 상승하고 있다. 인민들의 가계부담은 늘어나게 되었고, 생활수준은 1957년보다 떨어졌다. 인민들은 긴 세월 동안 궁핍한 생활을 참아왔지만 이제 그 인내도 한계에 달하게 되었다』, 『문혁 10년 간 농업에 대한 파괴도 극히 심각했다. 통계에 의하면, 중국은 2억 명의 농민(전체 농민의 수는 약 8억 명) 식량이 1인당 연간 150kg으로 반기아상태에 처해 있다. 과거 전쟁시대에도 섬서성 남부의 농가에는 약간의 보존용 식량이 있었다. 그러나 지금은 한 톨도 없다』라고 쓰고 있다.

5·16 직후의 시대상을 반영하여 「절망과 기아선상에서 허덕이는 민생고의 시급한 해결」을 혁명공약으로 내건 박정희가 맨 먼저 관심을 쏟았던 분야가 바로 농촌개혁이었다. 그는 당시의 농어촌이 안고 있던 고리의 부채 문제가 농민의 생활안정과 농촌경제의 성장발전에 걸림돌임을 직시하고, 농촌경제재건을 위한 첫 조치로 1961년 5월25일 농촌의 부채 정리를 단행했다. 1960년대 초 당시 농가의 80%가 고리의 빚을 지고 있는 상황에서 보면, 농어촌 부채 정리는 「춘궁기」니 「초근목피」니 하는 농어촌의 절대적 빈곤을 없애기 위한 하나의 혁명적 수단이었다.

박정희는 농어민을 대신해 부채를 1차 정리한 후 그 다음 수순으로 농업기계화의 기반조성과 농지의 생산성 제고를 위해 농토의 지력향상, 농업용수개발 및 경지정리사업 등을 하나하나 처리해 갔다. 즉 심경(深耕), 객토(客土)와 퇴비·석회·규산질 시비의 실시에 따른 지력향상작업, 꾸준한 경지정리사업, 다목적 댐의 건설 등이 모두 그러한 것이었다.

그 후 1960년대 말에는 고미가(高米價) 정책과 이중곡가제(二重穀價制)를 통해 농업소득증대의 기반조성에 꾸준히 역점을 두었다. 그리고 1970년대에 들어서서는 농민의 자조노력을 통한 농촌근대화의 완성을 꾀하기 위해 일종의 의식혁명인 새마을운동을 전개해나갔다.

새마을운동 시작에 앞서 박정희는『주민들의 자발적인 의욕이 일어나지 않는 농촌은 5000년의 세월이 지나도 부흥되지 못한 것과 같이 지금의 빈곤을 반복할 것이다. 빈곤을 자기의 운명이라고 한탄하면서 정부가 뒤를 밀어주지 않으므로 빈곤 속에 있다고 탄식하며 자기의 빈곤을 타인의 빈곤인 것처럼 불평을 늘어놓는 농민은 몇백 년의 세월이 흘러도 일어설 수 없다. 의욕이 없는 사람을 지원하는 일은 낭비다. 게으른 사람은 나라도 도울 수 없다』,『나는 이 사업의 목표를 경제적인 측면보다도 주민들의 정신계발이라는 측면에 두고 이를 더욱 중요시한다. 한 마디로 이 사업을 통해 전국민의 협동정신과 단결심, 그리고 자조정신을 북돋우자는 것이다』라고 지적했다.

덩 샤오핑 역시 농업생산 증진에 매우 적극적이었다. 《덩 샤오핑 문선》에 의하면 그는『중국 사람은 해마다 1인당 평균 400〜500근의 곡물을 식량으로 소비하고 그 밖에도 종자, 사료와 공업용 곡물이 있어야만 한다. 식량자급은 그렇게 쉬운 일이 아니다. 따라서 여러 방면으로 힘을 쏟아야만 하는 것이다. 그러므로 계획 중에 어떤 수단으로 이 목표에 도달할 수 있는가를 확정해야 할 것이다. 예를 들면 비료의 생산을 증가시킨다든가, 종자개량을 한다든가, 농토의 기본건설을 한다든가, 병충해를 퇴치한다든가, 관리를 개선한다든가, 그리고 기타 수단으로 무엇을 할 수 있으며 얼마나 증산할 수 있는가를 모두 계산해야만 하는 것이다. 농업생산액을 갑절로 올리려면 식량만 가지고는 안 된다. 다각적인 경영합리화를 적극적으로 운용하고 이에 의거해야 할 것이다. 농업부문에는 앞으로 해야 할 일들이 많다. 그러나 우리는 무엇을 어떻게 해야 할 것인지 아직 중심을 잡지 못하고 있다』라고 농업의 중요성과 정책부재에 대해 지적하고 있다.

덩 샤오핑이 피폐한 농민들의 생활수준을 높이기 위해 구체적으로 실시한 농업정책의 제일보는 농민에게 토지경작권을 이전해 주는 것이었다. 즉 집단소유제의 토지를 계약에 근거해 농민들에게 분배하고 사용할 수 있도록 한 것이다. 이를 통해 농민들은 경작지를 장기간에 걸쳐 점유하고 경작하는 권리를 얻게 되었으며, 그 대가로 국가에는 세금, 집단(보통은 생산대대)에는 지대를 지불하고, 집단에 부과된 생산할당고에서 분담분을 공출했다. 생산할당 초과분은 농민들이 마음대로 처분할 수 있게 되었다.

이렇듯 경작물의 잔여분을 공출가격을 상회하는 가격으로 정부에 팔아넘기는 것도, 지방시장에서 파는 것도, 자신의 집에서 소비하는 것도 자유였다. 「농가청부제(農家請負制)」라고 불리는 이 제도는 토지의 장기 점유(최고 40년)로 인해 실제적으로 농민들에게 토지가 그들의 것이라는 인식을 심어주기에 충분했다.

또한 1985년에는 모든 농산물에 대한 할당량 수매라는 낡은 제도를 대신하여, 그것보다 훨씬 소수의 농작물에 대해 정부가 전국적인 수매목표를 설정하고, 농민들과의 협의에 의해 양자가 만족할 수 있는 공출고를 계약하는 제도가 도입되었다. 농민들의 입장에서 새로운 제도의 최대 이점은 곡물생산보다 큰 수입을 얻을 수 있는 작물재배로 재배양식을 재빠르게 바꿀 수 있다는 것이었다.

제2차 농촌개혁에 의해 1986년에는 전문가업집단이 370만 개나 생겼다. 이러한 형태는 특히 도시 근교나 목초지 근처 지역에서 발견되는데, 그 곳은 단 한 가지 생산품만을 생산하도록 정해져 있었기 때문에 주로 채소나 과일 경작 또는 동물 사육 등이 이루어졌다. 또한 서비스업이나 운송 또는 건물매매업 등에 전문적으로 종사하는 가구도 생겨났다.

이러한 「전문직 종사자들」이 모여서 발전한 것이 「향진기업」이다. 향진기업은 인민공사시대의 구 「사대기업(社隊企業)」을 주체로 하면서, 농촌개혁의 진전과 함께 농민의 개인기업 또는 복수농민에 의한 「공동출자기업」의 형태로 성장하면서 농촌 사회에 깊이 뿌리내리게 되었다.

이러한 생산관계나 농민의 수입 및 근로의욕에 관한 여러 개혁은 농업생산에 매우 큰 영향을 미쳤다. 1978~84년 사이에 농업총생산은 72% 증가했고, 농민의 1인당 순수입은 166%나 증가했다. 곡물생산은 연평균 3.8%의 신장률을 보여 1984년에는 4억 t이 생산되었고(1957~77년까지 0.2% 증가), 면 생산은 17.5%가 증가해 1984년에는 600만 t대에 돌입했고(같은 기간 동안 0.6% 감소), 육류생산은 9.0%(같은 기간 동안 1.7% 증가)의 증가를 보였다. 그리고 토지생산성의 대폭적인 상승은 노동생산성을 33.7%나 상승시켰다. 10년이 채 안 되는 동안 많은 농촌이 중국 전래의 유산이라고 인식되었던 깊은 빈곤상태에서 벗어나 그런 대로 번영을 누리게 되었다. 다수의 농민들이 가족을 먹여 살리는 데 필요한 양의 4~5배 정도의 생산을 올렸던 것이다.

근대화의 완성은 공업화

경제적 근대화는 물량적인 성장을 기반으로 한 근대적 산업사회로의 전환을 뜻하는 것이며, 근대적 산업사회로의 전환을 위해서는 공업화가 주축이 되어야 한다는 것은 더 말할 필요가 없다. 저개발국가라는 공통점을 가지면서도 자본주의와 사회주의라는 완전히 다른 경제체제 속에서 박정희와 덩 샤오핑은 어떻게 공업화를 이룩해갔는가?

박정희가 채택한 전략은 대외지향적인 공업화 전략을 통한 자립경제의 달성이었다. 박정희는『우리와 같이 영토가 좁고, 인구가 많고, 부존자원이 없는 나라에서는 무역을 확대하고 근대공업을 일으키는 것이 자립경제의 지름길이다. 한국 경제의 발전은 공업화와 수출의 두 가지 전략에서 그 맥락을 찾아야 한다』라고 말하면서 대외지향적인 공업화 정책의 채택 이유를 분명히 하고 있다.

박정희의 대외지향적 공업화 전략의 제1탄은 다름 아닌 수출증대정책이었다. 즉 박정희는『우리나라는 과거에 수출이라는 것을 거의 모르고 살아왔다 해도 과언이 아니다. 해방 전에는 종속경제, 해방 후에는 원조경제하에서 자국의 수입수요를 자력으로 충족시켜야 한다는 각성이 부족했고, 수출시장을 개척하려는 의욕도 거의 찾아 볼 수 없었다. 공업원료의 수입의존도가 높은 나라에게 수출은 경제의 생명이 아닐 수 없다. 한국 경제가 자립할 수 있는 길은 공업발전을 통한 자본축적과 공산품 수출을 통한 외화획득인 것이다』라고 강조했다.

그리고 또『자주국방이나 통일기반의 조성에 가장 기본이 되는 것은 완전한 자립경제의 달성이며, 자립경제의 완성을 주도하는 요소는 바로 수출진흥이다. 수출증대 없이 경제성장을 기대할 수 없고, 경제의 성장 없이 국력증강이란 기약할 수 없는 일이다. 수출은 우리나라 고도성장의 원동력이 될 뿐만 아니라 수출을 통해서 고용이 크게 늘어나고, 소득증대에도 이바지해 국민생활의 향상이나 기술혁신 또는 산업과 경영의 근대화에도 촉진제가 된다』라고 지적하면서 수출증대에 의한 외화획득이 바로 투자재원의 중요한 원천인 동시에 수출증대는 자립경제의 동맥이라는 점을 강조했다.

박정희의 이러한 강력한 의지와 집념에 의거해 정부는 수출산업의 기반확충을 위해 중소기업 가운데 수출특화산업을 선정해 집중적으로 육성하는 한편, 수출지원제도 및 행정체제를 개선하고 해외시장개척의욕을 고취했으며, 업계를 수출지향적으로 정비하고 수출질서를 확립했다. 따라서 1960년대 경제개발은 수출주도형 개발전략이 집중적으로 표현된 것이라고 할 수 있다. 당시 박정희는 월례 수출진흥확대회의를 직접 주재했다. 박정희는「수출은 국력의 총화」라고 하는 수출입국에 대한 굳은 신념으로 월별·품목별·지역별 수출동향을 직접 체크하면서 수출증대를 위한 모든 시책과 업계의 애로 타개에 몸소 앞장섰다.

1962년 이래 노동집약산업을 중심으로 한 수출공업화 정책이 주효, 수출이 급속히 신장되어 고율의 경제성장을 이루는 기틀을 마련했다. 즉 1965~69년 중 수출은 연평균 37.3%나 신장하여 실질 GNP성장률이 연평균 10%에 달했으며, GNP에서 수출이 차지하는 비율도 같은 기간 중 5.7%에서 14.9%로 급속히 증대했다.

이어서 우회생산과정의 말단에 위치한 최종소비재의 수출증가로 인해 생산재 수입이 점차 확대되면서 수입생산재의 국내생산, 즉 중화학공업화에 대한 열기가 달아오르기 시작했다. 제3차 5개 년 계획의 시작에 앞서 박정희는『나는 앞으로 중화학 공업시대의 막을 올리고 한강변의 기적을 4대강에 재현시킬 것이며, 수출입국 의 물결을 5대양에 일으키고 농어촌을 근대화하여 우리나라를 곧 중진국 상위권에 올려놓고야 말 것이다. 100억 달러 수출목표를 하루빨리 달성하려면 전체 수출상품 가운데 중화학공업제품이 50%를 훨씬 넘어야 한다. 이를 위해 정부는 철강·조선·기계· 전자·자동차·석유화학·비철금속 등의 중화학공업 육성에 박차 를 가해 이 분야의 제품수출로 전환하지 않을 수 없다. 우리 경제 의 기반은 수출에 있는 만큼 수출증대의 실현 여부가 곧 우리 국 력을 가속화할 수 있느냐 없느냐의 관건이다. … 중화학공업시대 의 개막은 결국 수출의 획기적 증대를 가져오기 위한 전략적 선택 이라는 사실을 잊어서는 안 된다. 그 동안 우리나라 수출상품의 주종을 이루어온 섬유·가발·신발류 등은 선진국들의 수입제한 조치 및 보호무역주의의 대두와 함께 점점 어려운 고비에 직면하 게 되었다. 그리고 개발도상국가들의 수출경쟁은 더욱 치열해지 는데다가 일반적인 수요의 둔화 등 여러 가지 요인에 의해 경공업 상품만으로는 높은 수출신장률을 유지하기가 매우 어렵게 되었 다. 그 단적인 예가 일본의 생사 및 활어류, 미국의 섬유·신발류 등의 수입규제다. 이와 같은 국제경제변동에 능동적으로 대응하 기 위해서는 차원 높은 새로운 산업개발계획이 요구되고 있다. 그 러므로 경공업에 치우쳐 있는 산업구조의 취약성을 하루빨리 탈피 하고 국제수지문제를 해결하기 위해서도 산업의 고도화는 필수적 인 과제다』라고 강조했다. 즉 한국경제의 구조 변화를 통해 대외 의존 심화, 부족한 국내저축, 산업능률 저하 등의 문제를 해결하

〈표 2〉 한국의 연평균 경제성장률

(단위 : %)

차 별	계획기간	농림수산업	광공업	사회간접자본 기타	계
1차	1962~66	5.9	14.3	8.5	7.8
2차	1967~71	1.6	19.9	12.4	9.7
3차	1972~76	6.2	18.2	8.5	10.1
4차	1977~81	1.2	9.9	5.9	5.6
20년 간	1962~81	3.7	15.6	8.9	8.3

자료 : 경제기획원.

겠다는 자신의 결의를 천명한 것이다.

　제2차 경제개발 5개년 계획기간 중 제철·석유화학, 시멘트 등 일부 중화학공업 부문에 대한 개발의 가능성을 점검한 후, 본격적인 중화학공업화는 제3차 경제개발 5개년계획 때(1972~76년)부터 시작되었다. 박정희의 「중화학공업화 선언」을 기폭제로 정부는 중화학공업화의 주요 산업으로 철강·비철금속·조선·전자·기계·자동차·항공기·플랜트·화학 등의 10대 중화학공업을 선정하고 관민의 합심·노력을 촉구했다. 그리고 정부는 중화학공업의 본격적 추진을 위해 국가적 입지자원을 가장 효율적으로 활용하는 견지에서 다음과 같은 공업기지를 설정했다. ① 제2철강기지(낙동강 하구, 후에 광양만으로 변경) ② 제2종합화학기지(여천, 광양) ③ 비철금속기지(온산) ④ 종합기계공업단지(창원) ⑤ 조선기지(거제도 일대) ⑥ 전자기지(구미) ⑦ 수출경공업기지(군산) 등이 그것이다. 그 밖에 고속도로 건설과 국토개발계획, 공업인력개발 등도 당시의 산업화를 측면에서 지원해준 중요한 정책들이다.

　중국의 공업화에 대한 덩 샤오핑의 철학을 한 마디로 표현하면 「경제개방 찬성!, 이념개방 반대!」다. 사회주의를 한 마리의 새로 비유할 때 덩 샤오핑은 새에게 완전한 자유를 주려고까지는 생각하지 않았다. 날개를 펼칠 수 있는 공간이면 충분했던 것이다.

덩 샤오핑의 이러한 철학은 이미 1977년 말 화 궈펑과의 대화에서도 나타난다. 1977년 10월 말 덩 샤오핑은 전 동지인 리우 바이성의 병문안을 갔을 때 화 궈펑을 만났다. 그 자리에서 화 궈펑으로부터 국가재건에 관한 조언을 요구받은 덩 샤오핑은『경제대책 중에서도 농업과 경공업에 우선 손을 대야만 한다. 그러나 중공업도 무시할 수 없다』라고 대답했다. 그는 또 인민의 활기에 나름대로의 경의를 표하면서도『독재를 위한 견고한 기반이 필요하다』라고 덧붙였다. 이 대화를 통해 우리는 경제분야의 대담한 실험을 진행하면서 아울러 정치적으로는 보수주의를 관철하려는 덩 샤오핑의 철학을 엿볼 수 있다. 다시 말해 정치의 자유화는 경제의 자유화에 필수조건이기는커녕 사회적·정치적 안정에 심각한 위협을 줄 가능성이 있고, 게다가 개발에도 악영향을 줄 수 있다는 것이 덩 샤오핑의 견해다.

덩 샤오핑의 이러한 철학은 조국 근대화와 자주국방을 위한 정치적 안정, 즉 한국적 민주주의를 절규했던 박정희의 개발전략과 그 맥을 같이하고 있다고 볼 수 있다. 즉 박정희와 덩 샤오핑은, 개발도상국가에서는 서구식 의회민주주의가 식량과 일자리, 집과 교육, 기본적인 생활조건 등과 바꿀 수 있는 대용물이 아니라는 것을 깊이 인식하고 있었다. 하지만 박정희의 한국적 민주주의는 덩 샤오핑과는 달리 당시의 시대적 상황에 의한 선택이라는 측면이 강했다. 박정희는 5·16 당시부터 한국적 민주주의를 구상했다기보다는 월남 패망, 미·중 간의 화해 움직임, 북한의 위협, 주한미군 철수라는 국가존립의 위기감이 자주국방의 필요성을 뼈저리게 느끼게 했고, 이를 수행하기 위해 유신으로 대표되는 한국적 민주주의의 길을 선택했던 것이다.

다시 말해 아무리 강력한 동맹국의 공약이 있더라도 스스로가 나라를 지키지 못할 경우에는 아무런 도움이 되지 못한다는 인식이 박정희로 하여금 유신이라는 상황적 선택을 하게끔 만든 것이었다.

개방정책에 대해 덩 샤오핑은『오랫동안 중국의 발전이 지연되고 낙후된 상태에 놓여 있었던 것은 폐쇄정책 때문이었다. 우리는 경험을 통해 폐쇄정책하에서의 발전 도모는 불행만을 초래한다는 사실을 잘 알고 있다』라고 지적했다. 국무원은 개방정책에 대한 덩 샤오핑의 적극적인 사고에 힘입어 1979년 7월~1980년 10월까지 홍콩과 대만이 마주 보이는 지역인 심천·주해·산두·하문에 경제특구를 설치했다. 그리고 1984년 3월에는 홍콩 및 해외투자가들을 위해 14개 해안도시를 개방시켰다.

설립된 지 16년이 지난 현재 5개 경제특구의 국내총생산액은 810억 6,103만 위안(1993년 말)에 달한다. 그 가운데에서도 특히 심천 경제특구의 발전은 눈부시다. 심천 경제특구는 1980~93년의 기간 동안 연평균 약 33%의 실질성장을 이룩했다. 같은 기간 중국 전체의 연평균 실질경제성장률은 9.3%였다. 경제특구의 이러한 초고속성장은 대규모 고용창출을 가능하게 했다(1980~93년 심천 경제특구의 연평균 인구증가율은 21.6%). 또한 외화수입도 크게 증가하여 1992년 심천 경제특구의 외화수입은 20억 3,160달러로 1980년보다 10배나 증가했다. 직원·노동자들의 연평균 임금도 1993년에는 8,335위안으로, 1980년보다 7.4배나 증가했다. 이와 같은 급속한 경제성장의 결과 심천은 한낱 조그만 어촌에 불과했던 변경의 마을에서 지금은 전국 제일의 소득수준을 자랑하는 핵심 공업도시로 탈바꿈했다.

경제특구 설치에 이어 덩 샤오핑을 위시한 개혁주도자들은 1984년 10월 제12기 3중전회에서 도시지역의 경제개혁 조치들을 결정했다.

기업독립권의 확대로 국유기업의 기존 운영형태에서 탈피해 소유와 경영을 분리, 공장책임자에게 관리자 선발·물자조달·판매 등의 종래보다 많은 권한을 준 것이었다. 마오 쩌둥 시대에는 8,285개의 집단기업들과 43만 개의 국유기업들이 국가에 수익금을 바쳐야 했다. 그 대가로 기업들은 국가로부터 투자기금과 유동자본을 보장받을 수 있었다. 과거에는 모든 국유기업들이 이윤을 남기든 손해를 보든 상관 없이 국가 주도의 할당과 처분체제 아래에서 획일적으로, 그리고 엄격하게 관리되고 있었다. 하지만 덩 샤오핑 시대에는 세금을 청구함으로써 국고를 충당하게 되었다. 즉 지금은 세금만 납부하면 그들의 이윤을 마음대로 처리할 수 있다. 예를 들어, 재투자와 보너스 지급, 그리고 복지기금 확충 등의 형태로 자율적으로 처분할 수 있는 것이다.

중국에서의 국유기업 개혁은 크게 다음의 3단계로 나눌 수 있다. 제1단계(1979~84년)는 사천성 등 특정 지역에서의 실험단계였다. 국유기업에 대한 자주권이 지나치게 제약되어 행정기관의 시녀에 지나지 않는다는 비판에 대한 반성으로, 기업에 권한을 이양하고 이윤을 유보시켜 기업의 생산의욕을 북돋우려는 조치가 취해졌다. 제2단계(1984~86년)에서는 기업 이윤유보의 제도화가 모색되면서 이윤상납방식으로부터 납세방식으로의 전환이 꾀해졌다. 하지만 기업에 대한 유보분과 세무당국의 징수분 사이의 배분을 둘러싼 마찰 때문에 제3단계(1987~91년)에서는 현실적인 처방으로 청부제가 도입되었다. 기업은 국가에 대해 일정의 이윤상납을 약속하고, 세무당국은 기업에 대해 일정의 이윤유보를 약속하는 방식이다. 청부제는 청부액을 개별적으로 교섭한다는 점에서 근대적 또는 체계적인 제도라고 평가하기는 어렵다. 이러한 한계를 극복하기 위해 1992년 이후 취해진 조치가 일명「현대기업제도」로 불리는 제도다. 이는 이윤추구를 목적으로 하는「기업다운 기업」을 만드는 것이 주목적으로, 주식회사 등 다양한 형태가 고안되고 있다. 그 밖에도 기업파산법, 세제개혁 등이 국유기업 개혁을 위한 중요조치들이다.

그리고 노동계약도 과거의 종신제에서 계약제로 바꾸었다. 과거 마오 쩌둥 시대에 국유기업체에서 가장 골치 썩이던 문제는 사회주의의 실현이라며 존중되었던 종신제다. 심지어는 그 재직권이 상속되기도 했다. 그리고 이와 같은 종신제 아래에서 가장 게으른 노동자나 가장 근면한 노동자나 다 똑같이 임금을 받았기 때문에—— 능력이 없다고 해서 해고되는 일은 생각할 수도 없었다—— 생산성의 한계가 뚜렷이 노출되었다. 따라서 이러한 종신제와 평균주의의 병폐를 해결하기 위해 정부는 계약제와 성과급제를 채택했다.

그리고 주식 보유자들의 협동경영을 인정하고 증권거래소에서 피고용주들에 대한 주식분배도 실시했다. 1980년대 이전까지 자본형성의 주요 경로는 재정지출이었다. 1980년대의 개혁까지 국유은행이 자본시장으로 진입하면서 증권을 통한 자본창출이 시작되었으나 자본시장은 기본적으로 형성되지 않았다. 1990년대에 접어들면서—— 특히 1992년 이후—— 재정을 통한 자본형성의 비중이 현저하게 낮아지고, 은행의 신용대출에 의한 자본형성 비중 또한 1980년대의 상승국면에서 하강국면으로 전환되었다. 그 대신 증권을 통한 자본형성의 비율이 급격히 높아지게 되었다. 현재 상해와 심천에 증권거래소가 개설되어 있고, 그 거래현황은 증

〈표 3〉 중국의 고도성장

구분	1979	1980	1981	1982	1983	1984	1985	1986	1987	1988	1989	1990	1991	1992	1993	1994	1978~93 연평균
GNP 성장률	7.6	7.8	4.4	8.8	10.4	15.3	13.3	8.5	11.4	11.3	4.1	3.9	9.5	14.0	13.3	11.6	9.8
1인당 GNP 성장률	6.1	6.5	3.1	7.2	8.8	13.8	11.8	6.9	9.6	9.5	2.5	2.4	7.8	12.8	12.2	10.2	8.2

자료: 국가통계국 편, 〈중국통계연감〉, 중국통계출판사, 1995년판.

권거래가격 자동전달 시스템을 통해 북경 등 전국으로 흘러나가고 있다.

뿐만 아니라 1978년에는 15만 명의 도시주민들 만이 개인이 운영하는 서비스업이나 무역업에 종사했지만, 지금은 그 숫자가 1,557단 명으로 늘어났다. 이들은 소매업·공예상점·수선업·요식업·의료업·약국 등을 경영하고 있으며, 서방의 여느 자본주의 국가와 마찬가지로 세제상의 혜택을 받고 있다.

가격개혁에서도 개혁 이전에는 전국의 상품가격을 결정하는 일은 최고경제기획당국이 맡고 있었다. 가격을 결정하는 데 수요·공급의 법칙보다는 정치적인 이해관계가 더 중요한 역할을 했다. 이러한 시스템은 물가안정에는 기여했지만 늘어나는 예산결손과 기업의 비효율성은 갈수록 심각해졌다. 덩 샤오핑은 이러한 문제점에 대한 대대적인 수술을 단행했다.

덩 샤오핑 시대 전반기의 가격개혁은 ① 1979년 3월 곡물·면화 등 18종류의 농산물 구매가격의 인상, 그 결과 농산물 구매가격지수가 20.1% 상승, ② 1979년 11월 돼지고기·소고기·닭고기·계란·야채·우유 등 8종류의 부식물 소매가격을 평균 30% 인상, 노동자들에게는 부식물 인상 수당을 지급, ③ 1979년부터 시작된 석탄과 일부 중공업제품에 대한 공장출하가격의 인상, 예를 들면 석탄 30.5%, 강재 20.0%, 선철 33.0% 인상, ④ 1981년 화학섬유가격의 인하와 담배·주류가격의 인상, 1983년 면방직품의 인상, ⑤ 1984년 철도화물과 수운화물 운임의 인상, ⑥ 수입품에 대한 국내 판매가격의 조정 등 상대가격 인상이라는 과정을 통해 이루어졌다.

그러나 1984년 10월 「경제체제 개혁에 관한 중국 공산당 중앙 공작 회의의 결정」 이후에는 그 때까지의 「상대가격 조정」 단계를 거쳐 가격개혁 시스템 자체의 개혁에 돌입했다. 가격개혁에서 가장 중요한 요점은 세 가지의 가격 범주, 즉 고정가격·유동가격(어느 한도 내에서 자유롭게 변동하는 가격)·시장가격을 설정하는 것이었다. 그리고 각 공산품에 대해 계획 내 생산 가운데 일정 부분과 계획 외 생산부분에 대해 자유판매를 허용하고 가격을 시장에 위임시켰다.

이러한 덩 샤오핑의 개혁·개방정책으로 인해 중국 경제는 30년 간의 정체 끝에 「농업-경공업-중공업」의 우선순위에 따라 착실히 발전했다. 그 결과 인민들의 생활수준이 급격히 향상되었다. 15년 전까지만 하더라도 자전거·재봉틀·손목시계, 그리고 주요 식품 등에서 배급이 이루어졌지만 오늘날 이러한 배급은 대부분 사라졌다. 그리고 민간경제의 번창과 외국에 대한 개방정책은 소비재 상품 부문의 공급의 폭과 양을 대폭 개선·향상시키는 계기가 되었다.

총설계사 박정희와 지휘자 덩 샤오핑

한·중 두 나라에서 경제근대화에 큰 기여를 했던 박정희와 덩 샤오핑의 경제정책에 관한 시각을 한 마디로 표현하자면, 박정희는 「총설계사」의 역할을 담당했고, 덩 샤오핑은 「지휘자」로서의 역할을 수행했다고 할 수 있다. 즉 박정희는 조국근대화라는 신념 하에서 계획입안과정에서부터 깊이 관여하며 추진과정에서도 일일이 점검하면서 자신의 뜻을 관철시켜왔다.

하지만 덩 샤오핑은 구체적인 정책을 수립하는 데 그다지 큰 역할을 하지 않았다. 왜냐 하면 경제운영에 관한 거의 대부분의 정책을 직접 제안하지 않았을 뿐만 아니라, 추진과정에서도 전혀 관계하지 않고 다른 사람들에게 맡겨버렸기 때문이다.

먼저 농업정책부터 살펴보자. 박정희는 한국 농촌이 안고 있는 문제가 구체적으로 무엇이고, 그리고 그것을 어떻게 해결해야 할 것인가에 관한 자기 나름대로의 명백한 설계도(부채 탕감→ 농어촌 발전의 기반조성 → 정신혁명)를 가지고 주도면밀하게 일을 추진했다. 뿐만 아니라 이러한 것이 조국근대화에 이바지하는 당위성에 대해서 그는 너무나도 명확한 확신을 갖고 있었다. 박정희가 새마을운동에 기울인 정열은 1972년 5월 광주에서 행한 연설 가운데『새마을운동은 조국근대화의 행동 철학… 우리가 오늘 잘 사는 것도 중요하지만 더욱 중요한 것은 내일을 위해, 사랑하는 후손을 위해 잘 사는 내 고장, 번영된 조국을 만들겠다는 데 더 큰 뜻이 있는 것입니다. 후세에 자손들이 너의 조상은 무엇을 한 분이었느냐는 질문을 받았을 때 나의 조상은 1970년대 새마을 운동에 앞장섰던 분이라고 자랑스럽게 대답할 수 있게 합시다』라는 부분에서도 잘 나타나 있다. 즉 그는 번영된 조국을 이룩하기 위해 새마을운동을 고안했고 추진했던 것이다.

반면 덩 샤오핑은 박정희와 같이 확실한 청사진을 가지고 농촌개혁을 시작한 것이 아닐뿐더러, 개혁의 성공에 대한 확실한 자신감을 가진 것도 아닌 듯하다. 1979년 농업위원회(농림수산부) 부주임이었던 두 룬성(杜潤生)은 이 문제에 대해『당시 화 궈펑 주석은 최종적으로 인민공사의 해체로 귀결된 호별농가에 의한 생산청부제도의 도입에 대해 반대하면서「실험지구에서의 조사에서 좋은 결과가 보고되었기 때문에 인정하지 않으면 안 되겠지만…」이라고 잘라 말했다. 그리고 당시 덩 샤오핑도「전국이 그렇게 되지는 않을 것」이라는 전망을 했었다. 하지만 그의 예측과는 반대로, 제도는 몇 년 사이에 전국으로 확대되었다. 향진기업(농촌기업)의 급속한 발전도 덩 샤오핑이나 우리들에게는 즐거운 오산임에 틀림없다』라고 지적하고 있다.

공업화에서도 박정희는 5·16 이후 조국 근대화라는 기치 아래 1962년부터 경제개발 5개년 계획을 추진했다. 제1차 경제개발 5개년 계획 기간 중에는 공업화에 필요한 기반조성에 역점을 두고 전기·석탄 등 에너지자원의 확보와 비료·시멘트 등의 기간산업 및 도로·통신 등 사회간접자본의 확충, 국토건설사업의 추진, 수출증대 및 생산성 향상을 위한 기술증진 등을 주요 목표로 설계했다. 그리고 제2차 경제개발 5개년 계획 기간 중에는 국제수지의 개선, 투자재원조달의 자립도 제고, 고용증대 등에 역점을 두고 수출신장에 더 한층 박차를 가했다. 제3차 경제개발 5개년 계획 기간 중에는 농어촌에 대한 집중투자, 그리고 수출의 획기적 증대 및 중화학공업의 육성을 목표로 했다.

박정희의 이러한 구상과 추진은 국내수요의 충족과 수입대체 → 경공업제품의 수출 → 중화학 공업화라는 개발도상국의 일반적인 성장패턴을 그대로 구현한 것이라 할 수 있다. 추진과정에서의 수많은 반대의견에도 불구하고 계획이 구체화될 수 있었다는 것은 혁명 당시부터 국가의 앞날에 대한 그의 구상과 각오가 얼마나 철저했는가 하는 것을 역설적으로 설명하고 있다고 볼 수 있다.

  그리고 박정희는 그것이 자신에게 주어진 사명이라는 믿음 아래, 마치 선생이 학생을 가르치듯 국민을 계몽시킨다는 생각으로 국정을 운영해나갔다. 이러한 것은 그의 설득조 연설에서 역력히 드러난다. 박정희는 1972년 3월7일 전국지방장관회의에서 『새마을사업을 한다고 부락에서 전기를 끌어들이는 것도 소득과 관련이 있어야 한다. 전등불 밑에서 술 먹고 화투치기 좋으라고 전기를 넣어서는 안 되며, 밤에도 새끼나 가마니를 쳐서 단 한 푼이라도 농가 소득을 올리는 것이 목적이 되어야 한다. 지붕개량도 보기만 좋으라고 하는 것이 아니라 인력의 절약, 퇴비증산에 보탬이 되어야 하고 마을 안길, 농로확장도 지게에서 리어카나 경운기가 다닐 수 있도록 소득을 증대하기 위한 영농 혁신을 뜻하는 것이다. 그러므로 새마을운동은 어디까지나 우리 농어민의 생산과 직결되어야 하며, 농어민의 소득증대에 이바지할 수 있는 사업을 중점적으로 추진해가야 한다. 지금 농어촌에서 하는 일 중에는 농로개선이나 확장, 지붕개량·하천개수·조림녹화·우물개량·전기가설·뽕밭가꾸기 등이 있을 것이다. 그러나 그러한 사업은 모두 지역주민들의 소득증대와 직결이 되어야 한다. 다시 말해 겉치레만 그럴 듯하게 한채 생산과 직결되지 않고 소득증대에 이바지하지 않는, 이른바 외형적이고 전시효과만 노리는 사업이 되어서는 안 된다. 따라서 이 운동은 농어민이 각자 소득이 불어난다는 재미를 느껴야만 열의가 식지 않을 것이다. 새마을운동을 해봤자 아무 득이 되는 것이 없고, 이익이 돌아오지 않는다고 생각되었을 때는 아무리 정부에서 강조해도 성과가 없을 것임을 명시해주기 바란다』라고 강조하면서 농민들의 의욕을 고취시킬 수 있는 방법에 대해 구체적으로 지적하고 있다. 뿐만 아니라 박정희는 조국근대화라는 그의 철학을 관철시키기 위해 5·16, 군인에서 정치가로, 3선개헌, 유신헌법이라는 무리한 정치일정의 선택도 마다하지 않았다. 말년에 그는『내가 죽으면 내 무덤에 침을 뱉어라』,『역사가 평가할 것이다』,『나는 당대의 인기를 얻기 위해 일하지 않았고, 후세가들이 어떻게 기록할 것인가를 항상 염두해 두고 일해왔다』등의 말을 자주 했다. 여기에서 우리는 시대의 인기에 편승하지 않고 조국근대화라는 나름대로의 청사진을 갖고 이를 실행하고자 했던 그의 고집스러움을 엿볼 수 있을 것 같다. 이러한 의미에서 볼 때 그는 정치가라기보다는「총설계사」요,「계몽가」라는 표현이 더 어울린다고 생각한다.

반면 덩 샤오핑은 공업화를 어떻게 추진할 것인가에 대한 뚜렷한 확신은 갖고 있지 않은 듯하다. 경제특구의 설치에 대해 덩 샤오핑은 한 알제리 대표와의 회견에서『심천 경제특구는 하나의 실험장이다. 현재로서는 우리가 바른 길을 가고 있다고 말할 수는 없다. 간단히 말해 우리의 목표는 사회주의의 실현이다. 우리는 그 실험이 성공하기를 바라지만, 만약 실패한다 하더라도 하나의 교훈으로 우리에게 남아 있을 것이다』라고 말했다. 덩 샤오핑의 말에서도 알 수 있듯이, 외국 세계의「창구」역할을 하는 특별경제구역의 설치와 이의 성공은 농업개혁 초기에 거둔 성공과 마찬가지로 크게 기대하지 않았던 의외의 성과라고 할 수 있다.

구체적인 경제정책의 수행이라는 관점에서 보면 덩 샤오핑의 경제철학이 더욱 명확해진다. 천안문 사건(제2차 천안문 사건) 직전 가격개혁으로 인해 세 가지 형태의 가격이 공존하게 되자 암시장이 생겨났고, 공직자들의 부정도 크게 성행했다. 권력을 이용해 국유기업에서 물건을 빼내 이것을 자유시장에서 시장가격으로 판매(보통 다섯 배 정도의 차이지만 경우에 따라서는 열 배 이상의 차이가 난다)하는「관도(官倒)」라고 불리는 브로커형 상술이 그 대표적인 것이었다. 「관도」는 2, 3인의 「소도(小倒)」에서 조직 브로커인 「대도(大倒)」까지, 그리고 공공연히 드러내놓고 하는 「명도(明倒)」에서부터 암암리에 거래되는 「암도(暗倒)」에 이르기까지 그 형태가 다양했다. 하나의 상품이 「1도」에서 「2도, 3도」로 전매되고 있었다. 말하자면 관계망이라는 연줄을 이용한 지하경제의 네크워크라고나 할까. 결국 이러한 「관도」는 물가상 승과 연결되면서 천안문 사건으로 이어지게 된 것이다. 천안문 사건 이후의 계엄체제하에서 강력한 긴축정책이 실시되면서 1990년의 소대물가는 전년 대비 2.1% 증가에 그쳤다. 하지만 1992, 1993년에 접어들면서 물가상승 문제가 재연되어 1994년에는 소매물가 상승률이 21.7%를 기록했다. 이러한 급격한 물가상승은 정부의 거시경제운영을 극히 어렵게 했다. 그것은 30년 간의 엄격한 물가통제(1950년을 100으로 할 경우, 1978년에는 135다) 결과 물가상승에 대해 느끼는 인민들의 감각이 극히 민감했기 때문이다. 뿐만 아니라 국영기업을 중심으로 한 적자기업의 속출, 농촌으로부터의 지속적인 노동자 유입으로 인한 도시실업자의 증가(중국 전체적으로 볼 때 위장실업자를 포함해 약 2억 5,000만 명의 실업자 추정), 연해도시와 내륙부의 경제격차가 확대되면서 중앙의 지시·명령이 지방에 반영되지 않는 현상, 빈부의 양극화 현상〔최고인 심천과 최저인 연대(煙臺) 사이에는 약 열 다섯 배의 소득격차〕과 경제범죄 현상 등이 극도로 심각했으며 이러한 현상은 지금도 급속도로 번져가고 있다.

하지만 이러한 여러 문제점에 대해 덩 샤오핑은 거의 아무런 대책도 수립하지 못했다. 다음과 같은 그의 말이 이를 잘 나타내주고 있다. 『나는 경제분야에서는 아마추어다. 이 문제에 관해 몇 가지 의견을 말한 적은 있지만, 모두 정치적 견지에서 본 것들이다. 예를 들면 바깥쪽 세계를 향해 개방한다는 중국의 경제정책을 제창했지만, 그것을 어떻게 실시하는가 하는 세부적이고 구체적인 사항에 대해서 나는 정말 거의 아무것도 모른다』, 『우리처럼 혁명을 한 사람은 성질이 급해 성급병에 걸리기 쉽다.』 이러한 말에서도 알 수 있듯이 덩 샤오핑은 공업화를 어떻게 추진해야 할 것이냐에 대한 구체적인 설계도는 준비하지 않은 상태에서, 단지 그의 정치 철학을 갖고 오늘날의 중국을 이끌어왔다고 할 수 있다.

덩 샤오핑은 개혁·개방이라는 커다란 정치적 슬로건 이외에는 이렇다 할 구체적인 정책을 제시하지 않았다. 그리고 그것을 어떻게 수행해야 할 것인가에 대해서도 아무 제안도 하지 않았다. 그저 물 흐르듯이 사태의 추이를 지켜보아 왔을 뿐이다. 덩 샤오핑의 이러한 자세는 고속도로 건설, 새마을운동, 중화학 공업화 등에 대해 세부적인 사항까지 일일이 그림을 그려가면서 정책지시를 했던 박정희와는 너무나 대조적이라고 할 수 있다. 이러한 측면에서 볼 때 오늘날 중국의 경제성장은 「개혁·개방」이라는 덩 샤오핑의 한 마디가 가져다 준 예기치 못한 선물이라고나 할까!

하지만 그렇다고 해서 덩 샤오핑의 개혁·개방정책이 전혀 무원칙적이었다는 말은 아니다. 덩 샤오핑에게 일관된 것은 『결국 어떤 평가를 받을 것인지는 역사가 평가할 것이다』, 『경제 발전에 이익이라고 생각되면 먼저 실험적으로 해봐라. 효과가 있으면 더욱더 확대하고, 없으면 그만두면 된다』라고 하는, 당대의 인기에 편승하지 않는 실용적인 자세였다. 이러한 자세의 축적이 결과적으로 사회주의 시장경제라는 형태로 나타났다고 볼 수 있다.

덩 샤오핑의 이러한 실용주의적 자세는 1992년 1월18일~2월 21일에 걸쳐 실시한 「남순강화」(무한·심천 경제특구·주해 경제특구·상해 등 중국 남방을 방문했을 때의 그의 강화)에서도 역력히 나타난다. 당시 덩 샤오핑은 『개혁·개방의 걸음마를 내딛지도 못하고, 감히 내밀지도 못하는 근본 원인은 자본주의적인 요소가 많아져 자본주의의 길을 걷게 되지나 않을까 두려워하기 때문이다. 즉 중요한 점은 그 성씨(姓氏)가 「자본주의」의 자(資) 씨냐, 「사회주의」의 사(社) 씨냐 하는 문제일 것이다. 그러나 우리가 판단할 때는 그 판단기준을 사회주의 사회의 생산력 발전에 이로운가의 여부와 사회주의 국가의 전체적인 국력을 증강시키는 데 이로운가의의 여부, 그리고 인민들의 생활수준 제고에 이로운가의 여부로 보아야 할 것이다』, 『계획이 더 많으냐 시장이 더 많으냐 하는 것은 사회주의와 자본주의의 본질적인 구분이 아니다. 자본주의에도 계획이 있다. 그리고 시장경제가 곧 자본주의인 것도 아니다. 사회주의에도 시장에 있다. 계획과 시장은 모두 일종의 경제수단이다』라고 지적했다. 「남순강화」에서 나타나는 그의 실용주의적 사고는 흰 고양이든 검은 고양이든 간에, 쥐만 잘 잡으면 된다는 그의 유명한 「백묘흑묘론」을 다시 한번 떠올리게 한다.

이러한 실용주의적 사고를 가진 덩 샤오핑에 대해 두 룬셩은 『중국의 경제발전은 덩 샤오핑의 예상을 뛰어넘는 현실의 진전이다』, 『덩 샤오핑은 교향악단의 지휘자라고 하는 것이 더 어울리는 표현일 것이다. 그는 여러 가지의 음색을 조정해 임기응변식으로 지휘봉을 흔들면서 좀더 좋은 연주를 해왔다고 할 수 있다. 처음부터 이렇게 될 것이라고 설계도를 그렸다면 오히려 도중에 좌절했을 것이다. 전제조건이 되는 국제정세나 인민들의 민심이 한결같지는 않기 때문이다. 덩 샤오핑은 현실을 직시하면서, 경험을 반복하면서, 10년 간의 개혁을 연주해왔다고나 할까…』라고 지적하고 있다. 두 룬셩의 표현에서 항상 선택의 여유를 남겨놓는 중국인들의 여유가 느껴진다.

우리나라에서는 총설계사였던 박정희가 돌연 서거함에 따라 많은 부분에서 정책의 단절이 있었다. 새마을운동, 자주국방을 위한 미사일·핵개발, 수도 이전문제, 기술인력양성 위주의 교육체계 등의 포기 또는 변질이 그 단편적인 예라 할 수 있다. 총설계사가 바뀌었기 때문에 발생한, 당연한 귀결이라고 할 수 있다.

하지만 이러한 정책의 단절로 인해 우리는 지금 적지 않은 고통을 겪고 있다. UR 타결로 인한 농촌의 위기감, 북한의 핵위협과 아직도 강대국에 우리의 안보를 위탁해야만 하는 불안감, 수도권 비대현상이 빚은 국토의 불균형 심화, 산업사회의 요추인 기능공 부족 현상 등이 그것이다. 그러면 덩 샤오핑 이후의 중국은 어디로 갈 것인가? 이것이 현재 세계 최대의 관심사로 부각되고 있다. 분열론, 점진 또는 급진적 개혁론 등 수많은 시나리오가 제기되고 있다. 어느 누구도 이 문제에 대해 정확한 해답을 내릴 수는 없다. 그러나 한 가지 지적할 수 있는 것은, 덩 샤오핑 이후의 중국은 덩 샤오핑 시대와는 정치·경제적인 상황이 너무 판이하기 때문에 개혁·개방이라는 정치적 슬로건 하나만으로는 중국을 통치할 수 없을 것이라는 점이다. 즉 폭발하는 인구, 식량위기, 민족문제(티베트인·북서부의 이슬람교도·몽골인 등), 빈부격차와 인민들의 불만 증가 등 여러 문제점들을 구체적으로 어떻게 해결하느냐 하는 것이 차세대 지도자가 짊어져야 할 책임이다. 따라서 차세대 지도자는 지휘자가 아닌 총설계사로서의 임무를 부여받게 될지도 모른다. 그리고 설계도를 어떻게 잘 준비하느냐 하는 것이 그의 정치생명을 점칠 수 있는 하나의 기준이 될 것이다.

박정희 공식 이력

1917	경상북도 선산군 구미면 상모리에서 출생
1926	구미보통학교 입학
1932	대구사범학교 입학
1937	문경공립보통학교 교사
1940	만주군관학교 입학
1942	일본 육군사관학교 입학
1944	졸업과 함께 소위로 임관되어 만주의 일본관동군 제8사단에 배속
1945	일본의 패망과 함께 광복군 북경지대 중대장
1946	육군사관학교 입학
1947	육군사관학교 생도대장
1948	소령 진급
1950	육군본부 정보국 1과장, 중령 진급, 제9사단 참모장, 육영수 여사와 결혼
1951	대령 진급, 육군정보학교장, 육군본부 작전교육국 차장
1953	광주포병학교 입교, 2군단 포병사령관, 3군단 포병사령관, 준장 진급
1954	미 포병학교 유학, 육군포병학교 교장
1955	제5사단장
1957	제6군단 부단장, 제7사단장
1958	소장 진급, 1군 참모장
1959	6관구 사령관, 대만 방문
1960	육군병참기지 사령부 사령관, 2군 부사령관
1961	5·16 주도, 국가재건최고회의 의장으로 추대됨. 중장·대장 진급, 미국·일본 방문(케네디 대통령, 이케다 수상과 회담)
1962	윤보선 대통령 사임, 대통령 권한대행에 선출, 국무총리도 겸임, 국민투표로 새로운 헌법개정 승인, 《우리민족의 길 : 사회재건의 사상》을 출간
1963	육군대장으로 예편(민주공화당 입당. 대통령후보 수락), 국민투표

결과 46.6%의 지지로 45.1%를 얻은 윤보선 후보를 누르고 대통령에 선출

1964   서독 방문

1965   한국군 베트남 파병, 미국·일본 방문, 한·일 협정 비준

1966   말레이시아·태국·홍콩·대만 등 동남아 5개국 순방, 마닐라 방문, 존슨 미국 대통령 한국 방문

1967   제6대 대통령으로 취임, 서독 루부케 대통령 한국 방문, 태국 타농 수상, 오스트레일리아 홀트 수상 한국 방문

1968   서울-부산 간 고속도로 준공, 향토예비군 창설, 국민교육헌장 선포

1969   3선개헌안이 국민투표에서 가결

1971   제7대 대통령 취임, 남북적십자 회담

1972   이후락 중앙정보부장 평양 방문, 북한의 박성철 부수상 서울 방문, 남북공동성명 발표, 서울-평양 간 전화회선 연결, 유신헌법 및 대통령 신임국민투표 실시(가결), 통일주체국민회의 탄생, 제8대 대통령 취임.

1973   남북한 UN 동시가입 제안

1974   재일 조총련 문세광의 저격에 의해 육영수 여사 서거

1978   제9대 대통령 취임

1979   중앙정보부장 김재규에 의해 피살됨(슬하에 근혜, 근영, 지만의 1남 2녀를 두고 있음)

덩 샤오핑 공식 이력

1904   8월 22일 사천성 동부의 광안(廣安)에서 아버지 덩 샤오창(鄧紹昌)과 어머니 담(淡)의 장남으로 태어남

1910   소학교 입학

1915   고등소학교 입학

1918   광안의 중학교 입학, 기숙사 생활 시작

1919   근로학생으로 프랑스 유학을 위한 예비학교 입학

1920   9월11일 상해에서 프랑스 우편선으로 출국
       10월19일 프랑스 마르세유 도착

1924   중국공산당 가입(1921년 중국공산당 결성)

1926   1월7일 파리에서 모스크바로 출발
        11개월 간 소련에 체재
        공산주의 대학과 중산대학에서 공산주의 혁명이론과 실천을 배움.
        그 해 말 귀국길에 오름

1927   2월 서안 도착. 7월경 샤오핑이라는 이름을 사용하기 시작

1933   여름, 당 선전부 기관지인 〈홍성보〉의 편집장이 됨

1938   팔로군 제129사단 정치위원으로 임명됨
        45년 전쟁이 끝날 때까지 129사단 소속으로 있음

1939   7월 쥬오린과 세 번째 결혼

1945   6월 제7기 당대회에서 중앙위원회 서열 28위의 상임위원으로 선출

1949   10월1일 중화인민공화국 수립
        9월 서남 군정위원회 부주석으로 취임하여 고향 사천성으로 부임
        서남 군구 정치위원 및 당의 서남국 제1서기 겸임

1952   7월 북경으로 부임. 정무원(政務院)부총리

1954   당중앙위원회 비서장, 국무원 부총리, 국방위원회 부주석

1956   9월 제8기 전국 당대회에서 정치국 서열 13위에서 6위로 승진
        (1956~66년 문화대혁명이 시작될 때까지 정치국 상무위원 겸 당총
        서기로 정치의 중추적 역할을 함)

1957   백화제방의 해

1958   1958~62년 대약진운동기(대실패로 끝남)

1965   국방위원회 부주석

1966   문화대혁명 시작

1967   1월부터 사실상의 자택연금 상태에 돌입(류 사오치와 마찬가지로
        직위는 유지했으나 공식석상에는 참가하지 못했음. 류 사오치는 1
        년 뒤 감옥에서 사망함)

1969   10월20일 덩 샤오핑, 쥬오린, 강서성 남창으로 귀양감

1973   3월 저우 언라이의 강력한 추천으로 부수상으로 정계 복귀. 10월
        중국공산당 제10기 중앙위원

1974   당중앙정치국 위원

1975   1월 총참모장 및 군사위원회 부주석, 그리고 당 제1부주석 및 중앙

위원회 부주석으로 선출됨. 「4대 현대화」 정책을 집행하여 군·교육·과학 부문에 대한 전면적인 재정비와 문화대혁명에서 축출된 간부를 대거 재등용하자 장칭을 중심으로 한 문혁파(文革派)와 알력이 심화됨

1975   11월 실각당함

1976   1월8일 저우 언라이 사망

4월 천안문 사건 (4·5) 발생

9월9일 마오 쩌둥 사망

10월6일 화 궈펑이 저우 언라이 계열의 원로간부인 예 젠잉, 특무부대장 왕 동싱과 결탁하여 4인방을 체포함으로써 문화대혁명이 끝남. 하지만 화 궈펑의 힘만으로는 수습이 어려워지자 예 젠잉의 종용으로 덩 샤오핑이 정계에 재복귀함

1977   8월 중국공산당 제11기 당중앙정치국 상임위원, 당중앙부주석, 군사위부주석 겸임

1978   12월 당지도부 핵심이 됨

1979   1월 미·중 양국의 국교수립 후 미국 공식방문

1980   3월 명실상부한 국가지도자가 됨

1981   군사위원회 주석. 그의 계열인 후 야오방과 자오 쯔양을 당주석과 국무원 총리에 앉히고 원로들을 은퇴시킴

1982   9월 중국공산당 제12기 당중앙정치국 상임위원, 당군사위원회 주석, 고문위원회 주임을 겸임

1989   후 야오방의 죽음을 애도하는 학생운동이 전국적으로 확산되어 점차 민주화, 부정부패 일소 등의 정치운동(천안문 사건) 발생

1989   10월 군사위원회 주석직을 제외한 모든 직위에서 용퇴함

1992   12월 군사위원회 주석직을 용퇴함

1995   8월 현재 슬하에 푸팡(樸方)·즐팡(質方)·린(林)·난(楠)·롱(榕)의 2남 3녀를 두고 국가지도자로서 생존해 있음

V. 덩 샤오핑 18년 간의 주요 담화에 관한 연표

〈1978년〉

12 / 18~22　　　제11기 3중전회

〈1979년〉

1 / 5　　　　　「덩 샤오핑 부총리 미국 기자와의 회견」
　　　　　　　(〈인민일보〉 1월6일)

1 / 28~2 / 5　　중국과 세계정세, 중·미 관계, 중·대만 관계에 관한 주요
　　　　　　　담화 발표(〈인민일보〉 1월31일)

1 / 18~4 / 3　　이론공작회의에서 「4항 기본원칙 견지」에 대해 담화

2 / 17~3 / 6　　중국·베트남 전쟁

4 / 5~18　　　중국공산당중앙공작회의, 「조정·개혁·정돈·향상」의 8자
　　　　　　　방침을 제기

7 / 15　　　　　국무원, 심천·주해·산두·하문에 경제특구 설치 결정

〈1980년〉

1 / 16　　　　「당면한 정세와 임무」—1980년대의 3대 임무를 제기
　　　　　　　(《덩 샤오핑 문선》)

2 / 23~29　　제11기 5중전회에서 후 야오방을 총서기에 선출

5 / 31　　　　「형제당의 관계를 처리하는 중요 원칙에 대하여」
　　　　　　　(《덩 샤오핑문선》)

8 / 18　　　　「당과 국가의 지도제도의 개혁에 대해」(《덩 샤오핑 문선》)

8 / 30~9 / 10　제5기 전인대 제3회 회의에서 자오 쯔양을 총리에 임명

| 12 / 5 | 정치국 확대회의에서 화 귀펑이 당 주석으로서 부적격함을 결정 |
| 12 / 16~25 | 중앙공작회의에서 신시기의 경제정책을 「대내 활성화, 대외 개방」으로 요약 |

〈1981년〉

1 / 4	「중·미 관계 발전을 위한 원칙적 입장」(《덩 샤오핑 문선》)
1 / 20	레이건 미국 대통령 취임
3 / 23	중국의 경제개방정책에는 변화가 없음을 강조(〈신화월보〉, 제5호)
6 / 27~29	제11기 6중전회에서 화 귀펑에서 후 야오방으로 당 주석 교체

〈1982년〉

4 / 26	후 야오방, 덩 샤오핑 북한을 극비 방문
5 / 6	「우리나라의 경제건설의 역사적 경험에 대하여」 (《덩 샤오핑 문선》)
9 / 1~9 / 12	제12회 당대회에서 농공업생산액 네 배 증가, 자주독립의 외교, 당 주석제 폐지
9 / 15~25	김일성 중국 방문
11 / 26~12 / 10	제5기 전인대 제5회 회의에서 인민공사 해체를 결정한 신헌법 채택

〈1983년〉

5 / 5	중국민항기 한국에 착륙
6 / 6~21	제6기 전인대 제1회 회의에서 리 셴녠 국가주석, 덩 샤오핑 중앙군사위 주석을 임명
6 / 26	「중국 대륙과 대만과의 평화통일 구상에 대하여」 (《덩 샤오핑 문선》)
7 / 8	「외국의 두뇌를 이용해야만 한다」(《덩 샤오핑 문선》)
9 / 1	대한항공기 소련 공군기가 격추

10 / 11, 12   제12기 2중전회에서 정신오염 문제를 제기 「정당(整黨)에
                대한 결정」을 채택

⟨**1984**년⟩
1 / 24~29   심천·주해 시찰
2 / 7~10   하문 시찰
2 / 22   「중국통일, 중·미, 중·소 관계를 전망」
               (⟨북경주보(北京週報)⟩ 제10호)
2 / 24   「경제특별구의 문제와 대외개방도시 증가의 문제에 대하여」
               (《덩 샤오핑 문선》)
3 / 23~26   일본 나카소네 수상 중국 방문
3 / 26~4 / 6   연해 14개 도시 개방을 결정
4 / 26~5 / 1   레이건 대통령 중국 방문
5 / 4~11   후 야오방 총서기 북한 방문
5 / 29   「세계평화를 견지하고, 국내 건설을 훌륭히 수행할 것」
               (《덩 샤오핑 문선》)
6 / 22, 23   「1국2제도」에 대하여(《덩 샤오핑 문선》)
6 / 30   「중국의 특색을 지닌 사회주의를 건설하자」
               (《덩 샤오핑 문선》)
10 / 6   「4개 현대화 달성의 장대한 목표와 근본정책」
               (《덩 샤오핑 문선》)
10 / 20   제12기 3중전회에서 「경제체제개혁에 관한 당중앙공작회의
               의 결정」을 채택
10 / 31   「평화공존의 원칙에는 강력한 생명력이 있다」
               (《덩 샤오핑 문선》)
11 / 15   남·북한 경제회담
11 / 26~28   김일성 중국 방문

⟨**1985**년⟩
3 / 4   「평화와 발전은 현대세계의 2대 과제다」
               (《덩 샤오핑 문선》)

3 / 11	고르바초프 소련 공산당서기장 취임
4 / 18	「유럽과의 경제적 연계를 강화하자」(《덩 샤오핑 문선》)
5 / 4~5 / 6	후 야오방 총서기 북한 방문
6 / 4	「세계평화를 지키기 위한 구체적 행동」(《덩 샤오핑 문선》)
10 / 13~10 / 18	부시 미국 부통령 중국 방문

〈**1986년**〉

5 / 9	「개혁·개방과 평화발전 문제」에 대하여 (《덩 샤오핑 문선》)
6 / 10	「정치체제 개혁을 위한 일정을 정비해야 한다」 (《덩 샤오핑 문선》)
8 / 1	「특별구의 경제는 내향형에서 외향형으로 전환시키지 않으면 안 된다」(《덩 샤오핑 문선》)
9 / 2	「내외정세에 관하여」(CBS와의 인터뷰, 〈북경주보〉 제38호)
9 / 15	국무원에서 정부기업으로부터 전인민소유제 공업기업의 분리, 공장장책임제 실시 결정
10 / 22	예 젠잉 사망
12 / 2	전인대 상무위원회에서 「기업파산법」 가결
12 / 30	「부르주아적 자유화 반대에 대하여」(《덩 샤오핑 문선》)

〈**1987년**〉

1 / 16	정치국 확대회의에서 후 야오방 총서기 사임. 자오 쯔양 총서기 대행체제 출범
4 / 16	「1국2제도에 대하여」(〈북경주보〉 제17호)
4 / 26	「사회주의를 견지하기 위해서는 빈곤에서 벗어나지 않으면 안 된다」(《덩 샤오핑 문선》)
5 / 21~5 / 26	김일성 중국 방문
6 / 12	「개혁의 속도를 가속화해야 한다」(《덩 샤오핑 문선》)
10 / 25~11 / 1	제3회 당대회에서 사회주의 초급단계론을 명기 자오 쯔양, 총서기에 취임
11 / 4	대만의 친척방문단 제1진 광주 도착

11 / 24	전인대 상무위원회에서 자오 쯔양 총리 사임.
	리 펑 총리 대행체제 출범

〈1988년〉

1 / 14	장 징궈 국민당주석 서거에 자오 쯔양 총서기가 애도의 뜻을 표함
	중국공산당 중앙위원회가 조전을 보냄. 서울올림픽 참가를 정식 통보
2 / 8	한국의 제일제당이 광동성에 화학조미료 공장 건설
3 / 5	티베트 독립파들의 데모 발생
3 / 25	제7기 전인대 제1회 회의에서 덩 샤오핑 국가중앙군사위원회 주석으로 임명. 양 상쿤 국가주석, 리 펑 총리 선출
5 / 19	「중앙은 물가개혁을 훌륭히 수행할 수 있다는 자신감을 가져야 한다. 개혁은 또한 일정의 위험을 수반하는 것이다」(북한 군사대표단과의 회견에서)
5 / 24	「개혁·개방은 몇 가지의 난관을 극복하지 않으면 안 된다」(체이스 맨해튼 은행 국제고문대표단과의 회견에서)
5 / 30	「물가·임금의 전면개혁이라는 모험을 할 만한 조건이 정비되었다」(「1990년대 중국과 세계」 국제회의대표단과의 회의에서)
7 / 9	「개혁·개방이 직면하고 있는 문제는 물가·임금·통화팽창 등 많지만, 전진하면서 이들을 극복해야만 한다」(기니아 대통령과의 회견에서)
9 / 16	중앙지도부 내의 대립설을 부정〔니카이도 스스무(二階堂進) 전 자민당 부총재와의 회담에서〕
9 / 19	「신국제정치질서를 수립하지 않으면 안 된다」(프레마다사 스리랑카 수상과의 회담에서)
10 / 13	중·소 정상회담을 1989년 전반기에 개최할 것을 주장(코이비스토 핀란드 총리와 회견에서)

〈1989년〉

1 / 9	홍콩특별행정구 기본법(제2차 초안)을 채택
2 / 25~27	부시 미국 대통령 중국 방문
3 / 23	「10년 간 개혁의 최대 실패 원인은 교육분야에서의 발전이 불충분했기 때문이다」(부세베니 우간다 대통령과의 회견에서)
4 / 8	「현재의 난관은 발전도상의 것으로서 반드시 해결할 수 있다」(《덩 샤오핑 문선》)
4 / 15	후 야오방 전 총서기 사망
4 / 24~29	자오 쯔양 총서기 북한 방문
5 / 4	5·4운동 70주년을 맞아 대학생 10만 명이 천안문 광장에서 데모
5 / 13	학생 수백 명이 「정부와의 대화」, 「학생태도에 대한 공정한 평가」를 요구하면서 천안문 광장에서 데모
5 / 15~18	고르바초프 소련 공산당 서기장 중국 방문
5 / 20	오전 10시. 국무원 북경시 일부에 계엄령 선포
6 / 4	새벽. 계엄부대가 천안문 광장을 무력 진압
6 / 5	부시 미국 대통령 성명 발표. 평화적 데모대의 무력진압을 비난. 무기의 판매·수출 전면중단과 군사교류 중단을 발표
6 / 9	천안문 사건의 「폭도진압」을 칭찬(계엄군 간부와의 접견 때). 당의 제11기 3중 총회 때의 개혁·개방 노선 견지를 강조
6 / 14	「중국에 대한 내정간섭은 용납할 수 없다」(〈인민일보〉)
6 / 23~24	중국 공산당 제13기 4중총회 개최(자오 쯔양, 후 치리 등 직무박탈, 쟝 쩌민 총서기 취임)
10 / 28	닉슨 전 미국 대통령 중국 방문
11 / 5	김일성 비공식 중국 방문, 공산당 지도 사회주의 견지를 표명
11 / 6~11 / 9	중국 공산당 제13기 5중총회 개최

〈1990년〉

1 / 11	북경시의 계엄령 해제
1 / 18	6·4 천안문 사건 관련 정치범 573명 석방
6 / 4	북경 대학에서 6·4사건 1주년 항의 데모
9 / 11	김일성 극비리 중국 방문
9 / 22~10 / 7	아시아경기대회 개최
10 / 20	한·중 간 민간무역대표부 설치에 조인
10 / 22	개혁·개방을 「더 좋게, 더 빠르게, 더 실효성 있게」 추진할 것(《덩 샤오핑 문선》)
11 / 23	연형묵 북한 총리 중국 방문 (양국 간 경제원조 제공에 조인)

〈1991년〉

3 / 10	「중요한 것은 정상적인 업무를 훌륭히 수행하는 것이다」 (〈인민일보〉)
5 / 14	장 칭 자살
8 / 20	외교부는 「소련의 쿠데타는 소련 내부의 문제」라고 담화 발표
10 / 4	김일성 중국 방문(산동성·강소성 시찰)

〈1992년〉

1 / 18~2 / 21	무창·심천·주해·상해를 시찰, 중요 담화 발표 (남순강화)
1 / 26	북한과 무역협정 조인. 바터 무역에서 외화결제 무역으로 변경
8 / 23	한·중 국교 수립
9 / 27~30	노태우 대통령 중국 방문. 투자보호협정에 조인
10 / 5	중국 공산당 제13기 중앙위원회 제9회 총회에서 자오 쯔양이 정치 혼란 속에서 잘못을 저질렀다고 발표
10 / 12~18	중국 공산당 제14회 전국대표대회 개최. 「사회주의 시장경제」 체제 확립을 제기. 중앙고문위원회 폐지

10 / 23~28   일본 천황 중국 공식 방문

〈1993년〉

1 / 22   「발전기회를 놓쳐서는 안 된다」(상해에서의 설날 축하연설
              에서)

3 / 12   왕 전 국가부주석 사망

3 / 15~31   제8기 전인대 제1회 회의 개최. 쟝 쩌민이 국가주석에 취임

9 / 23   2000년 올림픽 북경 유치 실패

10 / 5   지하 핵실험 실시

11 / 11~14   중국공산당 제14기 중앙위원회 제3회 총회 개최
              사회주의 시장경제체제 확립에서 약간의 문제에 대한 결정
              을 채택

12 / 26   마오 쩌둥 탄생 100주년 기념. 쟝 쩌민 총서기가 덩 샤오핑
              은 마오 쩌둥 사상을 승계하여 더욱 풍요하게 발전시켰다고
              강연. 갈리 UN사무총장 북한 방문 도중 중국 방문

〈1994년〉

1 / 11   덩 샤오핑 설날을 상해에서 보냄. 상해 시의 경제개혁안에
              대해 보고받음

2 / 8   덩 샤오핑은 『상해는 특수한 소질·품격을 갖추고 있어 발
              전을 더욱 가속화할 수 있는 조건을 완전히 구비하고 있
              다』라고 발언(신화사)

2 / 20   덩 샤오핑 천안문 사태에 대한 재평가 지시

3 / 4   덩 샤오핑 대만과의 경협강화 지시

3 / 26~31   덩 샤오핑 안정정책 지지

6 / 24   김영삼 대통령 중국 방문

7 / 4   덩 샤오핑 경제성장 둔화에 불만 표명 『시장경제가 좀더 빠
              르고 활발히 추진되어야 한다』라며 고도성장론을 다시 강조

7 / 5   북경 노동자들 반부패 시위

7 / 9   중국 지도부 김일성 사망에 조전 발송

7 / 11   쟝 쩌민, 김일성 빈소 조문

7 / 26	덩 샤오핑『쟝 쩌민을 중심으로 한 상해파들이 당·군의 요직을 독점하고 있다』라며 파벌주의를 강력 경고
8 / 4	덩 샤오핑 당 정치국 상무위원들과의 간담회에서 현재 정부가 추진중인 거시통제정책이『안정만 추구하고 발전은 추구하지 않는다』라고 비판하면서『발전 중의 안정을 추구해야 한다』라고 지시
8 / 22	덩 샤오핑은 당 원로들과의 회견에서 정치적 안정유지를 강조
9 / 27	덩 샤오핑은 자신의 사후 국가와 군부의 안정을 위해 당중앙군사위원회 고위층 인사를 직접 지시
10 / 24	덩 샤오핑 정책결정 불간섭 선언
10 / 31	리 펑 총리 한국 방문
12 / 6	쟝 쩌민 주석 대표적인 군 인사 추진
12 / 11	야오 이린 전 부총리 사망
12 / 22	한·중 직항로 개설
12 / 중순	덩 샤오핑 사천성 방문(6일 간)

〈1995년〉

1월부터 덩 샤오핑의 건강을 둘러싼 소문들이 세계 각국에서 거의 매일같이 보도

1 / 4	쟝 쩌민 총서기가 인민해방군 간부 인사조치
1 / 11	덩 샤오핑의 장남 덩 푸팡이 북경에서 열린 어느 모임에서『아버지의 건강은 양호하다』라고 강조
1 / 13	중국 외교부 대변인은 기자회견을 통해『최근 입원설 등의 소문이 있는 덩 샤오핑은 실제로 건강하다』라고 발표
1 / 14	덩 샤오핑의 3녀인 덩 룽(鄧容)이 미국의 〈뉴욕 타임스(New York Times)〉지와의 인터뷰에서『아버지의 건강상태는 최근 몇 개월 동안 매우 악화되고 있으며 제대로 걸을 수도 없다』라고 발언 덩 샤오핑 장녀 덩 린(鄧林)은 미국 방문을 취소
1 / 15	고 마오 쩌둥 주석의 주치의는『덩 샤오핑의 1년 전 사진을

본 결과 덩 샤오핑의 건강상태가 고 마오 쩌둥 주석의 사망 전 6개월의 상태와 흡사하고, 심한 신경쇠약증과 당뇨병 이 외에 장년 때의 끽연 습관으로 인해 호흡기관이 상당히 나빠 졌다』라고 발언

1/20 외교부 대변인은 기자회견에서 덩 샤오핑의 건강상태에 대 해『90세라는 고령의 노인으로서는 전체적으로 양호한 편이 다』라고 설명하여, 그 동안 일관되게『덩 샤오핑 동지는 건 강하다』라고 되풀이하던 것에서 탈피, 덩 샤오핑의 쇠약을 공식으로 확인

1/21 중국 공산당 중앙위원회는 덩 샤오핑 사후에 대비하여 각급 당간부에게 문서와 구두상으로 사망시에도 냉정하고 적극적 으로 안정을 도모하도록 촉구하는 지침을 내림

1/22 리 펑 총리는『중국의 제3세대 지도그룹은 중·북한 양국의 우호를 충분히 중시하고 있다』라고 강조

1/28 덩 샤오핑 북경에 있는 해방군 301 병원에서 신체검사

1/29 쟝 쩌민 총서기와 리 펑 총리 등 당정치국상무위원 일곱 명 은 춘절(春節 : 구정 1월31일) 인사를 위해 최고 실력자인 덩 샤오핑을 비롯하여 천 원 전 당중앙고문위주임 등 당 장 로를 방문

1/31 미 국방부, 중국 정치분열 가능성 50%로 예측

2/5 클린턴 행정부는 덩 샤오핑의 권력이 쟝 쩌민 국가주석 겸 당총서기를 정점으로 하는 기술관리와 군관리 파벌에 이미 이양된 것으로 인식

2/12 공산당 선전부는 덩 샤오핑 등의 당 원로보다 쟝 쩌민 총서 기의 활동과 발언 등을 우선적으로 보도하도록 지시

2/13 공산당 내부보고서에서 덩 샤오핑 사후의 농민폭동에 대해 우려

2/20 쟝 쩌민은 덩 샤오핑 사후의 정국안정을 위해 군부 지도자 들에게 국내 정치에 개입하지 말 것을 지시

3/1 덩 리췬(鄧力群)으로 대표되는 중국 좌파, 덩 샤오핑 사후 를 대비해 연합전선 모색

3/5~18   제8기 전국인민대표대회 제3차 회의 개최
             국방비 전년 대비 21% 증가
4/10   보수파의 대부 천 윈(89세)사망
             양 상쿤 막후 실력자로 부상
             천 시동 북경시 당서기 숙청당함
4/18   김영삼 대통령, 치아오스 전인대위원장 접견
4/22   덩 샤오핑 위독설로 막내딸 일본 방문 돌연 취소
4/26   쟝 쩌민, 양 상쿤에 활동 자제 경고
5/8   신화통신은 『덩 샤오핑이 제의한 시장경제가 비록 중국 인
             민의 지지를 획득했다고는 하지만 도덕적 기준들의 붕괴에
             대해 더욱 많은 불만이 나날이 늘어나고 있다』라고 간접적
             으로 비판
5/12   40번째 지하 핵실험 실시
6/7~12   리 덩후이 대만 총통 미국 방문
8/7   덩 샤오핑, 건강상태 대체로 양호
8/22   중국 관영언론, 덩 샤오핑 생일 언급 자제
9/24~28   중국 공산당 제14기 중앙위원회 제5차 전체회의 개최
11/13~17   쟝 쩌민 총서기 한국 방문
11/27   중국의 모든 대학에서 덩 샤오핑의 사회주의 건설이론에 대
             한 교육 실시
12/11   중국 공산당 내 보수파들이 덩 샤오핑 사망을 앞두고 세력
             을 확대하기 위해 반 우파운동에 착수

〈1996년〉

1/5   〈인민일보〉는 사설을 통해 『모든 당 간부들은 당의 기본정
             치노선과 덩 샤오핑이 주장한 중국 특유의 사회주의 이론학
             습에 더욱 노력을 기울여야 할 것』이라고 강조
1/17   쥬 롱지(朱鎔基) 부총리 등 중국의 신보수주의 지도부가 덩
             샤오핑 노선에 대해 비판. 쥬 롱지 부총리는 『1992년 초 덩
             샤오핑의 남순강화 이래 가속화된 경제개혁은 대약진운동을
             방불케 하는 무리한 발상이었으며, 이로 인해 유례 없는 인

플레이션과 부패가 조장되었다」라고 덩 샤오핑 노선을 비판
하면서, 현 지도부는 이처럼 무분별한 개발국면이 재현되지
않을까 우려하고 있다고 강조

1/24   중국은 덩 샤오핑 사후에 대비, 폭동방지 경찰인 인민무장
경찰을 60만 명 증원

2/3   중국 지도부, 쟝 쩌민 시대의 지방장악을 확고히 하기 위해
지방정부 고위직 교체 적극 추진

편저자 후기

포스트 덩 샤오핑 시대의 한·중 관계 — 우리의 대응

포스트 덩 샤오핑 시대의 시나리오는 최종적으로 중국 자신만이 결정할 수 있다. 하지만 그 결과에 대해 한국을 비롯한 아시아 각국은 촉각을 곤두세우고 있다. 난민의 대량 유입 등 최악의 시나리오에 대한 대책을 사전에 충분히 검토해둘 필요가 있다. 아울러 경제발전에 수반되는「패권주의」적인 중국의 출현이라는 시나리오에 대해서도 대응책을 마련해야만 할 것이다. 하지만 더 중요한 것은 포스트 덩 샤오핑 시대의 중국의 안정적인 발전을 위한 협력과 지원이다.

그 어떤 경우에도 아시아 주변 국가들은 지역의 평화와 성장 발전이라는 대원칙을 견지해야만 할 것이다. 그리고 중국의 안정적인 발전을 위한 적극적인 협력에 동참하면서, 아울러 중국에 대한 솔직한 의견개진도 게을리해서는 안 될 것이다. 지금까지 우리는 정치·경제적으로 중국과의 밀월관계를 유지해왔다. 그리고 이러한 관계는 양국이 서로를 필요로 하는 한 앞으로도 계속될 것이다. 아니, 반드시 유지되어야만 한다.

하지만 현재 펼쳐지고 있는 동아시아에서의 권력구도로 보아 그리 용이하지는 않을 것으로 전망된다. 「미·일 신안보조약」에서 나타나는 중국과 일본의 긴장관계, 북한문제를 둘러싼 한·중 간의 미묘한 관계, 한반도 통일 이후의 중국과의 국경문제 등 산적한 과제가 무수히 많다. 이들 제반 과제를 무리 없이 해결하기 위해서는 대 중국 관계뿐만 아니라, 미국·일본과의 연대강화도 게을리해서는 안 된다. 아울러 중국 문제에 민감한 동남아시아, 호주 등과의 협력관계도 심화시킬 필요가 있다.

이러한 문제의식에 입각해 아시아 지역, 특히 우리에게 바람직한 중국의 장래를 위해 어떻게 협력해야 하며, 또한 바람직하지 않은 미래상에 대해서는 어떻게 대처해야 할 것인가를 중심으로 우리가 취해야 할 몇 가지 자세를 정리해보고자 한다.

중국의 경제발전에 협력

포스트 덩 샤오핑 시대의 과도기에서 안정적인 발전과 분열이라는 두 가지 가능성이 점쳐지고 있다. 한국과 아시아도 중국은 안정적인 발전을 지속해야만 한다. 따라서 이를 위해 우리는 경제협력을 지속, 중국에 대한 우리의 영향력을 확대시켜야 할 것이다. 또한 중국 경제의 안정적인 발전은 거대한 시장의 확보라는 측면에서 우리 경제에도 커다란 기여를 할 것이다. 중국 경제의 안정적인 발전을 촉진하고, 중국을 국제사회의 책임국가로 이끌어내기 위해 우리는 중국의 세계무역기구(WTO) 가입 등을 적극적으로 지원해야 할 것이다.

중국 정국의 안정에 배려

이미 시작되고 있는 덩 샤오핑 이후 과도기의 동향은 아시아 각국에 적지 않은 영향을 미칠 것임에 틀림없다. 중국은 경제개혁을 촉진시키면서 국제사회에서 적지 않은 역할을 하고 있지만 경제와 여전히 낙후되어 있는 정치와의 불균형이 심화, 향후의 정국을 불안정하게 하고 있다. 중국이 민주화와 인권개선을 추진하는 것이 시급한 과제이긴 하지만, 이를 성급하게 요구할 때는 오히려 내외의 혼란과 긴장만을 초래할 수 있다. 이는 대 중국 최혜국대우의 갱신을 둘러싼 미국의 연계정책이 실패로 끝난 사례를 보아서도 잘 알 수 있다. 하지만 그렇다고 해서 이 문제를 그대로 방치할 수만은 없다. 왜냐하면 이는 북한문제와도 연결되는 것이기 때문이다. 우리가 북한에게 요구하는 민주화나 인권개선의 요구가 합리적인 것이 되기 위해서는 이와같은 문제를 안고 있는 중국에 대해서도 똑같이 요구해야만 한다.

문제는 의견의 전달방법이다. 정치적 몸짓이 아닌 진실한 자세로 의견을 전달하는 행위 즉 국제적 상식에 의거한 합리적인 요구를 할 때 단기적으로는 효과가 적을지라도 결국은 중국이나 북한도 이를 이해하고 받아들일 것이다. 우리의 과거경험이나 쇄국정책에서 개방정책으로의 전환은 좋은 예라 할 수 있다.

지나친 중화의식 경계

중국은 경제 최우선의 협조외교를 전개해왔는데, 당분간은 이 기조가 변하지 않을 것으로 보인다. 단, 아시아 국가들과의 정치·경제교류는 활성화되고 있지만, 서사·남사제도 문제, 첨각제도 문제 등이 상존하고 있으며, 「중화의식」을 활용한 재외 화교·화인과의 연대강화가 일부 국가와 마찰을 불러일으킬 가능성도 있다. 우리가 가장 우려해야 할 문제는 유교적인 상하의식을 갖고 민족 간의 관계를 상정하는 습관이다.

「하나의 중국」에 대한 배려와 대만 정책의 재고

정치·경제 양면에서 눈부신 발전을 지속하고 있는 대만은 아시아의 평화와 발전에 결코 무시할 수 없는 존재로 성장했다. 우리는 지금까지 경제·무역이나 인력교류에서 중국 이상으로 대만과의 관계를 심화시켜왔다. 하지만 한·중 국교수립과 함께 1992년부터 대만과는 외교관계를 단절해왔다. 지금 당장은 대만과의 관계회복이 힘들겠지만, 「하나의 중국」에 대한 배려를 유지하면서, 동시에 대만과의 정치적·경제적 관계도 심화시켜나가는 방향으로 자주적인 외교노선을 수립하는 것이 필요하지 않을까 생각한다. 중국이 북한과 한국 사이에서 등거리외교를 취함으로써 적지 않은 이익을 향유하고 있는 데 반해, 우리는 「하나의 중국」이라는 그들의 통일정책에 묶여 수십 년 지기인 대만과의 관계를 하루아침에 단절할 수밖에 없는 현실에서 심한 불공평을 느끼게 된다. 뿐만 아니라 대만은 이미 1995년 입법원 의원의 전면 개선(改選)과 1996년 봄 총통선거를 통해 주민의 정치의식의 성숙도를 대외에 공포했다. 아울러 국제사회도 민의를 반영한 대만을 조만간 정치실체로서 인정하게 될 것이다. 최근 미국과 일본의 대만에 대한 유화 몸짓은 이를 단적으로 입증하고 있다고 할 수 있다.

한국은 지난 1992년 한·중 국교정상화 때의 공동성명에서 중국 측의 「하나의 중국」에 대한 원칙에 이해를 표시했다. 하지만 이러한 원칙과 정치실체로서 대만의 현실 사이에 실존하는 괴리를 중국측에 계속 주장, 현실에 의거한 원칙의 유연한 대응을 요구해야만 할 것이다. 단, 중국과 대만 간의 관계가 최종적으로는 당사자 간의 문제로서, 우리로서는 평화적 해결을 바랄 뿐이지, 결코 이 소용돌이 속에 휘말려서는 안 된다는 점을 명심해야 한다.

군사적 투명성을 요구하면서 「패권외교」에 대한 우려 표명

아시아 주변 국가들 사이에서는 중국이 군비를 증강하면서 「패권주의」적인 경향을 강화시키고 있다는 인식──중국은 부정하지만──이 확산되고 있다. 즉 중국이 경제대국화할 경우 군사대국화로 나아갈 것이라는 우려가 확산되고 있다. 특히 이러한 불안은 동남아시아 각국에서 고조되고 있다. 전통적인 중국의 「화제(華弟)질서」를 겪는데다 국내 경제는 화인들이 지배하고 있는 실정이고 남사제도에서의 중국 해군의 군사행동도 잦아 불안감을 더욱 증폭시키고 있다. 이러한 현상 또한 아시아의 군비확장 경쟁을 조장하고 있다.

우리는 아시아의 안정보장을 위해 동남아시아 국가들과 협력하면서 중국에 대해 핵실험의 무조건 중단, NPT 연장에의 무조건 지지, 대규모 군사연습의 사전통고, 국방백서의 공표 등을 요구해야 할 것이다. 중국측에 군사적 투명성을 요구함과 아울러 주변국들은 주변국들의 의도를 중국측에 밝힐 필요가 있다. 따라서 이를 위해서는 중국·미국·일본·동남아시아·호주·뉴질랜드 등이 포함되는 다자간 안보대화가 필요하다. 그리고 여기에는 정책담당자, 연구자, 군인 등 각계각층을 고루 참석시켜 교류를 확대하는 것이 중요하다. 이렇게 해야만 서로를 위협적인 존재라고 전제하면서 군비확장을 꾀하고 있는 현재의 불신풍토에 종지부를 찍고, 상호신뢰를 회복할 수 있을 것이다.

한·미 동맹과 함께 대 동남아시아, ASEAN 관계 긴밀화

냉전이 종식되었다고는 하지만, 여전히 미국의 군사적 영향력이 아시아 안보에서 차지하는 역할이 크고, 아직은 이와 견줄 만한 나라가 없다는 것이 현실이다. 한·미 동맹은 앞으로도 한국

외교의 기축이고, 대 중국 정책에 대해서도 미국과의 긴밀한 협력을 유지해나가야 할 것이다. 그리고 일본, 동남아시아나 오세아니아도 지역의 안전보장이나 대 중국 관계에서 미국의 영향력을 원하고 있기 때문에, 우리는 이들 국가와의 긴밀한 협력 속에서 미국과의 관계를 굳건히 해나갈 필요가 있다.

중국을 다국간 대화의 장으로 유도

냉전 후 아시아에서의 중요한 변화 가운데 하나는, 열린 지역경제의 성공에 힘입어 경제 뿐만 아니라 안전보장 면에서도 다국간 대화를 통해 문제를 해결하려는 경향이 현저해지고 있다는 것이다. ASEAN 외무장관회의, 확대외무장관회의, APEC, ARF 등이 그 예다. 중국은 기본적으로 이러한 다국간 협의의 의결내용에 대해 부정은 하지 않지만, 남사제도 문제와 같이 자국의 이익과 직접 관계되는 문제에 대해서는 여전히 아시아의 다양성을 이유로 양국간(당사국) 협의를 고집하고 있다. 뿐만 아니라 북한 문제에 대해서도 중국은 KEDO에 참가하지 않고, 북한에 대한 독자적인 영향력 행사를 주장하고 있다. 우리는 이 문제에 중국도 한·미·일의 협력에 적극 참여해 줄 것을 요청해야 한다.

환동해 비핵지대의 구상 제안

북한의 핵개발 문제를 계기로 장기적인 지역안정을 위한 대책을 제안할 필요가 있다. 중국은 한반도의 비핵지역화에 찬성하고 있으며, 그 실현을 위해 북한을 설득하고 있다. 우리는 중국과 미국·러시아를 설득해 동해를 둘러싸고 있는 한국·북한·중국 동북지방·러시아 극동부·몽골·중앙아시아·일본을 포함한 지역을 비핵지역으로 할 것을 제안해야 한다.

남북한 · 미 · 중 · 러 · 일에 의한 지역안보협의기관의 설립

미 · 중 · 러 · 일의 4개 국은 아시아 전역, 특히 한반도의 안전보장질서 형성에 주체적인 역할을 할 수 있는 나라들이다. 현재 이들 국가는 개별적으로 지역안전보장을 위한 협의 채널을 갖고 있지만, 이들 국가 모두가 함께 모여 협의할 수 있는 협의 채널은 없다. 또한 지역안보를 협의하는 다국간 대화 채널로서 APEC · ARF 등이 있지만, 참가국 숫자가 너무 많아 실효성 있는 정책협의나 합의 형성이 사실상 곤란하다. 따라서 한반도의 안전보장질서 형성에 책임 있는 주요국들이 함께 모여 지역의 안정보장에 대해 협의하는 것은 매우 큰 의의가 있다고 본다.

일본에 대한 경고

최근 일본은 경제력에 걸맞은 정치 · 군사력의 위상강화에 주력하고 있다. UN 안전보장이사회 상임이사국에 진출하려는 시도, 「방위비는 GNP의 1% 이하」라는 법조문에 대한 개정 움직임 등이 그 단편적인 예다. 뿐만 아니라 이미 매년 450억 달러에 달하는 금액을 국방비로 지출하고 있으며, 군장비 현대화에 박차를 가하고 있다. 일본은 세계 최고의 전함인 이지스(Aegis) 함을 2척이나 보유하고 있고, 2척을 건조 중이며 대잠함초계기인 P-3C도 무려 100기 정도 보유하고 있다. 뿐만 아니라 1척당 500억 엔이나 하는 잠수함도 16척이나 보유하고 있고 이들의 평균함령은 7.5년밖에 되지 않는다.

이상의 예에서도 알 수 있듯이 일본의 군사력은 가히 공포 그 자체라고 표현해도 좋을 정도로 막강해졌다. 이러한 군비확충의 배경에는 중국과의 패권다툼이라는 면이 다분히 존재하고 있다. 따라서 우리는 한반도의 안전을 크게 위협하고 있는 일본의 이러한 군비경쟁에 대해 강한 경고를 보내야만 할 것이다.

　뿐만 아니라 일본에 대해 아시아에 잔존하고 있는 대 일본 불신감을 똑바로 직시하고 역사문제에 대한 인식의 전환과 미해결 과제로 남아 있는 전후 보상문제 등도 성실히 처리할 것을 촉구해야 한다. 그리고 경제대국 일본이 진정한 의미에서 아시아의 지역대국이 되고 싶다면 주변 국가들에게 경제력과 아울러 국제적인 신용도 동시에 갖춘, 매력적인 나라가 되어야 한다는 점도 인식시켜야 한다.

참고 문헌

제 1 장 중국 경제 어디로 갈 것인가

高井潔司, 『經濟大國と「大起大落」の分かれ道』高島朋之·高井潔司·高原明生·阿部純一 『中國の時代 : 21世紀への超大國が生まれる』, 三田出版会, 1995

朴貞東, 『現代中國經濟論』, 法文社, 1993

─────, 「鄧小平死後의 中國經濟變化展望」, KDI정책포럼 第84號, 1995年 5月

謝　平, 「中國金融資産結構分析」, 經濟研究, 1992年 第11期

矢吹晋, 『鄧小平なき中國經濟』, 蒼蒼社, 1995

厲以寧, 『非均衡的中國經濟』, 經濟日報出版社, 1990

吳敬璉·周小川等, 『中國經濟改革的整體設計』, 中國展望出版社, 1990

林毅夫·蔡昉·李周, 『中國的奇蹟 : 發展戰略與經濟改革』, 上海人民出版社·上海三聯書店, 1994

鄭友敬·方漢中, 「經濟增長趨勢研究」, 經濟研究, 1992年 第2期

中嶋領雄, 『中國經濟が危ない』東洋經濟新聞社, 1995

McCord, William, A Rebirth of "Moderation" in China? Studies in Comparative International Development, Spring 1991, Vol. 26, No. 1, 29~42.

Overholt, W. H., The Rise of China-How Economic Reform is Creating a New Superpower, W. W. Norton.

Park J. D., Chinese Economy : Without Deng Xiao Ping, a paper presented at the Symposium on the China Without Deng (Co-sponsored by the Yonsei University and Yonha News Agency) Apr 27, 1995, Seoul.

Vogel, Ezra. F, One Step Ahead in China : Guangdong under reform, Harvard press, 1989

제2장 인치와 법치의 갈림길

『鄧小平文選第二卷』, 『鄧小平文選第三卷』, 人民出版社.
『社會藍皮書 1992~1993年 中國社會形勢分析與豫測』, 中國社會科學出版社.
『1995年 社會藍皮書』, 中國社會科學出版社.
吳敬璉, 『中國の市場經濟』, サイマル出版会.
浜勝彦, 『アジア現代史シリーズ中國』, アジア 經濟研究所.
岩波講座 現代中國 第一卷, 『現代中國の政治經濟』同第二卷, 『中國經濟의 轉
　　　換』岩波書店.
渡辺利夫, 講談社現代新書『社會主義市場經濟の中國』, 講談社.
渡辺利夫, ちくま新書『新世紀アジアの構想』, 築摩書房.
渡辺利夫・小島朋之, 『毛澤東と鄧小平』, NTT出版.
矢吹普, 講談社現代新書『鄧小平』, 講談社.
小島朋之編, 『アジア時代の日中關係』, サイマル出版会.
小島朋之, 『脫社會主義への中國』, 芦書房.
小島朋之, 『構造轉換の中國』, 芦書房.
岡部達味・毛里和子編, 『改革・開放時代の中國』, 日本國際問題研究所.
小島麗逸・石原一編著, 『原點現代中國史第三卷 經濟』, 岩波書店.
天兒慧, 『歷史としての 鄧小平時代』, 東方書店.
吳國光・王兆軍, 『鄧小平の死と中國』, ビジネス社.
矢吹普, 『圖説 中國の經濟』, 蒼蒼社.
三菱綜合研究所編, 『中國情報ハントブク 1994年版』, 蒼蒼社.
矢吹普, 『保守派 vs. 改革派』, 蒼蒼社.
三菱綜合研究所編, 『中國情報人物事典第2版』, 蒼蒼社.
沈形, 『革命寸前』, 草思社.
陳一諮, 『中國 10年改革與89民運』, 聯經出版.
『中國都市の經濟體制改革』, 北京周報社.

제3장 정치적 무관심과 무질서의 갈림길

江流・陸學藝・單天倫主編, 『社會藍皮書 1993~1994年 中國社會形勢分析與豫
　　　測』, 中國社會科學出版社.
江流・陸學藝・單天倫主編, 『社會藍皮書 1994~1995年 中國社會形勢分析與豫
　　　測』, 中國社會科學出版社.
國家統計局編, 『中國統計年鑑 1994』, 中國統計出版社.
The politics of Wage Policy in Post-Revolutionary China, Takahara, A. ,

Macmilan.

毛里和子編, 『現代中國論 3 市場經濟化の中の中國』, 日本國際問題研究所.
辻康吾・加藤千洋編著, 『原點現代中國史第三卷 社會』, 岩波書店.
「特集 中國 “大國” 全ナリオ」, 世界 1994年 8月號, 岩波書店.

제 5 장　협조외교와 패권외교의 갈림길

太田勝洪・朱建榮編著, 『原典現代中國史第六卷 外交』, 岩波書店.
西倉一喜, 『中國 “新冷戰” 外交は何をまざすか』, 「世界」, 1994年 5月號, 岩波
　　　書店.
小島朋之, 『鄧小平のいない中國』, 日本經濟新聞社.
岡部達味, 『中國近代化の政治經濟學』, PHP硏究所.
岡部達味編輯責任, 岩波講座 『現代中國 第6卷 中國をめぐる國際環境』, 岩波
　　　書店.
Harding, H., A Fragile Relationship : The United State and China since 1972 The
　　　Brookings Institution.

부록 Ⅲ　덩 샤오핑식 개발전략의 핵 — 경제특구의 허와 실

朴貞東, 『中韓經濟特區比較研究』, 中國社會科學出版社, 1993
――――, 『現代中國經濟論 : 經濟特區의 經濟的 效果』, 法文社, 1993
――――, 『中國經濟特區の總總括』, 新評論, 東京, 1996
――――, 『北韓의 經濟特區 : 中國과의 比較』, 韓國開發研究院, 1996

부록 Ⅳ　세기의 개발사 박정희와 덩 샤오핑

김정렴, 『韓國經濟政策30年史』, 中央日報・中央經濟新聞, 1990
朴貞東(역). 『中國의 選澤』 한국경제신문사, 1995
朴正熙, 『우리 民族의 나갈 길』, 東亞出版社, 1962
――――, 『國家와 革命과 나』, 向文社, 1963
――――, 『民族의 底力』 光明出版社, 1971
――――, 『民族中興의 길』, 光明出版社, 1978
朴正熙大統領演說文集(1~16輯), 大統領公報秘書室刊.
조갑제, 『박정희 Ⅰ. 불만과 불운의 세월(1917~60)』, 까치, 1992
『鄧小平文選 第1卷』, 『鄧小平文選 第2卷』, 『鄧小平文選 第3卷』, 人民出版
　　　社.

『毛澤東選集』第1~5卷, 北京外交出版社.
何博傳, 『山坳上的中國』, 貴州人民出版社, 1989
毛里和子(編), 『毛澤東時代の中國』, 日本國際問題研究所, 1990
洪勝彦, 『鄧小平の近代化戰略』, アジア經濟研究所, 1995
Eckstein Alexander, China's Economic Revolution, Cambridge University Press, 1977
Evans Richard, Deng Xiaoping And The Making of Modern China, 1993
Franz Uli, Deng Xiaoping : Chinas Erneuerer ; e. Biographie, Dentsche Verlags-Anstalt Gm bH, 1989(한국어판, 한영택(역) 『등소평 : 개방중국의 작은 거인』 시사출판, 1989).

편저자 후기

小島朋之 『ポスト鄧小平の日中關係－日本への提言』 小島朋之, 高井潔司, 高原明生, 阿部純一, 『中國の時代 : 21世紀への超大國が生まれる』 三田出版會, 1995. 8.

21세기 중국

지은이 / 박정동
펴낸이 / 박용정
펴낸곳 / 한국경제신문사
등록 / 제2-315(1967. 5. 15)
제1판 1쇄 인쇄 / 1996년 8월 10일
제1판 1쇄 발행 / 1996년 8월 15일
주소 / 서울특별시 중구 중림동 441
대표전화 / 360-4114
직통 / 313-8293 · 312-0063
FAX / 360-4552

✱ 파본이나 잘못된 책은 바꿔 드립니다.
ISBN 89-475-2177-9
값 9,000원

韓經 베스트 셀러

경영혁명

톰 피터스 著
盧富鎬 譯
〈신국판 / 820면 / 13,000원〉

정보화사회는 불확실성이 심화된 사회로 기업경영의 경기규칙과 새로운 경영스타일 등 생존을 위한 변화는 가히 혁명적이라 할 수 있다. 이 책은 전통적 사고에 도전하고 조직이 사람을 위해 존재할 수 있도록 변화를 유도하는 45가지 경영 실천전략을 제시한 기업경영자의 「비즈니스 핸드북」

해방경영

톰 피터스 著
盧富鎬 外 共譯
〈양장 / 1,300면 / 19,000원〉

2000년대의 경영思潮는 무엇이며, 이를 주도할 기업의 생존철학은 무엇인가? 이 책은 장장 1300여 페이지에 걸쳐 좋은 기업을 만들기 위한 조직의 창조적 파괴와 일반통념으로부터의 해방을 핵심테마로 다루고 있다. 자유분방한 필치와 수많은 은유, 패러독스가 곳곳에 번득여 방대한 분량임에도 불구하고 읽는 동안 재미와 해방감·지적 충족감을 더할 수 있다는 것이 이 책의 또 하나의 매력으로 꼽힌다.

경영파괴

톰 피터스 著
安重鎬 譯
〈양장 / 374면 / 8,500원〉

이제 리스트럭처링·리엔지니어링으로는 급변하는 시대를 이길 수 없다. 기업의 조직은 상상을 초월하는 혁신적인 네트워크형이 되어야 한다. 이 책은 세계적 경영컨설턴트인 저자가 새롭고 번뜩이는 아이디어로, 기업을 운영하는 사람들이 재창조와 혁명을 향해 전진할 수 있도록 9개의 「넘어서」를 중심으로 구체적인 혁신방안을 제시한다. 변하지 않는 기업이나 조직은 망한다는 것이 저자의 한결같은 주장이다.

강대국의 흥망

폴 케네디 著
李日洙·全南錫·黃建 共譯
〈양장 / 720면 / 13,000원〉

역사학자이자 미국 예일대 교수인 저자는 이 책에서 지난 5세기 동안에 전개되었던 강대국들의 흥망성쇠는 그들의 경제력과 군사력의 변화 추이에 의해서 좌우되어 왔다고 진단하면서 앞으로 다가오는 21세기에는 미국·소련·서유럽 등의 쇠퇴와 중국·일본 등 아시아 강국들의 부상을 예언하고 있다.

21세기 준비

폴 케네디 著
邊道殷·李日洙 譯
〈양장 / 500면 / 9,000원〉

우리에게 충격을 던졌던 「강대국의 흥망」 저자 폴 케네디 교수가 다가올 21세기 문명세계의 각종 위기를 명쾌히 분석·정리한 力著. 이 책은 향후 30년 사이 우리에게 닥칠 도전들과 그 대응방법 그리고 인구폭발, 환경오염, 생물공학, 로봇, 통신수단, 가공할 파워의 양태 등을 특유의 통찰력으로 분석·예견하고 있다.

메가트렌드 2000

J. 나이스비트 외 共著
金弘基 譯
〈신국판 / 366면 / 8,000원〉

90년대는 정치개혁과 경이적인 기술혁신 등으로 지금까지와 전혀 다른 변화양상을 인류에게 줄 것이다. 이 책은 90년대의 변화로 경제호전, 예술의 번영, 시장사회주의의 출현, 복지국가의 쇠퇴 등 과거 어둡고 비관적인 세기말적 변화보다는 밝고 새로운 흐름을 부각시키고 있다.

메가트렌드 아시아

존 나이스비트 著
홍수원 譯
〈양장 / 402면 / 9,500원〉

미래예측가로 세계적 명성을 떨치고 있는 나이스비트는 21세기에는 아시아가 미국주도의 상품과 소비시장에 가장 중요한 경쟁자로 떠오를 것으로 내다보고 현재 역동적으로 변화하는 아시아의 모습을 8가지 트렌드로 분석했다. 특히 아시아와 세계라는 맥락 속에서 한국에 나타나고 있는 폭넓은 변화들을 살펴보고 한국이 아시아에 기여할 수 있는 방안도 짚고 있다.

20세기를 움직인 思想家들

기 소르망 著
姜偉錫 譯
〈신국판 / 426면 / 8,000원〉

20세기 사상계에 결정적인 영향을 끼친 사람들은 과연 누구인가? 프랑스의 저명한 경제학자이자 사회학자인 기 소르망이 29명의 생존해 있는 현대 최고의 사상가들과 직접 인터뷰를 통해 그들 자신이 선택한 분야에 전생애를 바친 사상과 사색의 놀라운 통찰을 기록·정리한「살아있는 도서관」.

資本主義 종말과 새 世紀

기 소르망 著
金廷銀 譯
〈양장 / 628면 / 13,000원〉

세계적인 석학인 저자는 자본주의 체제를 위협하는 것은「도덕적 불만」과「자본주의에 대한 몰이해」라고 주장하고 러시아·중국·독일·인도 등 20여개국의 자본주의의 현재 모습을 생생히 그리고 있다. 또한 현재의 자본주의의 위기를 극복하기 위한 구체적인 실천방안에 대해서도 통찰하고 있다. 방대한 분량인데도 르포형식이어서 전혀 지루하지 않다.

未來企業

피터 F. 드러커 著
高柄國 譯
〈신국판 / 416면 / 8,000원〉

우리 시대의 가장 뛰어난 사회·경영학자이자 미래학자인 드러커의「변혁시대 기업생존전략 연구서!」이 책은 세계경제가 빠르게 바뀌어 감에 따라 기업의 새로운 생존 경영전략 모델, 즉 기업이 살아남기 위한 5가지 변화조건을 예리하게 분석·고찰했다. 특히 사회·경제학 시각에서 세계경제 흐름을 통찰한 力著.

자본주의 이후의 사회

피터 F. 드러커 著
李在奎 譯
〈양장 / 328면 / 7,000원〉

사회주의권의 급격한 몰락 이후 탈냉전 분위기가 고조되고 있는 시점에서 향후 세계 변화가 주요 관심사로 떠오르고 있다. 저자는 이 책에서 향후 세계는 자본주의적 시장구조와 기구는 그대로 존속되겠지만 주권국가의 통제력은 약화되고 전문지식을 갖춘 지식경영자 중심의 글로벌화 사회가 될 것으로 예측하고 있다.

미래의 결단

피터 드러커 著
이재규 譯
〈양장 / 408면 / 9,000원〉

현대 경영학의 대부, 피터 드러커는 이 책에서「스스로를 다시 생각함으로써 회생할 수 있다」고 전제하고 기업의 5가지 치명적 실수, 가족기업을 경영하는 규칙, 대통령을 위한 6가지 규칙, 새로운 국제시장의 개발, 3가지 종류의 팀조직, 오늘날 경영자들이 필요로 하는 정보 등 바람직한 미래를 실현하기 위한 방안을 제시했다. 21세기를 위한 새롭고 시의적절한 경영지침서.

株式市場 흐름 읽는 법

浦上邦雄 著
朴承源 譯
〈신국판 / 200면 / 4,000원〉

언뜻 보기에 무질서하고 예측이 불가능해 보이는 주식시장도 장기적으로 보면 특정한 네 개의 국면을 반복하고 있다는 것을 알 수 있다. 이 책은 이 네 개의 국면이 어떤 요인에 의해 순환되고 각각의 국면에서 어떤 종목이 활약하는가를 숙지할 수 있는 안목을 제시해주고 주식투자시 리스크를 피하는 방법에 대해서도 설명하고 있다.

2020년

해미시 맥레이 著
金光田 譯
〈양장 / 408면 / 9,000원〉

다양한 인종만큼이나 상이한 정치·경제체제와 독특한 문화양식을 지니고 있는 세계 각국은 저마다의 주무기를 앞세워 미래를 설계하고 있다. 경제평론가인 저자는 앞으로 국가경쟁력을 결정짓는 요인은 기술이 아니라 문화라고 강조한다. 현재 세계 각국이 처해 있는 상황을 바탕으로 치밀하게 전망한 2020년경의 세계 각국의 모습에서 우리의 진로는 어떻게 모색해야 할 것인가?

제 4 물결

허먼 메이너드 2세
수전 E. 머턴스 共著
韓榮煥 譯
〈양장·4×6판 / 239면 / 5,000원〉

21세기의 범세계적 기업을 위한 낙관적 비전을 제시하고 있는 이 책은 한마디로 앨빈 토플러의《제3물결》을 넘어 장기적 미래의 비전에 집중하고 있다. 지금 우리가 공업화를 상징하는「제2물결」에서 탈공업화적인「제3물결」로 전이하고 있지만, 머지 않은 곳에서 새로운 차원의「제4물결」이 밀려오고 있다고 진단하고 있다.

장사꾼으로 거듭나는 사무라이 혼

金亨澈 著
〈신국판 / 372면 / 7,000원〉

일본의 자민당 정권이 붕괴된 이후 연립정권이 난립하고 고베 대지진, 증권스캔들, 옴 진리교 사건 등이 일어난 격동기에 필자가 주일특파원으로 취재하며 느낌을 쓴 현장 르포다. 기자의 눈을 통해 「기모노 속에 감춰진 진짜 일본」을 만난다.

유머人生 1∼5

韓國經濟新聞社 出版部 編
〈4×6판 / 244면 / 4,500원〉

많은 독자들이 1980년 12월부터 본지에 연재되고 있는 「海外유머」를 책으로 출판했으면 어떨지, 그런 계획은 없는지 물어왔다. 이 책은 독자들의 그러한 성원에 보답하자는 취지로 출판되었으며 우스갯소리 가운데서 인생의 묘미도 느끼고 영어공부도 할 수 있게끔 어려운 단어나 語句에는 주석을 달아 독자들의 이해를 돕고자 노력했다.

암 이렇게 하면 두렵지 않다

엘리자베스 웰런 著
민진식 監譯
〈신국판 / 350면 / 8,000원〉

암의 원인과 관계되는 발암물질, 역학조사, 그리고 생활주변에서 많이 발생하는 암의 위험요소에 대한 방대한 문헌과 보고서를 분석 정리했다. 또 이미 알고 있는 암 유발요인을 쉽게 설명하고 암 학자들의 연구결과와 철저한 문헌조사, 특히 인간에 대한 직접 연구결과에 근거한 암 원인을 전반적으로 개관하여 예방의학의 길을 제시했다. 감역자는 연세대 의대 암센터원장.

사장님, 원가를 아십니까

鄭明煥 著
〈신국판 / 220면 / 5,000원〉

원가의 개념을 정확히 이해하지 못하고 경영한 결과 장부상으로는 흑자임에도 결손이 나는 등 어려움을 겪는 경우가 흔히 있다. 이 책은 경영자는 물론 회계와 기획담당자를 포함한 기업 관계자들에게 원가의식과 관리회계의 개념을 심어준다는 취지에서 원가에 관련된 제반사항을 소설식으로 알기쉽게 다룬 力著

프로 영업인이 되는 길

시라이 기요시 著
朱明甲 譯
〈신국판 / 240면 / 5,000원〉

번번히 뛰어난 실적으로 동료들의 부러움을 사는 사람이 있다. 이런 사람은 흡사 영업의 귀재, 타고난 영업인처럼 보인다. 그러나 잘 나가는 영업사원과 그렇지 못한 영업사원의 차이는 반드시 있게 마련. 이 책은 결코 평탄하지만은 않은 영업의 세계에 입문하거나 프로로 거듭나기를 바라는 영업사원들이 갖춰야 할 지식에서부터 각양각색의 고객을 다루는 방법까지 100가지 성공비결을 공개하고 있다.

中國을 넘어야 한국이 산다

崔弼圭 著
〈신국판 / 260견 / 5,000원〉

최근들어 한국 기업의 중국 진출이 러시를 이루고 있으나 중국의 문화와 관습을 정확하게 이해하지 못한데서 많은 어려움에 부딪치고 있다. 이런 시점에서 쓰여진 이 책은 중국인들의 상술을 예리하게 파헤치고 있으며 한국 기업이 중국 현지에서 맞닥뜨리는 여러 사안들에 관해 심도 있게 분석하고 대안을 제시하고 있다.

멀티미디어 시대

조지 길더 著
權和燮 譯
〈신국판 / 208면 / 5,000원〉

이 책에서 저자는 단순영상매체인 TV는 종언을 고하게 되었고 TV의 기능에 컴퓨터와 광통신 기능이 부가된 네트워크망을 갖춘 종합미디어로서의 텔레퓨터가 멀티미디어 시대에 주역으로 등장할 것을 예고한다. TV를 보면서 진행자와 대담을 나누고 가상현실을 즐길 수 있는 놀랍고도 신기하기까지 한 세계의 출현을 예고하고 있다.

기업혁신 팀경영

존 R. 카첸바크·더글러스 K. 스미스 共著
梁浚容 譯
〈신국판 / 364면 / 7,000원〉

구성원의 기술·경험·통찰력을 결합한 「팀」제는 개개인보다 월등한 업무능력을 지니고 있으며 업무의 내용이 복합적이거나 판단능력·경험이 필요한 경우 더욱 돋보인다. 이 책은 다양한 사례를 중심으로 집단적인 작업생산, 개인적인 성장 그리고 고능률 업무수행을 위한 팀경영의 비결을 소개하고 있다.

21세기 기업

제이 R. 갤브레이스·에드워드 E. 롤러 3세 共著
朴秀圭 譯
〈신국판 / 410면 / 8,000원〉

이 책은 21세기의 시장환경에 적응하고 살아 남기 위한 조직구조를 체계적으로 고찰하고 있으며 역동적인 환경에 대처할 관리관행과 경영체계를 심도있게 분석하고 있다. 또한 저자들은 지식업무 및 관리팀, 기량 중심의 인적자원 시스템 구축, 스태프진 분산과 네트워크 구축 등의 새로운 조직창출 방법을 다양하게 구사하고 있다.

기업간·업종간 전략적 제휴

조셉 L. 배더러코 2세 著
韓榮煥 譯
〈신국판 / 264면 / 6,000원〉

지식이 국가와 기업의 경계를 넘어 급속히 이동하고 세계화됨에 따라 새로운 기술과 제품이 정신없이 쏟아져나오고 있다. 이제 어떤 사회도 필요한 모든 기술과 제품을 독자적으로 해결할 수는 없다. 이 책은 많은 회사들의 요새와 같던 담을 무너뜨리고 경쟁예상자와 손을 잡고 제품을 생산하고 기술과 능력을 개발하는 방법을 보여주고 있다.

결혼경제학

八代尙宏 著
李均 譯
〈신국판 / 200면 / 4,500원〉

결혼과 그 주변문제에 대해 경제학적 측면에서 분석했다. 모든 결혼이 정신적·물질적 행복을 보장해 주는 것은 아니다. 남녀의 결합으로 성립되는 「가정주식회사」는 운영의 묘에 따라 번창하기도 하고 파국을 몰고오기도 한다. 결혼적령기 남녀, 결혼생활을 하고 있는 모든 사람들을 위한 필독서.

정보고속도로의 꿈과 악몽

대니얼 버스타인·데이비드 클라인 共著
김광전 譯
〈신국판 / 472면 / 9,500원〉

세계적인 컨설턴트 버스타인과 컴퓨터 잡지 〈와이어드〉의 객원편집위원인 클라인이 정보고속도로와 디지털이 꿈꾸는 미래의 이상과 그에 따른 문제들을 분석하고 해결책을 제시했다. 특히 정보산업의 발전과정에서 진행된 미국과 세계적인 기업의 사업전략, 그들간의 싸움을 흥미진진하게 엮고 있으며 디지털 혁명이 몰고올 사회변화까지 상세히 설명했다.

거꾸로 선 아버지 바로 세우기

레벤 바-레바브 著
김광전 譯
〈신국판 / 348면 / 8,000원〉

정신과 전문의인 저자가 현대 가정이 지닌 문제점과 자라나는 아이들이 겪는 여러 가지 비극과 그 대안들을 정신분석학적 방법으로 제시했다. 오늘날 우리 사회가 안고 있는 청소년 문제의 근원은 대부분 가정에 있으며 특히 아버지의 역할이 부족한데서 비롯된다고 보고 있다. 훌륭한 아버지의 역할과 훌륭한 아버지가 되는 실용적인 아이디어를 구체적으로 제시하고 있다.

여자의 육체 남자의 시선

장 클로드 코프만 著
김정은 譯
〈신국판 / 392면 / 8,500원〉

독창적이고 신중한 연구라는 평을 받은 파리 5대학 사회학자의 흥미롭고도 심도 있는 저서. 저자는 2년 동안 해변에서의 토플리스 연구를 통해 은밀하면서도 흥미로운 규칙을 발견한다. 형태, 나이, 문화, 해변의 상황에 따라 여자들은 각기 나름의 행동규칙을 준수하며 자신들에게 보내는 시선의 신호를 이해하여 몸의 자세로 또는 적당한 제스처로 그것에 응한다고 보고 있다.

안자(상·중·하)

미야기타니 마사미쓰 著
신봉승·김하중 譯
〈양장 / 4×6판 / 384면 내외 / 각권 6,500원〉

열국의 제후들이 대륙의 패권을 놓고 싸우는 춘추 시대를 배경으로 격동의 역사를 헤쳐나가는 명재상 안자의 일대기를 그리고 있다. 난세 속에서도 안자는 충(忠)과 의(義)를 지키며 정도(正道)만을 걷는다. 국가 경영의 참다운 모습, 인간관계의 원형을 보여주는 그의 독특한 철학을 통해 당시의 시대정신과 사회상을 조명한다.

大商(상·하)

정종명 장편소설
〈신국판 / 상권 348면, 하권 336면 / 각권 6,000원〉

간신 유자광에게 핍박받고 공신 박원종의 비호를 받으면서 혁신정치의 풍운아 조광조에게 도전했던 조선 제일의 巨商 서용근의 일대기를 그리고 있다. 천부적인 장사꾼 기질과 처세술로 조선의 상권을 한손에 거머쥐고 정치권과도 밀착, 정권을 좌지우지했던 서용근의 파란만장한 생애가 흥미진진하게 펼쳐진다. 가공인물 서용근이 보여주는 일련의 정치행각이 특히 흥미롭다.

<table>
<tr><td>

75 現代社會와 리스크管理
　　李京龍 著 〈198면 / 2,400원〉

76 信用카드 이야기
　　金文煥 著 〈196면 / 2,400원〉

77 데이터뱅크 이야기
　　鄭寅根 著 〈154면 / 1,900원〉

78 地方自治와 地方財政
　　吳然天 著 〈184면 / 2,200원〉

79 技術協力 이야기
　　林陽澤 著 〈137면 / 1,700원〉

80 經營計劃 입문
　　郭秀一 著 〈162면 / 1,900원〉

81 經營리스크와 企業保險
　　宋一 著 〈182면 / 2,200원〉

82 海洋資源의 知識
　　許亨澤 著 〈172면 / 2,000원〉

83 産業工學 입문
　　朴京洙 著 〈200면 / 2,400원〉

84 生産戰略 입문
　　李慶煥 著 〈152면 / 1,800원〉

85 現代企業 입문
　　朴基贊 著 〈184면 / 2,200원〉

86 職能資格制度의 理解
　　朴俊成 著 〈170면 / 2,000원〉

87 EC의 經濟·市場統合
　　金世源 著 〈190면 / 2,400원〉

88 經濟成長 이야기
　　金洙權 著 〈172면 / 2,200원〉

89 호텔經營 입문
　　申鉉柱 著 〈158면 / 2,000원〉

90 勞使協商戰略
　　李達坤 著 〈172면 / 2,200원〉

91 不動産鑑定評價
　　李源俊 著 〈222면 / 2,500원〉

92 債券投資의 知識
　　金昇佑 著 〈148면 / 2,000원〉

</td><td>

93 原子力産業의 理解
　　田載豊 著 〈170면 / 2,300원〉

94 韓國의 租稅政策
　　李鎭淳 著 〈240면 / 2,500원〉

95 담보와 보증
　　李源俊·朴相宗 共著 〈176면 / 2,500원〉

96 銀行마케팅
　　趙泰玄 著 〈172면 / 2,500원〉

97 정보·통신시스템의 理解
　　安重鎬 著 〈216면 / 2,500원〉

98 人的資源 회계정보
　　李正道 著 〈180면 / 2,500원〉

99 關稅의 상식
　　李性燮 著 〈162면 / 2,500원〉

100 벤처 캐피틀의 理解
　　高聖洙 著 〈196면 / 2,500원〉

101 設備投資와 設備金融
　　姜日圭·元鍾根 共著 〈198면 / 2,500〉

102 地方自治會計
　　曺廷煥 著 〈172면 / 2,500원〉

103 技術經營의 길잡이
　　金一龍·任德淳 共著 〈184면 / 2,500원〉

104 이미지 마케팅
　　韓一洙 著 〈192면 / 2,500원〉

105 제2금융권 이야기
　　李弼商·鄭光夏 共著 〈170면 / 2,500원〉

106 브랜드의 知識
　　金成濟 著 〈190면 / 2,500원〉

107 백화점 이야기
　　郭永壽 著 〈180면 / 2,500원〉

108 土地超過利得稅의 지식
　　金東洙 著 〈212면 / 2,500원〉

109 海運 이야기
　　金聖浩 著 〈180면 / 2,500원〉

110 CIM시스템의 이해
　　김윤상·박광태 共著 〈200면 / 2,500원〉

</td></tr>
</table>